中文社会科学引文索引（CSSCI）来源集刊

制度经济学研究

总第七十八辑（2022 年第 4 期）

黄少安　主编

中国财经出版传媒集团

图书在版编目（CIP）数据

制度经济学研究．2022年．第4期：总第七十八辑/
黄少安主编．--北京：经济科学出版社，2022.12
ISBN 978-7-5218-4195-4

Ⅰ.①制… Ⅱ.①黄… Ⅲ.①制度经济学-文集
Ⅳ.①F091.349-53

中国版本图书馆CIP数据核字（2022）第203428号

责任编辑：宋　涛
责任校对：王苗苗
责任印制：范　艳

制度经济学研究
总第七十八辑（2022年第4期）
黄少安　主编
经济科学出版社出版、发行　新华书店经销
社址：北京市海淀区阜成路甲28号　邮编：100142
总编部电话：010-88191217　发行部电话：010-88191522
网址：www.esp.com.cn
电子邮箱：esp@esp.com.cn
天猫网店：经济科学出版社旗舰店
网址：http：//jjkxcbs.tmall.com
北京季蜂印刷有限公司印装
787×1092　16开　15.25印张　300000字
2022年12月第1版　2022年12月第1次印刷
ISBN 978-7-5218-4195-4　定价：61.00元
（图书出现印装问题，本社负责调换。电话：010-88191510）

制 度 经 济 学 研 究

Research of Institutional Economics

目　录

CONTENTS

视频平台独家授权对消费者福利的影响研究*

冯　博　樊倩洳**

【摘　要】在视频平台快速发展的同时，也存在会员费高和广告多两大顽疾，主要原因是独家版权内容高昂，视频平台长期无法盈利，只能通过提高会员价格和增加广告投入加速变现。独家授权模式究竟是会增进还是减损消费者福利，需要进一步研究。本文运用 SCP 范式分析视频平台产业组织现状，得出目前视频平台市场集中度较高、进出壁垒较强、效率低下的结论。在数字经济背景下，视频平台已将独家授权作为主要的盈利模式，版权聚集效应持续显现，平台市场势力增强，甚至涉嫌垄断。对其进行反垄断分析时应充分考虑视频平台的双边市场特性和独家授权模式的二重性，准确界定相关市场，识别垄断行为。在规制路径上，通过构建版权方、大型视频平台与中小视频平台三者的策略选择模型，建议引入强制转让制度，以期消除独家授权模式弊端，确保市场有序发展。

【关键词】**独家授权　反垄断　消费者福利**

中图分类号：**DF414**　文献标识码：**A**

自2020年来，视频平台侵害消费者利益、涉嫌不正当竞争和垄断等问题备受诟病，重点体现在会员费高和广告多两个方面。行政执法机关虽然通过约谈、督促整改、罚款等方式规制超前点映、自动续费、会员不免广告等行为，但难以有效规制视频平台层出不穷的消费“套路”。其原因在于视频平台运用独家授权交易模式进行版权争夺，造成版权许可费高涨，平台长期处

* 司法部国家法治与法学理论研究项目“反垄断后继诉讼的功能定位和实践应用”(19SFB2049)。作者感谢武汉大学网络治理研究院支持。

** 冯博，天津财经大学法学院教授，博士生导师。地址：(300222) 天津市河西区珠江道25号天津财经大学；Email：1034404503@qq.com。樊倩洳，天津财经大学法学院硕士生。

于亏损状态。为寻求变现，视频平台依赖独家版权内容锁定用户，通过广告和会员费双重收费来弥补成本。本文运用产业组织理论、成本—收益分析等经济学理论，以及最优震慑等法学理论对下列问题进行研究：

第一，从视频平台的产业组织结构、平台盈利模式角度分析独家授权模式产生的经济逻辑。通过视频平台市场结构、行为和绩效，探寻独家授权对市场结构产生的种种影响，阐明独家授权模式与市场结构的内在关系。

第二，针对独家授权模式涉嫌垄断的问题，分析其对消费者福利的影响。通过对视频平台产品属性在微观经济学上的重新归位，比较不同产品属性对消费者福利的影响。

第三，基于独家授权对市场结构、消费者福利的影响，分析其是否存在违反《反垄断法》的问题。认定视频平台是否存在滥用市场支配地位行为时，应全面考虑视频平台的市场结构和独家授权模式的二重性。

第四，为了避免独家版权对消费者福利和社会总福利的减损，通过构建策略选择模型，比较引入版权强制转让制度前后收益情况，分析引入版权强制转让制度的可行性。

一、基于 SCP 范式的视频平台产业分析

（一）视频平台产业概述

随着互联网技术的发展，视频平台已逐渐成为改变视频播放方式的重要力量。2004 年 11 月，乐视网的出现，标志着中国商业视频平台正式产生，随后涌现出如土豆网等多家网站，各传媒集团也竞相成立网络电视台。至 2010 年，我国视频平台产业呈现出由国有媒体网络电视台（CNTV）、门户网站（如搜狐、凤凰网等推出的视频频道）以及商业视频平台（如爱奇艺、腾讯视频等）三分天下的局面。其中商业视频平台凭借其新兴优势成为发展最快的阵营。2010 ~ 2020 年，商业视频平台通过上市、并购等一系列市场重组，逐渐形成以爱奇艺、腾讯视频、优酷视频为第一阶层，以芒果 TV、哔哩哔哩为第二阶层，以咪咕视频、搜狐视频等其他网站为第三阶层的“3 + 2 + N”的竞争格局。在内容上，视频平台逐渐精细化，根据视频时长细分为短视频、中视频和长视频平台（见表 1）。

表 1 短、中、长视频的主要区别

行业类型	代表平台	内容模式	主要成本	主要营收
短视频	抖音、快手	UGC * 生产的碎片化娱乐、新闻类内容	主播收入分成	广告、直播带货、直播打赏
中视频	哔哩哔哩	PUGC ** 生产的生活、知识类内容	收入分成、内容购买	广告、手游
长视频	爱奇艺、优酷	OGC *** 生产的剧集、电影、综艺类内容	版权购买	广告、会员费

注：* 个人创作者；** 专业个人创作者；*** 专业机构创作者。

如表 1 所示，短、中、长视频在主要内容、成本结构、收入构成等方面均有所不同，应对产业作细致划分。由于会员费高和广告多等问题通常发生在长视频平台上，本文所述的视频网站、视频平台、视频行业均以长视频为例。

（二）视频平台的市场结构分析

1. 视频平台市场集中度

视频平台是在“注意力经济”① 背景下催生的内容平台，通过汇集和播放优质影视剧集内容吸引消费者注意，其发展依存于吸引消费者注意力的强弱。这种注意力主要表现在消费者数量的多少以及活跃程度的高低，因此视频平台的市场份额可通过月活跃率（月活跃用户数/行业总活跃用户数）计算。虽然仅凭单一的月活跃用户规模不能精准反映视频平台的市场份额，但其作为表现企业实力的主要数据，亦可以体现出视频平台市场的竞争状态。

通过表 2 数据计算市场集中度所得，2020 年 6 月中国视频平台市场的 CR_4 值为 92. 7%，CR_8 值为 99. 2%。根据贝恩（Joe S. Bain）的市场划分法，中国视频平台市场集中度为寡占 I 型。而 CR_8 一直高于 93%，根据日本经济学家植草益（Masu Uekusa）对 CR_8 的划分标准，中国视频平台市场集中度属于极高寡占型。可以看出，爱奇艺、腾讯、优酷稳居前三，占据大多数市场份额，其分别依托百度、腾讯、阿里巴巴三大网络巨头，具备极高的市场控制能力。

① “注意力经济”最早由赫伯特·西蒙（Herbert Simon）提出。随着信息化进程的推进，信息的过量堆砌已使得人们目不暇接，如何吸引注意力成为信息提供者的首要思考内容，而这种注意力已成为稀缺资源。

表 2　　视频平台市场份额排序

排名	2019 年 3 月	2019 年 6 月	2019 年 9 月	2019 年 12 月	2020 年 3 月	2020 年 6 月
1	爱奇艺 33.9%	爱奇艺 33.1%	爱奇艺 32.8%	爱奇艺 32.7%	爱奇艺 32.6%	爱奇艺 34.9%
2	腾讯视频 27.5%	腾讯视频 27.9%	腾讯视频 28.4%	腾讯视频 28.0%	腾讯视频 28.1%	腾讯视频 29.7%
3	优酷视频 25.8%	优酷视频 25.6%	优酷视频 24.9%	优酷视频 24.9%	优酷视频 24.5%	优酷视频 20.7%
4	芒果 TV 6.1%	芒果 TV 6.8%	芒果 TV 6.7%	芒果 TV 6.8%	芒果 TV 7.5%	芒果 TV 7.4%
5	搜狐视频 2.2%	华为视频 2.1%	搜狐视频 2.4%	搜狐视频 2.2%	搜狐视频 2.2%	搜狐视频 2.3%
6	华为视频 1.9%	搜狐视频 2.0%	华为视频 2.2%	华为视频 2.0%	华为视频 2.0%	华为视频 1.9%
7	PPTV 0.9%	咪咕视频 0.9%	咪咕视频 1.0%	咪咕视频 1.7%	咪咕视频 1.9%	咪咕视频 1.8%
8	咪咕视频 0.9%	PPTV 0.8%	PPTV 0.8%	PPTV 0.7%	PPTV 0.5%	PPTV 0.5%
9	乐视视频 0.4%	乐视视频 0.4%	乐视视频 0.5%	乐视视频 0.5%	乐视视频 0.4%	乐视视频 0.4%
10	风行视频 0.4%	风行视频 0.5%	风行视频 0.4%	风行视频 0.4%	风行视频 0.4%	风行视频 0.4%
CR_4	93.3%	93.3%	92.8%	92.4%	92.6%	92.7%
CR_8	99.2%	99.1%	99.1%	99.1%	99.2%	99.2%

资料来源：易观千帆－榜单，https：//qianfan. analysys. cn/sail/view/tuna/index. html#/rankApp，2022 年 3 月 12 日访问。

2. 视频平台的差异化战略

各大平台为巩固其竞争实力，除了争夺独播内容外，不断寻求差异化的产品设计，吸引消费者。其中爱奇艺一方面出品优质独播内容迎合当下热门 IP（知识产权）；另一方面拓展小说、电影、动漫、游戏丰富产品功能。腾讯视频凭借社交平台、流量平台的巨大生态优势，开通 doki 社区①强化粉丝

① doki 社区是腾讯开发的一个互动社区。

与明星互动，同时大量推出自制内容。优酷则以阿里影业、大麦为助力，打造电影、演出、剧集等全类型的内容播放网站。而芒果 TV 凭借湖南广电给予的版权内容优势，着力发展自制内容，从综艺开始向剧集发展，同时开展与其他卫视平台合作。尽管各视频平台都在不断扩展自身差异化优势，但目前大型视频平台用户重合度较高，盈利模式相似，差异化并不显著，其核心竞争力来源仍为优质内容播放。

3. 视频平台的进入壁垒

视频平台市场进入壁垒已在一轮轮上市与并购中逐渐形成。少数几个视频平台通过互相整合和吞并逐渐形成行业巨头，如 2012 年优酷和土豆合并，优酷视频一举成为中国视频平台市场的领军者。2014 年，PPS 旗下的爱奇艺被百度吞并。2015 年，阿里全资收购了优酷土豆。此后其他视频平台，如 PPTV、酷 6 网等也先后被企业收购。2018 年爱奇艺、哔哩哔哩相继在美国上市。上市与并购使得视频平台实现规模化发展，优化了市场竞争格局。但同时也挤压了小型视频平台的发展空间，提高了行业进入壁垒。

（三）视频平台的市场行为分析

1. 平台高价购买独播版权

视频平台发展初期，版权意识淡薄，侵权行为肆虐。为遏制盗版等问题，2009 年伊始，原广电总局、中央外宣办等部门联合开展了一系列打击网络盗版侵权的专项行动，盗版现象大幅减少。此后，各视频平台一方面自发对其现存内容进行地毯式整治和清除，下架了大量未得到授权的影视内容；另一方面抓紧洽购影视内容版权，内容正版化已成为视频平台发展的大势所趋。为争夺优质内容吸引用户，各大视频平台展开了激烈的版权争夺大赛，不惜以超高价格购买独家版权内容。2014 年，爱奇艺以 2 亿元的超高价格买下湖南卫视《爸爸去哪儿第二季》《快乐大本营》等 5 档人气综艺节目的网络独播版权；腾讯视频则花费 2.5 亿元买断《中国好声音》2014 年的网络独播权。2016 年《如懿传》版权费高达 13.05 亿元，而 2011 年同作者作品《甄嬛传》独家版权费仅 2 000 万元。版权争夺在这一时期达到高峰。此后，版权费用始终居高不下，成为视频平台的主要支出。根据云合数据统计，2022 年第一季度上新剧[①]中有 56 部为独播剧集，占比 70%，上新电视剧有效播放前十中独播剧占 7 部，《人世间》《余生，请多指教》等热门电视剧

① 上新剧是指 2022 年第一季度首次上线播出的剧集。参见：云合数据：《2022Q1 连续剧网播表现及用户分析报告》，https://mp.weixin.qq.com/s/CxitlHUFiaRdLQGXblm5WA，2022 年 4 月 6 日。

均为独播①。

2. 消费者会员费等支出高涨

爱奇艺分别于2020年11月13日、2021年12月16日提高会员费价格，腾讯视频分别于2021年4月10日、2022年4月9日、2022年4月20日提高会员费价格，其中爱奇艺会员费累计最高涨幅为51.5%，腾讯视频会员费累计最高涨幅为66.7%。对于此次价格上涨，爱奇艺表示："我们审慎考量了市场环境变化、平台发展需求和创造用户价值等多方面因素，做出了当前价格调整的举措。我们希望能够为用户创造更多优质、创新的内容和更好的服务体验，促进产业的持续发展。为我们的用户提供更多价值、为内容创作者构建更健康的产业生态。"②

3. 消费者观看视频时间缩短

根据《QuestMobile2021中国移动互联网年度大报告》显示，2020年1月至2021年12月在线视频行业月活跃用户规模保持稳定，但偶有下降，从2020年3月至2021年12月，月活跃用户由9.52亿人下降到8.64亿人，同时月人均使用时长下降明显，从2020年3月16.76小时下降到2021年12月13.80小时；爱奇艺与腾讯视频2021年12月用户规模同比增长率分别为-7.7%、-8.5%③。但是根据爱奇艺公开财报显示，2020年第四季度的会员服务收入为38.35亿元，2021年第四季度的会员服务收入为41.21亿元。这表明，消费者支出和使用时长成反比，这是因为视频平台提高会员价格的同时并未优化相应服务，损害了消费者利益。

4. 消费者观看广告类型繁多

不同于传统电视的中插广告和前情提要广告，视频平台为加速变现，提高广告营收，推出种类繁多的广告。如视频平台启动时出现的开屏页广告；在首页、播放页等页面出现的横幅广告；在暂停界面弹出图片、视频等形式的插屏广告；以图片/动图等元素出现在播放的视频顶部或底部的贴片广告；与应用程序的日常内容（如一则资讯、动态、图片、视频）融为一体的信息流广告等。

5. 平台技术和服务差异化

为提高市场竞争力，各视频平台不断创新视听体验。如爱奇艺的杜比全景声，腾讯视频的臻彩视界、臻彩视听以及音频模式等，给用户带来更高清、更立体的视听体验；各视频平台相继布局VR（虚拟现实）生态；运用大数

① 云合数据：《2022Q1连续剧网播表现及用户分析报告》，https://mp.weixin.qq.com/s/CxitlHUFiaRdLQGXblm5WA，2022年4月6日。

② 参见：《第一财经》，爱奇艺回应涨价（yicai.com），https://www.yicai.com/brief/100827687.html，2020年11月6日。

③ 资料来源：《QuestMobile2021中国移动互联网年度大报告》，https://www.questmobile.com.cn/research/report-new/222，2022年2月22日。

据技术，推算投放广告的合适场景，强化营销效果；通过针对用户的个性化推荐，提高内容推送的精准度；在业务拓展方面，各视频平台纷纷涉足短视频行业，增加视频内容多样性和表现形式灵活性。

（四）视频平台的市场绩效分析

1. 会员服务成为主要营收来源

以爱奇艺2018年第一季度到2021年第三季度的财报为例，分析视频网站的营收情况（见图1）。

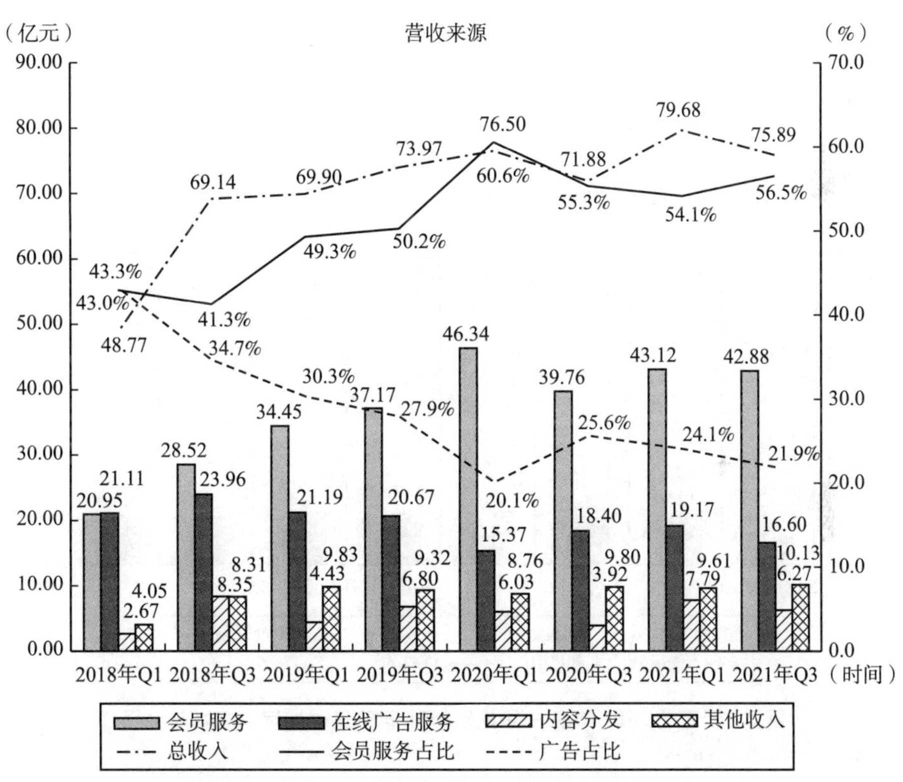

图1　爱奇艺2018年第一季度至2021年第三季度营收来源及费用

资料来源：爱奇艺财报。

根据爱奇艺公开财报显示，2018年第一季度总营收48.77亿元，其中会员服务营收达20.95亿元，占比43%；广告服务营收达21.11亿元，占比43.3%；内容分发营收2.68亿元，仅占5.5%；其他收入4.05亿元。2021年第四季度总营收73.89亿元，其中会员服务营收达41.21亿元，占比55.8%；广告服务营收达16.65亿元，占比22.5%；内容分发营收7.62亿元，仅占10.3%；其他收入8.42亿元。可以看出，会员服务和广告服务一直是其主要的营收来源。但广告服务占比急剧下降，会员服务占比逐渐攀升，成为更主要的营收来源。这系由于用户付费习惯的养成。行业发展初期，视频平台为扩大用户规模，提供大量免费内容供消费者观看。但是随着版权意识增强和追求优质服务消费理念的转变，用户付费习惯逐渐养成，视频平台已从最初的“免费”模式逐步向“免费+付费”模式转型，即广告收入和会员收费双重盈利模式。

2. 内容成本高昂

以爱奇艺2018年第一季度到2021年第三季度的财报为例，分析视频网站的运营成本（见图2）。

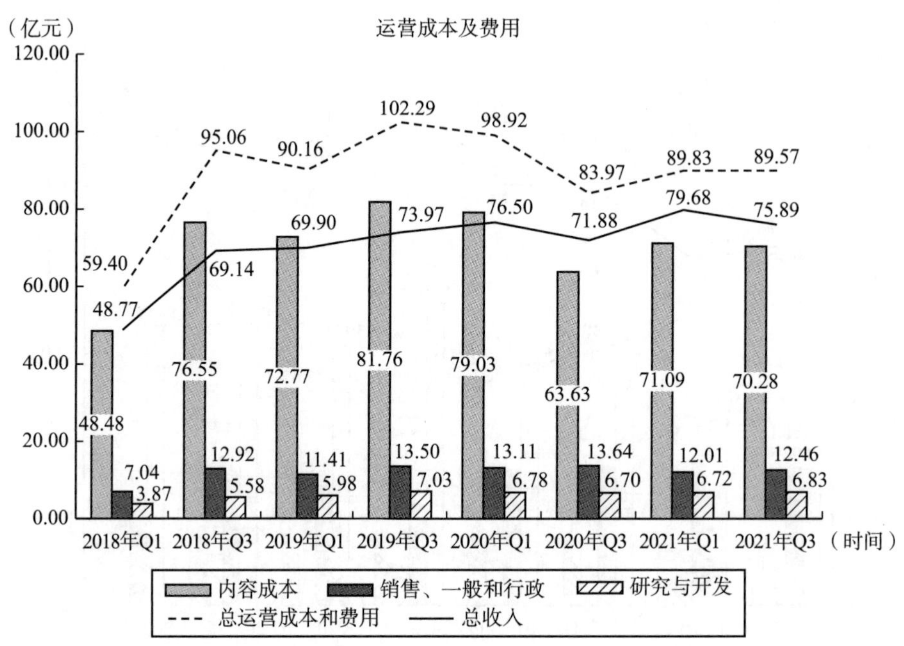

图2　爱奇艺2018年第一季度至2021年第三季度运营成本与费用

资料来源：爱奇艺财报。

根据爱奇艺公开的财报显示，2018年第一季度总运营成本为59.4亿元，其中内容成本48.48亿元，占比81.6%。2019年第三季度总运营成本为102.29亿元，其中内容成本81.76亿元，占比79.9%。2021年第四季度总运营成本为83.64亿元，其中内容成本65.08亿元，占比77.8%。可以看出，内容成本始终占据视频平台成本的绝大部分，且总运营成本在大幅上升后有所下降。这种现象源于多方面的因素，首先，版权费用飞快上涨促使市场监管部门采取措施促进版权回归合理水平，典型的就是颁布“限薪令”限制演员片酬，以降低制作成本；其次，视频平台不断寻求自制内容，将内容版权掌握在自己手中，有效减少了版权采买成本，同时也提高了网站的差异化程度。

3. 整体盈利能力较弱

对比爱奇艺总营收和总运营成本可以看出，2018 年第一季度至 2021 年第三季度公司始终处于亏损状态。阿里集团 2017 年第二季度的财报显示，其数字媒体和娱乐业务亏损 33.88 亿元。根据其他公开资料显示，几大视频平台除芒果 TV 外均处于亏损状态。芒果 TV 因背靠湖南卫视和湖南广电，形成较强的版权优势，但其变现能力也较弱。

造成此种局面不外乎两大原因。其一是版权成本居高不下。内容版权始终占据视频平台运营成本的绝大部分，例如爱奇艺的内容成本占总成本的比例始终高达 80% 左右，成为亏损的主要原因。其二是变现模式受限。最初，视频平台需要大额投入成本购买版权，免费供消费者观看，吸引大量消费者，形成用户规模，主要变现模式仅限于广告收入。目前随着用户付费习惯的养成，会员收入也占据了营收的半壁江山。但广告服务收入占比却显著下降，这是因为广告数量和会员数量具有负交叉网络外部性。如何平衡用户体验和广告投入成为视频平台需要考虑的新难题。购买了会员还要看广告，引起了消费者的反感，纷纷喊话："吃相不要太难看"。除此之外，虽然各视频平台纷纷尝试其他变现方式，但见效甚微，甚至造成用户流失，品牌效益受损。如 2019 年底推出的"超前点播"付费模式，最终还是在铺天盖地的诟病中被迫取消。

4. 资源配置效率较低

目前来看，视频平台处于寡头垄断与竞争发展并存的阶段。虽然三大视频平台占据了绝大多数市场份额，但其大部分资金都配置给了内容成本，又无法寻求合理的变现方式，不利于网站的可持续发展，最终导致流量巨大却无法高效变现，视频平台持续处于亏损状态。而内容制作方为追求利益最大化，不惜放弃优质内容，一味寻求高流量、高卡司，导致优质内容稀缺，进一步激化了版权争夺大战。产业整体陷入低效率的恶性循环。

综上所述，从市场结构上看，视频平台产业的市场集中度较高，其他经营者进入壁垒增强，产品的服务差别化不大，但功能和技术创新差异化逐渐显现；从市场行为看，视频平台企业通过高价购买版权、提高会员价格、拓宽广告类型等行为获取利润，忽略用户体验感，以致市场出现严重损害消费者利益的行为；从市场绩效看，视频平台盈利能力弱，资源配置效率低下，面临无法寻求合理变现方式的困境。造成视频平台产业现状的原因均与独家授权模式有关。大型视频平台正是通过独家授权模式占据了大量优质资源，拥有绝大多数的用户数量和市场份额。同时各视频平台激烈争夺优质内容的独播权，哄抬版权价格，又为寻求变现损害消费者利益，造成产业整体处于低效状态。

二、独家授权对消费者福利影响的理论依据和现实表现

（一）独家授权的界定

独家授权并非著作权法上的版权转让或者专有使用许可，而是一种独家代理模式。在这种模式下，视频内容版权方与视频平台签订非专有使用许可协议，同时签订独家代理协议，由版权方授权视频平台进行“转授权”，即分许可，允许视频平台将其授权的版权内容再次授权给其他平台。此外，版权方还会授予视频平台就侵犯影视作品信息网络传播权的行为提起诉讼的权利，鼓励视频平台开展内容分发业务，促进作品的传播。

（二）独家授权与非独家授权比较

视频平台授权模式有独家授权和非独家授权两种。非独家授权是指版权人可以将版权内容授权给多个平台，多个平台都有实施该授权作品的权利。独家授权与非独家授权的本质区别在于，视频分发业务是否由版权人控制，其最主要的表现在于授权价格不同，购买独家版权的价格要数倍高于非独家版权。

目前视频平台基本采用独家授权的交易模式，主要目的是控制作品的独家网络发行权。视频平台取得独家版权之后又分为独播和分销两种模式，即是否转授权给其他平台。但如前所述独播剧仍占大多数，视频平台仍以独播内容为主要竞争来源。通过上述对爱奇艺的营收分析可以看出，视频平台内容分发业务较少，主要以提高会员价格、增加广告收入为营收来源，不惜以损害消费者利益为代价，弥补高昂的内容成本。

（三）视频平台的产品属性

微观经济学理论根据商品是否具有竞争性和排他性分为四种类型。竞争性是指不能同时消费的商品，即一方的使用、所有或占有排除了另一方的使用、所有或占有。排他性是指阻止其他人使用该物品的特性，即消费者需为使用该物品付费，而未付费者不得使用该物品。

根据这两种属性，商品被分为四类：既具有排他性，又具有竞争性为私用品，如牛奶、汽车、劳动力市场；具有排他性，但不具有竞争性为俱乐部品，如电脑软件、视频会员；不具有排他性，但具有竞争性属于共用品，如鱼塘、森林；既不具有排他性，又不具有竞争性的为公用品，如高速公路、路灯。

独家授权模式下的作品属性应从创作端和播放端两方面分别界定。一方面，创作者将其所拥有的内容版权进行转让或独家授权时，既具有竞争性又具有排他性，此时版权内容属于私用品；另一方面，视频平台会为观看特定内容设置种种门槛，如成为会员才能观看、购买观影券才能观看。用户必须支付费用才能观看内容，而用户数量却没有限制。此时视频平台具有排他性，但不具有竞争性，属于典型的俱乐部产品。“排他”程度，即收费高低，是否合理至关重要，“排他不足”会引发“准公地悲剧”，“排他过度”则会引发“反公地悲剧”。那么这种模式是否更利于作品的传播，是否能增加消费者福利，是否应当加以规制，需要进一步探讨。

（四）视频平台创作端下独家授权模式对消费者福利影响的依据

在私用品市场中，单一商品对于消费者的边际效用是递减的，即随着商品或服务的产量增加，边际效用曲线斜率向下，同时商品或服务提供者的边际成本递增，即边际成本曲线斜率向上（见图3）[①]。图3（a）显示了私人商品完全竞争市场的边际成本和边际效用曲线。市场均衡发生在价格 P_e 和数量 Q_e，即两线交点处，此时社会总福利是最优的。这是因为，在完全竞争市场下，在产量小于 Q_e，即边际效用大于边际成本时，生厂商会生产更多的产品，提高消费者福利。图3（b）表明，当垄断者人为提高价格，买家将减少购买数量，造成低效的结果。因为此时边际效用大于边际成本，造成无谓损失，即阴影区域。图3（c）表明，当垄断者人为地降低价格，生产商将减少生产，结果同样是低效的。因为边际效用仍大于边际成本，同样会造成无谓损失，即阴影区域。这说明在私人商品市场，卖方垄断与买方垄断同样都会阻止市场达到社会最优价格和产量，造成社会总福利的减少。

① Chao, Bernard, &Tod Duncan, *Why Patent Monopsonies Increase Consumer Welfare*, Texas Intellectual Property Law Journal, vol. 30, no. 1, Fall 2021, pp. 1 – 22 (2021).

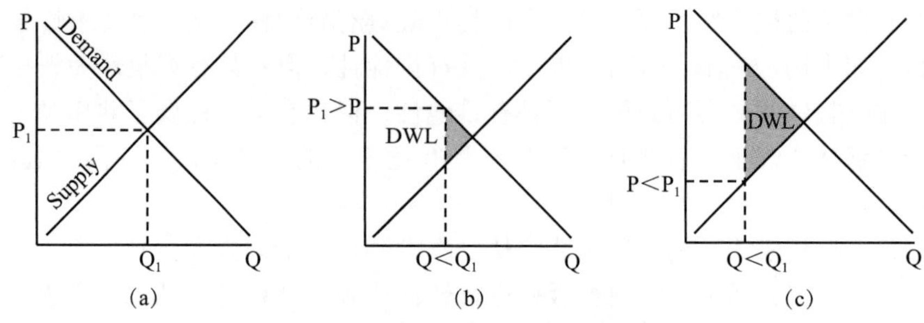

图3　私用品市场供给需求示意

注：(a) 当供给和需求曲线交叉时，竞争会产生一个均衡价格 P_1，用于生产最优数量的商品 Q_1，并且没有无谓损失 DWL；(b) 在垄断条件下，价格大于 P_1，商品量小于 Q_1，且无谓损失 DWL 发生；(c) 在买方垄断的条件下，当市场愿意为货物支付的价格被压制在 P_1 以下时，商品量小于 Q_1，也会出现无谓损失 DWL。

在独家授权模式下，版权方将内容版权授予平台时若以过度高出其投入成本的价格，则创作者仅凭少量作品就可以达到垄断地位取得预期收益，不利于创新和作品产出，造成社会总福利净损失。若授权价格过低，视频平台攫走大部分利益，也无法起到激励创作的作用，社会总福利同样减少。因此，从创作端分析独家授权模式下，过高和过低的版权许可费用都有损于消费者福利。

（五）视频平台播放端独家授权模式对消费者福利影响的依据

俱乐部品边际成本曲线并非是向上倾斜的，而是呈水平的。这是因为额外生产一单位俱乐部品的成本是极低的，爱奇艺在增加一个新会员时基本上不会产生任何成本。图 4（a）显示了俱乐部品的边际成本和边际效用曲线。市场均衡发生在价格等于边际成本时，即 P = MC 时。图 4（b）表明，当供

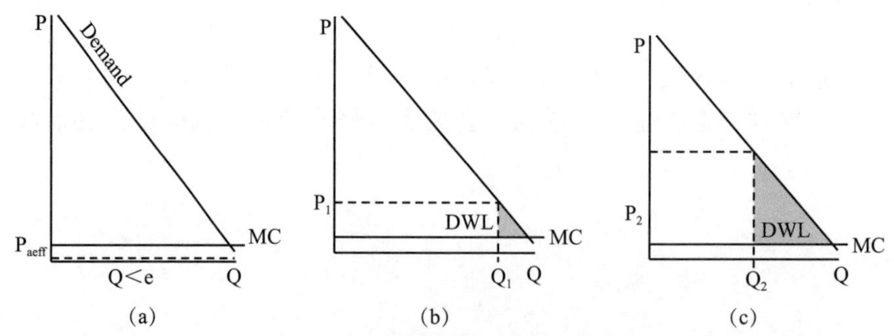

图4　俱乐部品市场供给需求示意

注：(a) 当 P = MC 时，市场效率出现；(b) 供应商有能力将价格提升到 P_1，将数量降至 Q_1，并导致无谓损失 DWL；(c) 随着价格进一步提升到 P_2，无谓损失也在增长。

应商将价格提高到 P_1 时，这个结果是低效的，因为此时的价格高于边际成本，造成无谓损失，即阴影部分区域。图4（c）表明，当价格进一步提高到 P_2 时，无谓损失将继续增加。

事实上，由于俱乐部品的边际成本为0，不存在一个价格使得市场处于最优。例如会员费的收取总是高于其边际成本。这是因为视频平台可以人为抑制供应，提高价格。在俱乐部品市场，价格偏离边际成本越高，造成的社会总福利损失就越大。因此，提高会员费价格并不能增加消费者福利。

（六）独家授权损害消费者福利的现实表现

1. 滋生盗版

行业发展初期，独家授权确实为打击盗版发挥过积极作用，但近年来，大型视频平台利用其优势地位，不断背离优化消费者体验的理念，推出各种新的付费模式。如超前点播：消费者付费成为会员之后，却仍需要付费才能看到最新剧集，并且为保护作品的播放连贯性，视频平台强制消费者只能一集一集地购买。由于受消费者青睐的优质内容被独家授权给某一视频平台，消费者只能选择付费超前点播或继续等待剧集更新。不少消费者表示："会员开了好像没开。"即使已经付费成为视频平台会员的消费者，仍寻找"渠道"观看盗版视频。对于支持正版的消费者而言，视频平台的做法打击了其支持正版的初心，宁愿观看盗版也不愿被视频平台"薅羊毛""割韭菜"。此外，消费者不能观看完整视频继而转向短视频平台寻求"剧情合集""好剧推荐"等剪辑类视频，进一步引发短视频平台的侵权和长短视频合作抵触等问题。可见，独家授权造成的版权过度集中效应，不仅违背了抵制盗版的初衷，甚至进一步刺激了盗版视频的滋生，在根本上不利于视频平台行业的良性发展。

2. 降低产出

独家授权模式使得少数视频平台拥有绝大多数的优质版权内容，形成版权聚集效应，使得影视剧集只能在某一平台上播放，或者某一平台成为版权内容的唯一供应商，具有版权分发的实际控制能力，其他平台难以正常价格买到，具有形成垄断的可能。在此种交易模式下，作品的广泛传播受到了严重阻碍，其原本的市场价值亦受折损，进一步降低视频内容产出。同时，高昂的版权费用一锤定音，视频内容的创作者在版权高价的诱惑下，一味追求高流量，以当下流量明星或热门话题作为炒作的噱头，不再专注作品的内容质量，鲜有优质作品，破坏行业的良性循环。

3. 抑制创新

视频平台的市场支配地位不仅仅表现为版权聚集效应，还表现为对权利人作品传播和发行渠道的控制。视频平台从事作品的发行或传播业务，为了维持自己的竞争优势，可能拒绝发行和播放，强迫权利人进行独家授权，或者取得独家授权后拒绝向其他经营者许可独家剧集的播放权利。对权利人来说，选择何种方式行使自己的权利当属知识产权应有之义。一方面，独家授权模式一定程度上剥夺了知识产权人选择行使许可方式的权利。另一方面，独家版权过高的许可费用使得部分潜在购买者望而却步，减少了权利人交易的可能性。一定程度上有违知识产权法保护创作者，激励创新的初衷。

4. 消费者有效观看时长缩短

独家授权模式下，视频平台利用其优势地位，强迫消费者观看其推送的“会员专属广告”使得消费者的有效观看时间缩短。据了解，会员广告多以弹窗或者中插的方式呈现，时长以5～10s为主。即使成为会员，此类广告也无法跳过，并且经常会误触进入广告界面。在会员价格提高、消费者支出增多的同时，消费者体验本应有显著提升，但繁多的广告不仅会中断剧情播放，影响观看体验，在无形之中也缩短了消费者的有效观看时长。消费者被迫在欣赏视频的同时观看其所推送的广告内容，这无疑是对消费者福利的损害。

三、反垄断法对独家授权的规制

在独家授权模式下，视频平台为争夺独家版权导致版权价格过高、版权内容转授权纠纷、侵权诉讼等现象频频发生，主要体现为侵犯了市场的竞争秩序和消费者福利。基于此，对独家授权模式加以规制已成为社会共识，但是视频内容独家授权涉及多重法益，究竟从知识产权法方面对独家授权予以限制或禁止，还是使用反垄断法加以规制，仍然有着较大争议。争议焦点在于独家授权属于权利人行使其知识产权的范畴。知识产权诞生本身就具有天然“垄断性”。立法者为了激励创新，促进社会进步，赋予权利人在一定期限内专有使用和排除他人未经许可使用其智力成果的“特权”。权利人有权自主决定将视频版权授权给谁，如何授权，且不应受到外界的干涉。拥有一项知识产权或多项知识产权的权利人，通常来说不足以形成反垄断法上的市场支配地位。然而，随着视频平台等数字平台不断发展壮大，独家版权数量日益增多，逐渐形成了版权聚集效应——同一平台上存在大量的知识产权许可，使得内容平台能够凭借其优势地位干涉知识产权人行使其法定权利。同时，版权的高度集中增加了用户黏度，造成用户锁定，会进一步提高视频平台优势地位，甚至形成支配地位。此时视频平台可能利用独家授权交易获得版权内容，实施非价格纵向限制、歧视性定价等损害消费者福利行为。市场自身调节机制已无法发挥效用，需借助“有形的手”加以干预，实现社会的利益平衡①。因而，视频平台的独家授权模式应当受到反垄断法的关注。

（一）相关市场界定

结合视频平台的特征，相关市场应界定为中国境内长视频平台市场。短、中视频平台亦为视频内容播放平台，其版权内容、播放时长、营收模式等与长视频平台市场具有明显差异，不应界定为同一相关商品市场。界定相关市场本质上是考虑相关产品或者服务的可替代性。简言之，如果某些产品或者服务对消费者和用户具有可替代性，它们就属于同一相关市场②。对于双边市场而言，界定相关市场的标准是需求替代性，双边市场两端面对着两种不同的需求，应当界定两个相关市场③。视频平台是典型的平台企业，是连接广告商与消费者的平台，具有交叉网络外部性。因此进行需求替代时，需要从广告商和消费者双边用户分别分析。

1. 从广告商需求替代分析，中短视频平台与长视频平台不属于同一相关市场

一是广告呈现方式不同。长视频平台广告通常以图片或不长于15s的视频形式在片头、片尾或贴片中呈现，依附于内容播放界面；广告质量较高，但表现形式单一，创新性不强，传播力度较弱。中短视频平台广告经常出现在首页和内容植入中，由创作者自主选择的植入方式传播给消费者；呈现形式灵活生动，吸引力较强，传播范围较广，但广告质量良莠不齐。

二是广告投入成本不同。长视频平台广告商仅需投入网站运营、计算和匹配消费者的成本，通常以广告播放时段、播放时长和播放方式计费；而中短视频平台除支付网站投放成本外，还需要向内容制作者支付广告费用，通常以变现效益作为计费依据。

三是广告投放精准度不同。长视频平台广告通常依据播放内容的热度、播放时段的价值来衡量投放广告，不区分特定用户，精准度不高；而中短视频平台借助大数据分析和算法等技术手段，为消费者画像，向消费者精准投放相匹配的广告内容。

2. 从消费者需求替代分析，中短视频平台与长视频平台不属于同一相关市场

一是可供消费者选择的内容不同。长视频平台以剧集、电影、综艺为主

① 董新凯：《反垄断法规制标准必要专利运用时的利益平衡——兼评〈关于滥用知识产权的反垄断指南（征求意见稿）〉》，载于《学术论坛》2019年第4期。

② 王晓晔：《论相关市场界定在滥用行为案件中的地位和作用》，载于《现代法学》2018年第3期。

③ 许光耀：《互联网产业中双边市场情形下支配地位滥用行为的反垄断法调整——兼评奇虎诉腾讯案》，载于《法学评论》2018年第1期。

要内容，并按照地区、类型、年限进行划分，内容清晰明确并伴有评分和简介，方便消费者进行选择；而中短视频平台以生活、新闻、娱乐、技能、学习、时尚等为主要内容，消费者通常采用搜索或主页推荐的方式获得感兴趣的内容。

二是消费者消耗的时长不同。长视频平台内容较长，消费者观看一篇内容需要数个小时；而中短视频平台以几分钟内容为主，消费者可以短时间内了解到需要的信息。

三是为消费者提供匹配内容的效率不同。长视频平台推荐内容以新播、热播内容为主，通常依靠消费者自行搜索或鉴别其需要的内容，个性化匹配程度较低，消费者选择的效率较低；而中短视频平台利用搜索记录、播放记录为消费者精准化推荐内容，且内容相关性程度较高，但内容质量需要消费者自行甄别。

3. 从供给替代分析，中短视频平台与长视频平台不属于同一相关市场

一是盈利模式不同。长视频平台主要依靠会员费和广告费盈利；而中短视频平台主要依靠广告费和直播打赏、手游等方式盈利。

二是成本内容不同。长视频平台以版权购买为主要成本；而中短视频平台以网站运营、收入分成为主要成本。

综上所述，从需求和供给替代分析，长视频平台与中短视频平台不属于同一相关商品市场。此外，长视频播放平台的主要用户和内容传播均在本国境内，而版权授权方式和条件属于知识产权的范畴，地域性差异明显。因此，相关地域市场应界定为中国境内。

（二）在相关市场是否具有支配地位

根据《反垄断法》第十八条、十九条相关规定，对相关经营者进行市场支配地位的认定。

1. 三大视频平台市场份额合计达四分之三

市场份额的计算依据应当是用户规模数据而非货币数据[①]。因此根据表2中2020年6月的数据，爱奇艺市场份额占比34.9%，腾讯视频占比29.7%，优酷视频占比20.7%，三家经营者市场份额占比达到85%，可以推定其具有市场支配地位。

2. 三大视频平台具有很强的市场控制能力

三家视频平台拥有绝大多数剧集版权内容，具有很高的市场认可度和用户黏度。自2017年以来，三家视频平台市场份额较为稳定，长期保持着较强

① 杨文明：《市场份额标准的理论反思与方法适用——以互联网企业市场支配地位认定为视角》，载于《西北大学学报（哲学社会科学版）》2014年第3期。

竞争优势，权益内容相似，营销策略和经营模式亦成为行业惯例。相关市场难度大，其他经营者进入需要在营销推广、吸引用户上投入极高成本方可与之竞争。

3. 三大视频平台拥有丰足的财力和卓越的技术条件

2022 年 3 月 25 日，爱奇艺总市值达到 182.9 亿美元，强大的财力可以支撑其业务扩张；同时拥有卓越的技术条件，可以不断优化视听体验，增加用户黏度，进而提高竞争优势。

综上所述，可以认定三大视频平台在中国境内长视频平台市场具有市场支配地位。

（三）是否实施滥用市场支配地位行为

根据《反垄断法》关于滥用市场支配地位行为的规定，结合长视频播放平台行业的实际情况，判断具有市场支配地位的视频平台是否实施以下滥用市场支配地位的行为：限定版权方只能与其达成独家授权协议，而禁止版权方进行非专有使用许可；已经取得独家授权的视频平台拒绝转授权给其他经营者；在转授权的过程中，设定不合理的限制条款、不合理高价、搭售、拒绝成交、限制交易条件和差别待遇等滥用市场支配地位的行为。

在独家授权模式下，若三大视频平台一方面控制优质版权内容的流通；另一方面为其他视频平台设置高门槛的转授权条件，控制其他经营者的版权购买途径，便可能直接减少其他经营者的交易机会，导致排除、限制竞争的后果。同时，具有市场支配地位的视频平台可能利用其支配地位控制会员价格和会员服务模式，推出各种变现新模式，而消费者只能被迫接受，严重损害消费者福利。

（四）通过后继诉讼等方式激励维权

在认定视频平台实施的独家授权属于滥用市场支配地位行为后，创作者、消费者应积极进行通过行政执法、法院司法等路径进行维权。但创作者、消费者维权面临着两难困境，如果选择向行政机关进行举报，行政机关执法并处罚后，消费者并不能获得实际的损害赔偿。但如果消费者选择就该行为向法院提起反垄断民事诉讼，则需要证明视频平台的相关市场界定、市场支配地位认定、排除限制竞争效果以及与消费者损害的因果关系等内容，举证专业性强、难度极高。为了有效维护消费者利益，应通过后继诉讼的方式加强行政执法和法院司法的衔接。

针对消费者举报，市场监管总局通过约谈、督促整改、罚款等方式规制超前点映、自动续费、会员不免广告等行为的同时，应深入调查该行为是否伴随着垄断，并移交反垄断局进一步调查。在行政执法机关确定垄断行为并予以罚款后，广大消费者可以依据行政处罚结果，提起反垄断后继诉讼，要求视频平台赔偿损失。通过反垄断后继诉讼等方式，加强行政执法和法院司法的衔接，有效地规制独家授权等侵害消费者利益的行为。

四、视频产品强制转让制度与平台策略选择

基于上述分析，本文建议引入强制转让制度对视频平台独家授权模式进行规制，以期消除独家授权的种种弊端，并通过策略选择分析其可行性。强制转让制度指市场监督管理总局强制大型视频平台将独家版权内容以“公平、合理、无歧视”的原则转让给其他中小视频平台，而中小视频平台不必需转让其独家内容。

假设，市场上只有版权方 A、大型视频平台 B、中小视频平台 C。A 拥有一项内容版权需要投放到视频平台进行播放。A 有两个策略选择：独家授权给 B 或者非独家授权给 B 和 C；B 有两个策略选择：买或不买；C 也有两个策略选择：买或不买。针对版权内容，A 的制作成本为 2，边际成本为 0；B 的非独家购买价格为 3，C 的非独家购买价格也为 3。假定市场上现有用户总数为 11，在非独家购买版权的情况下，B 的用户收益为 6，C 由于平台较小，用户收益只能为 5；B 不购买非独家版权时，C 由于平台小，吸引用户能力弱，应用后用户收益只有 10。B 独家购买版权的价格为 7，应用后收益本应为全部用户总数 11，但由于 B 利用其市场优势地位实施损害消费者利益的行为，导致部分用户流失，应用后收益降为 10；C 由于规模小，无法独家购买。矩阵中的数字表示 A、B、C 的收益。

（1）参与人：版权方 A；大型视频平台 B；中小视频平台 C。

（2）行动：A_a = {独家授权；非独家授权}；A_b = {买；不买}；A_c = {买；不买}。

（3）行动组合：a_1 =（独家授权，买，不买）；a_2 =（独家授权，不买，买）；a_3 =（独家授权，不买，不买）；a_4 =（非独家授权，买，买）；a_5 =（非独家授权，买，不买）；a_6 =（非独家授权，不买，买）；a_7 =（非独家授权，不买，不买）①。

（4）战略：虽然行动有先后顺序，但版权价格固定，A、B、C 决策时并

① 当 A 独家授权给 B，B 购买时，C 无法购买。

不知晓对方如何决策。

（5）收益：矩阵中每格从左到右数字分别表示 A、B、C 的收益。

通过 ABC 三者的收益矩阵（见表 3），可以看出 B 的严格优势策略为“买”，当 B 选择“买”时，A 的优势策略为“独家授权”，此时对应的收益为（5，3，0），即 A 独家授权给 B，B 买，C 不能买。但对于社会总福利来说，最优收益则为（4，3，2），即 A 非独家授权给 B 和 C，B 买 C 买。此时企业对自身利益的追求导致社会总福利受损，企业利益和社会利益发生了背离。

表 3　　A、B、C 收益矩阵

项目	A			
	独家授权		非独家授权	
	B		B	
C	买	不买	买	不买
买	——	——	4，3，2	1，0，7
不买	5，3，0	-2，0，0	1，7，0	-2，0，0

假设引入强制转让制度，即 B 独家购买版权后必须转让给 C，C 独家购买后不必转让给 B。此时由于 B 无法真正独家占有版权内容，独家购买版权价格下降为 6，应用后收益为 6；转让给 C 的价格为 P①，C 应用后收益为 5。非独家授权下的收益均不变。

通过 ABC 三者收益矩阵（见表 4），可以发现：（1）B 的严格优势策略仍为“买”，但当 B 选择“买”时，A 无论怎样抉择，收益都是相同的。因此独家授权将不会必然发生，版权方 A 可以自主决定采取何种版权转让方式，这亦符合《著作权法》对版权人权利保护的初衷。（2）非独家授权时，B 的收益大于独家授权模式下的收益。因此强制转让制度的引入，可以从企业自身减少独家授权模式的广泛应用，从而避免大型视频平台与版权方利用独家授权交易达成纵向垄断协议，排除、限制竞争。（3）视频平台独家购买版权价格降低，有助于缓解版权竞争带来的压力，使版权许可费用回归合理化，提高视频平台行业效率。（4）与表 3 收益相比，当 B 选择“买”时，中小视频平台 C 的收益保持不变或上涨，而大型视频平台 B 收益不变或下降，有助于促进中小视频平台的发展，逐渐提高其竞争能力，限制大型企业利益扩大，避免形成市场支配地位。（5）B 选择“买”时，A 无论怎样抉择，社

① 要求 B 的转授权价格基于“公平、合理、无歧视”原则，不得超过 C 直接购买的版权价格。即 P≤3。

会总福利不变，并且总是最高的。此时，企业利益与社会利益实现了激励相容。

表4　　强制转让后A、B、C收益矩阵

项目	A			
	独家授权		非独家授权	
	B		B	
C	买	不买	买	不买
买	——	——	4，3，2	1，0，7
不买	4，P，5－P	－2，0，0	1，7，0	－2，0，0

通过上述分析可见，强制转让制度的引入，可以很好地消除独家授权模式下的种种弊端，如版权集中效应，版权费激增，以及伴随着的损害竞争和消费者利益的行为等，在促进市场公平竞争的同时，有助于版权费用回归合理化，有助于增加社会总福利。

五、结语与展望

通过分析可以得出以下结论：首先，现阶段视频平台市场集中度较高，其他经营者进入壁垒已经形成；资源配置效率低下，整体处于低效状态。视频平台普遍采用的独家授权交易模式在市场运行和发展过程中，被过度地错误运用，已涉嫌垄断。其次，独家授权模式于增加消费者福利无益，相反该模式发展至今，已显现出滋生盗版、降低产出、抑制创新等损害消费者福利的负面效应。再次，基于独家授权对市场结构、消费者福利的影响，对独家授权模式下视频平台的行为进行反垄断分析，发现相关市场应界定中国境内长视频平台市场，三大视频平台已具有市场支配地位，涉嫌垄断。最后，版权强制转让制度可以有效防范可能的垄断行为，缓解版权激烈争夺带来的亏损压力，同时促进市场公平竞争，增加社会总福利。

独家授权模式发展至今，弊端尽显，亟须运用《反垄断法》加以规制。本文仅以长视频平台为例对独家授权模式进行分析，随着未来短、中、长视频的发展，独家授权模式的应用将呈现更为复杂的状态。市场监督管理总局必须紧跟网络时代下独家授权模式的发展脚步，及时有效地发现独家授权模式的种种弊端，不断创新反垄断执法方式，加强反垄断法院司法，通过后继诉讼等方式规制独家授权模式，消除弊端，促进行业公平竞争，实现持续良性发展。对于视频平台自身而言，应当认识到版权独占的效益只是一时，促进市场公平竞争、培养用户付费意识、优化资源配置，使版权价格回归理性，才是长久之道。

参考文献

1. 刘伟、黄桂田：《中国银行业改革的侧重点：产权结构还是市场结构》，载于《经济研究》2002 年第 8 期。

2. 刘静：《从“独家授权”到“转授权”：互联网音乐平台的制度基础与模式创新》，载于《艺术评论》2019 年第 8 期。

3. 来小鹏：《论网络环境下的版权专有许可》，载于《中国出版》2017 年第 3 期。

4. 宁立志、王宇：《叫停网络音乐市场版权独家交易的竞争法思考》，载于《法学》2018 年第 8 期。

5. 钱晓强：《网络时代下数字音乐市场独家版权模式探析》，载于《电子知识产权》2018 年第 8 期。

6. 王先林：《竞争法视野的知识产权问题论纲》，载于《中国法学》2009 第 4 期。

7. 王迁：《著作权法限制音乐专有许可的正当性》，载于《法学研究》2019 年第 2 期。

8. 王先林：《反垄断法与创新发展——兼论反垄断与保护知识产权的协调发展》，载于《法学》2016 年第 12 期。

9. 王晓晔：《滥用知识产权限制竞争的法律问题》，载于《中国社会科学》2007 第 4 期。

10. 王伟：《数字内容平台版权集中的法律规制研究》，载于《政治与法律》2020 第 10 期。

11. 许光耀：《互联网产业中双边市场情形下支配地位滥用行为的反垄断法调整——兼评奇虎诉腾讯案》，载于《法学评论》2018 年第 1 期。

12. 于立、王建林：《生产要素理论新论——兼论数据要素的共性和特性》，载于《经济与管理研究》2020 年第 4 期。

13. 叶明、张洁：《利益平衡视角下的数字音乐版权独家授权模式研究》，载于《电子知识产权》2018 年第 11 期。

14. Chao，Bernard，and Tod Duncan，2021，“Why Patent Monopsonies Increase Consumer Welfare”，*Texas Intellectual Property Law Journal*，Vol. 30，No. 1，September，pp. 1 – 22.

15. Herbert A. Simon，1971，Designing Organizations for an Information – Rich World，*The Johns Hopkins Press*，pp. 37 – 72.

Research of the Impact of Exclusive License of Video Platform on Consumer Welfare

FENG Bo　FAN Qianru

(Tianjin University of Finance and Economics, 300222)

[**Abstract**] With the rapid development of the video platform, there are two chronic diseases: high membership fees and excessive advertising. The main reason is that the video platform can't make profits for a long time because of the expensive copyright of the exclusive content, so it increases the membership price and advertising investment. Whether the exclusive authorization model will enhance or detract from consumer welfare needs further study. In this paper, SCP paradigm is used to analyze the present situation of video platform industry organization, and the conclusion is drawn that the current video platform market has high concentration, strong barriers to entry and exit, and low efficiency. Under the background of digital economy, the video platform has taken exclusive copyright as the main profit model, and the copyright aggregation effect continues to appear, and the market advantage of the platform has gradually increased, even suspected of monopoly. We should fully consider the characteristics of the Two-sided Market of video platforms and the double character of exclusive authorization mode with the analysis of anti-monopoly law, so that we can accurately define the relevant market and identify the monopolistic behavior. In order to eliminate the drawbacks of the exclusive authorization model, this paper, by constructing a strategic analysis model among copyright owners, head video websites and micro video websites, suggests the introduction of compulsory transfer system. Hope we can eliminate the disadvantages of the exclusive licensing model and ensure the orderly development of the market.

[**Key Words**] Exclusive Authorization　Anti-monopoly　consumer welfare　market competition

JEL Classifications: K21

农地流转、地理要素和相对贫困*

——基于中国家庭动态跟踪调查的数据分析

杨冬梅　沙周浩　万道侠**

【摘　要】缓解相对贫困是我国打赢脱贫攻坚战后的长期任务，作为乡村振兴战略下的重要实践，农地流转能否起到重要作用是学界亟须讨论的重要议题。本文基于中国家庭动态跟踪调查（China Family Panel Studies，CFPS）数据，实证考察农地流转对相对贫困的微观影响及地理要素的调节效应，研究结果发现：（1）农地流转显著降低了农户的相对贫困程度，且该结论经过一系列稳健性检验及内生性问题处理后依然成立；（2）地理要素在农地流转缓解相对贫困的过程中起到了调节作用，主要体现在若村庄的地形更平坦、交通更便利，则会提升农地流转缓解相对贫困的效果；（3）农地流转在经济相对落后地区缓解相对贫困效果更明显，并在不同的行政区划和区位政策的标准下皆成立。本文的研究为促进农地流转完善农村地区基础设施提供了经验与借鉴。

【关键词】**农地流转　相对贫困　地理要素　调节效应**

中图分类号：**F321.1**　文献标识码：**A**

---

* 本文是山东省社科规划研究项目“共同富裕目标下农业补贴的政策效应与优化路径研究”（项目编号：22CJJJ22）的阶段研究成果。

** 杨冬梅，山东财经大学统计与数学学院教授，博士生导师；地址：（250014）济南市历下区二环东路7366号；E-mail：19901223@sdufe.edu.cn。沙周浩，山东财经大学统计与数学学院硕士研究生；地址：（250014）济南市历下区二环东路7366号；E-mail：shazh97@126.com。万道侠，山东财经大学统计与数学学院讲师，硕士生导师；地址：（250014）济南市历下区二环东路7366号；E-mail：wandaoxia858@163.com.

一、引　言

贫困问题是人类社会在长期发展中面临的重大挑战，“消除一切形式的极端贫困”是联合国提出的2030年众多可持续发展目标当中的首要任务。自2013年我国提出精准扶贫以来，实施效果显著。党的十九届五中全会更是指出，我国已实现消除绝对贫困的目标，工作重心由“消除绝对贫困”转向“缓解相对贫困”。我国贫困人口多，分布广，地理环境多样，贫困问题与地理要素之间的相互作用比较复杂，绝对贫困和区域整体性贫困易被消除，但地区所处的地理位置，地貌特征等资源禀赋方面的先天性劣势却难以消除，这导致相对贫困仍然存在。无论是消除绝对贫困还是缓解相对贫困，农村都将是“三农”工作的重点对象，且解决农村的相对贫困问题是未来工作的重中之重。土地作为农业产业中重要的生产要素，承担着解决就业、改善民生等方面的功能，规范土地经营权有序流转，发展多种形式的适度规模经营，促进农民增收，这既是实现全面深入脱贫的基本要求，也是加快城乡融合发展以更大力度推进乡村振兴战略的应有之义（杨玉珍和黄少安，2019；李军和聂建亮，2019；魏后凯，2020；Li et al.，2021；Wan et al.，2021）。

国内外学者在研究过程中认为收入变化是贫困变化的体现，土地流转对减贫效应的影响也表现在收入变化方面，部分学者认为土地流转作为一种重要的农业资源分配方式，不仅有利于降低农地碎片化和实现农地的规模经营，还可以提高农业生产率，进而提高农户的收入，最终实现减贫（Deininger and Jin，2005；陈训波等，2011；Dachis et al.，2012；Ye，2015；冒佩华和徐骥，2015）。冒佩华和徐骥（2015）借助2000年、2012年我国农户调研数据，利用倾向得分匹配方法（PSM），研究发现在家庭联产承包责任制下，通过土地流转能够促进农户收入进一步增长。而夏玉莲和匡远配（2018）将农地流转分为了农地转入和农地转出分别进行分析，得出了两种行为均可显著改善农户的贫困状况，降低农户贫困的脆弱性（钱忠好和王兴稳，2016；彭继权等，2019）。陈飞和翟伟娟（2015）还从农户行为视角建立解释农地流转诱因的微观理论框架，分析得出土地流转有助于提升农户福利水平（李庆海等，2011）。与此同时，韩菡和钟甫宁（2015）使用2010年浙江、安徽两省四县农户调研数据，构建多元回归模型，还分析了不同地区土地流转对农户收入分配的影响，分析得出在单位土地收益高、经济发达的地区，土地流转扩大了当地农户的收入差距，而在单位土地收益低、经济欠发达的地区，土地流转缩小了当地农户的收入差距。此外，贝斯利（Besley，1995）使用加纳两个地区数据，分析得出鼓励土地自由流转以及不断完善土地产权制度，是缓解贫困的长效方式。市场化的土地流转能够促使土地流转到更有效的土地经营者中，增强土地经营者对土地长期投资的激励，获得更多额外的交易收益，从而产生生产性收益效应（刘闯等，2019）。

然而，农地流转对农户贫困的影响往往不是直接发生的，部分学者对农地流转的减贫效应过程中所可能存在的机制进行了探究。对于农地流出的农户而言，农地流转促进了劳动力转移，农村人口向城市流动，非农就业比例提高，农户的非农收入增加，有利于改善农户贫困（陈飞和翟伟娟，2015；钱忠好和王兴稳，2016；蔡洁和夏显力，2019；Li et al.，2021），周京奎等（2020）进一步指出农户通过土地流出行为可以重新分配其农业劳动和非农劳动时间，进而影响其获得的总收入，职业分层是农地流转缓解农户贫困的重要机制。对于流入农地的农户而言，农地流转能够使农户获得更多耕地的同时增加农用机械投入，进而提高了农业生产效率，提高粮食产量，最终实现增收。机械化投入的提升实现了农业资源的合理配置，促进农业机械化现代化水平，进而有利于农户减贫（游和远等，2010；Zheng et al.，2020；钱龙等，2021）。刘明辉等（2019）从规模效应和分工效应出发，研究发现农地流转产生的两种效应为农业机械化作业提供了条件，而农业机械化服务既能适应适度规模经营又能服务农户的农机需求，减少农机重复购置，提高了综合效益。此外，史常亮等（2020）基于2005～2017年省级面板数据，运用时变SFA、固定效应等模型，研究发现了农地流转能够改善农业要素投入尤其是可以降低劳动力要素的错配状况进而促进农业生产率的提高，证明了降低要素错配在农地流转的减贫过程中也发挥了中介作用。

不难发现，国内外学者对土地流转问题进行了卓有成效的研究，然而，现有研究仍存在一定程度上的不足之处，须加以进行补充和完善。一是视角多集中于绝对贫困的影响上，我国已在2020年全面消除绝对贫困，以“相对贫困”为主题的研究还较为匮乏。二是在农地流转缓解贫困的途径上，学者们多从农户的非农就业等农户个人主观因素出发，忽略了村庄的地理要素如村庄地貌特征、交通便利程度这类外部条件带来的影响，更不用说讨论异质性问题以及背后蕴含的作用机制，相关研究亟待完善。三是实证分析中前人研究没有充分考虑到模型可能存在的内生性问题，对所得结论的稳健性和异质性也很少进行全面的讨论，因此得到的结果可能是有偏误的。

因此，本文研究重点集中于农地流转对于相对贫困的减缓效应，村庄地理要素是否能影响农地流转缓解相对贫困的效果，农地流转在经济发展水平的不同区域是否存在不同的减贫效果。相比以往文献，本文的边际贡献有以下几点：第一，以相对贫困为研究主题，采用大样本微观数据结合Probit模型，考察农地流转的减贫效应；第二，以往考察农地流转减贫的作用机制鲜有从村庄视角研究，本文从村庄的地理要素出发，考虑农地流转缓解相对贫困的过程中是否受到了村庄地理要素的调节作用；第三，以往文献在异质性分析上不够全面，本文在异质性上采用多标准讨论，就经济发展水平的不同区域分析农地流转缓解相对贫困的效果，能够深化相关研究的内容和层次；第四，以往文献考察农地流转的减贫效应时，往往较少考虑内生性问题的影响，而本文选取历史数据对内生性问题进行了讨论，所得结果更为准确和可靠。

本文其他部分主要安排如下：第二部分是影响机理与研究假说，根据以往研究从逻辑上分析农地流转对相对贫困的作用并提出相关假说留待后文检验；第三部分首先介绍研究模型，其次对本文的主要变量进行说明以及描述性统计分析；第四部分展开实证分析并对结论进行解释，然后进行稳健性检验和内生性问题讨论；第五部分是对村庄地貌和交通便利程度的调节机制分析；第六部分是进一步讨论地区异质性减贫效果；第七部分为主要结论与政策建议。

二、影响机理与研究假说

农地流转是将农户土地的经营权在农户之间相互转移的经济行为，农地流转会将土地这一生产要素重新调整和分配，同时会影响农户的资本、人力等农业生产要素的配置格局，进而影响农户的收入。对于农地流入的农户而言，转入土地资源整合后的最直接的影响就是经营规模的扩大，一方面在单位面积产出不变的情况下可以增加总产出；另一方面耕地面积的增加可使承包户通过改善种植结构和要素投入比推动农业提质增效（史常亮等，2017；Huo and Chen，2021）。钱忠好等（2016）认为农户转入土地可以形成规模效应，提高生产率，使农户的经营性收入增加。规模经济可以节约劳动力和生产成本，防止土地资源浪费，减少土地撂荒、抛荒等情况的发生，使土地得到更合理的利用（郭君平等，2018；宁静等，2018）。同时，农地转移的过程也是资源再分配的过程，农业合作社等可以通过注入资本，实现农业集约化，从而调整产业结构，改善了农户的农业收入结构，使农户收入增加，达到缓解相对贫困的效果（匡远配等，2016；Peng et al.，2020）。对于农地流出的农户而言，流出土地可以获得相应的租金，增加个人的财产性收入，同时也降低了农户从事非农工作的机会成本，能够使其从农业生产中解放出来，进而利用时间去从事非农劳动，如进城务工、家庭创业等，非农就业可以增加农户个人的工资性收入（盖庆恩等，2014；陈斌开等，2020）。财产性收入和工资性收入均有利于农户整体收入水平的提高，有利于减贫。储昭海（2016）认为农地转出对于改善农户生产效率低下、预期收益差等情况是极为有利的，土地转出后农村剩余劳动力将转移至第二、第三产业，劳动力资源将得到有效利用，农民的收入结构将会发生变化，获得收入的渠道增加，生活水平得到提高。不仅如此，农民在参加非农工作的过程中，会间接的提升个人文化素质、适应社会的能力和竞争力，对改善自身相对贫困也是有益的（张璟等，2016）。鉴于上述逻辑本文提出第一个假说：

假说一：农地流转有助于农户缓解相对贫困。

一个区域的地理要素能影响当地农地流转，而地理要素主要以地形和交通的形式体现（丰雷等，2021）。农地流转在不同地形下有着不同的流转效果，在平坦的地形上，适合大规模农业生产，各类资本竞相流入，农户进行农地流转积极性较高，从而促进了该地区的农地流转（赵修研，2018；许红梅等，2021；Wang et al.，2021），反之，村庄所处地理条件越差，如非平原等不利于农地流转的地区，农地流转成本较高，直接影响农地流转市场需求，农户积极性差，从而更倾向于减少农地流转（丁玲和钟涨宝，2017）。同样地，村庄的交通便利程度同样能影响农地流转，村庄距离县城越近，越容易受到附近县城的经济辐射，获得有效信息与新鲜事物的途径越多，农地流出者有更多非农就业机会，能更方便去从事非农活动，农地流入者有更多机会流入土地从而进行大规模农业生产活动，农地流转市场更加活跃（陈飞等，2015；何欣等，2016）。

地理要素的空间性作为贫困现象的基本属性也能对农户的贫困程度产生影响（陈全功和程蹊，2010），具体而言一个地区的地理要素即地形和交通也就能影响当地的贫困状况（刘彦随和李进涛，2017）。学者们通过多种研究方法，如 MPI、空间自相关分析和地理探测器模型等，考察村级贫困的空间格局，发现村庄到县城的距离会直接影响农户的贫困程度，距离县城越近的农户，发生贫困的概率越低，并且平原地区的贫困程度远低于非平原地区（杨慧敏等，2016；马振邦等，2018；周扬和李寻欢，2019）。村庄的地形和交通条件本质是一种空间格局，会对农户贫困产生显著影响，并且作为村庄的外部地理要素，更有利的空间格局将推进农地流转。由于不同村落有着不同的空间格局，故在假说一成立的情况下，认为农地流转缓解相对贫困的过程中会受到村落空间格局的调节作用，基于此本文提出第二个假说：

假说二：村落的地形和交通会对农地流转缓解相对贫困起到调节作用。

三、研究设计

（一）模型构建

由于本文被解释变量农户相对贫困被设置为二值变量，因此选择 Probit

模型进行分析，将基准模型设定如下：

$$Y = p(Y=1 \mid X) = G(X\beta + \varepsilon) \tag{1}$$

在式（1）中，函数 G(.) 满足以下条件：$G(z) \equiv \Phi(z) \equiv \int_{-\infty}^{z} \phi(v)dv$，其中，$z = X\beta + \varepsilon$ 是 X 的线性函数，Y 是 X 的非线性函数，$\phi(\cdot)$ 是一个标准正态密度函数，即 $\phi(z) = (2\pi)^{-1/2}\exp(-z^2/2)$。

式（1）中 Y 对应的变量即本文被解释变量相对贫困用 $xdpk_i$ 表示，X 对应的是主要核心解释变量及其相关控制变量，故本文回归的线性部分如下所示：

$$Y^* = C_0 + \alpha \times tdlz_i + \beta_i \times \sum X_i + \varepsilon_i \tag{2}$$

在式（2）中，Y^* 为潜变量，C_0 表示常数项，$tdlz_i$ 表示农户的农地流转行为，因此本文用农地流转的系数 α 的显著性和方向来判断农户的农地流转行为是否对农户的相对贫困产生显著的影响，x_i 表示一系列控制变量，β 表示控制变量的回归系数，ε 表示干扰项。

在式（2）的基础上，为了研究村庄地貌特征与村庄交通便利程度两个变量的调节作用，本文分别加入村庄地貌特征与农地流转的交互项，村庄交通便利程度与农地流转的交互项，构建如下模型：

$$Y^* = C_1 + \alpha_1 tdlz_i + \alpha_2 tdlz_i \times dmtz_i + \alpha_3 \times dmtz_i + \beta_i \times \sum X_i + \varepsilon_i \tag{3}$$

$$Y^* = C_2 + \alpha_4 tdlz_i + \alpha_5 tdlz_i \times xcjl_i + \alpha_6 \times xcjl_i + \beta_i \times \sum X_i + \varepsilon_i \tag{4}$$

在式（3）和式（4）中，Y^* 为潜变量，C_1 和 C_2 表示常数项，$tdlz_i$ 表示农户的农地流转行为，调节变量 dmtz 和 xcjl 分别表示村庄地貌特征和反应村庄交通便利程度的村庄到县城距离，x_i 表示一系列控制变量，β 表示控制变量的回归系数，ε 表示干扰项。

（二）变量选取与说明

1. 被解释变量

本文的被解释变量为农户相对贫困。关于相对贫困标准的制定，国内外相关研究成果中，以“收入比例法”来确定相对贫困标准线，即以农村人均可支配收入的40%中位数作为相对贫困线的标准。但由于 CFPS 数据库中没有关于农户可支配收入的统计，部分学者运用农户人均纯收入来代替其可支配收入（Wang et al.，2021；Jolliffe and Prydz.，2021；邢成举和李小云，2019；叶兴庆和殷浩栋，2019；汪三贵和孙俊娜，2021）。因此，本文计算人均纯收入40%中位数的结果为 8 508 元，如果低于相对贫困线，认为其存在相对贫困赋值为“1”，如果高于相对贫困线，则赋值为“0”。

2. 核心解释变量

本文的主要解释变量为农户农地流转。农地流转行为分为农地流出与农地流入行为。根据 CFPS 调查问卷中设置的“是否将土地出租他人”和“是否租用他人土地”两个问题来进行设置。如果农户将农地出租给他人或者农户租用了他人土地则认为其发生农地流转行为赋值为“1”，否则赋值为“0”。

3. 调节变量

本文旨在研究村庄的地理要素对于农地流转缓解相对贫困的调节作用，故将调节变量设置为村庄地貌特征和村庄距离县城距离（丰雷等，2021），其中变量村庄地貌特征不同取值代表着不同的地形地貌，根据前人研究可知，平原的地貌特征更适合进行农地流转，农地流转市场更发达，土地需求量高，反之随着山地与海拔增加的地形将越来越不利于农地流转（李江一等，2021），但总体上该变量取值由小到大为越来越有利于农地流转的地形地貌。对于村庄距离县城的距离方面，村庄的交通更加便利到县城的距离更短，那么该村庄各方面更容易受到县城的辐射作用，进而更利于农地流转（罗明忠和邱海兰，2021）。

4. 控制变量

本文的控制变量，结合前人已发表文献，本文从户主个人特征，家庭特征，以及村庄特征三个维度引入一系列变量来控制其他变量对于农户相对贫困产生的影响。其中，户主在其家庭事件决策中起到重要作用，故引入户主的性别、年龄、受教育程度作为个人特征的控制变量，家庭方面引入家庭人口规模，劳动力比例，农用机械总值作为家庭控制变量，村庄特征引入马路整洁程度，村庄经济发展状况作为村庄控制变量。

（三）数据来源与描述性统计

本文使用的数据来源于中国家庭动态跟踪调查（China Family Panel Studies，CFPS）数据库，CFPS 是由北京大学中国社会科学调查中心（ISSS）主持实施的全国性、大规模、多学科的社会跟踪调查项目，该数据主要从个体、家庭、社区三个层次展开调查，反映中国社会经济和人口的变迁情况。CFPS 调查范围覆盖全国 25 个省份，采用三阶段不等概率的整群抽样方法，这 25 个省份的人口约占全国人口的（不含港、澳、台）95%，故 CFPS 可视为全国性的调查样本，具有很好的代表性。本文的研究主要运用北京大学最近发布的 CFPS2018 数据，但是此数据库只对个人和家庭两个层面展开详细调查，对于社区村落地理特征相关信息，因为地理特征（如地貌，村落位置等）随着时间变化不大，所以结合近几次 CFPS 相关地理特征信息进行整合匹配，并且同时保留同时参与 CFPS 调查的农户相关信息，分类变量中删除了选项为“不适合”等无效项，剔除了1%和99%分位数之外的极端值。最后得到17 048个有效农户样本数据。变量基本情况及其描述性统计分析如表1和表2所示。

表1　　文中涉及主要变量基本情况

变量类型	变量名称	变量符号	变量含义	变量赋值
被解释变量	农户相对贫困	xdpk	农户家庭人均纯收入是否低于相对贫困线（8 508元）	是=1；否=0
核心解释变量	农地流转	tdlz	是否农地流转	是=1；否=0
个体控制变量	性别	sex	户主性别	男=1；女=0
	年龄	age	户主年龄	周岁
	受教育程度	edu	学历水平	1. 文盲；2. 小学；3. 初中；4. 高中；5. 大专；6. 大学本科；7. 硕士；8. 博士
家庭控制变量	家庭人口规模	familysize	家庭人口总数	人
	农用机械总值	lnnyjx	农用机械总价值对数	元
	劳动力比例	ldl	家庭从事农业人员数/家庭人口总数	—
村庄控制变量	村庄道路整洁程度	mlzj	村庄道路整洁程度取值	1~7分别表示从很差到很好
	村庄经济发展状况	czjj	村庄农业总产值	万元
调节变量	交通便利程度	xcjl	村庄到县城的距离	公里
	村庄地貌特征	dmtz	村庄地貌特征取值	1. 高原；2. 高山；3. 丘陵；4. 平原

资料来源：笔者个人整理。

表2　　文中涉及变量的描述性统计分析

变量类型	变量名称	观测值	均值	标准差	最小值	最大值
被解释变量	农户相对贫困	17 048	0.452	0.049	0	1
解释变量	农地流转	17 048	0.297	0.457	0	1

续表

变量类型	变量名称	观测值	均值	标准差	最小值	最大值
个体控制变量	性别	17 048	0.480	0.499	0	1
	年龄	17 048	50.141	16.035	18	92
	受教育程度	17 048	2.419	1.872	0	7
家庭控制变量	家庭人口规模	17 048	4.976	2.356	1	21
	农用机械总值	17 048	3.355	4.062	0	13.458
	劳动力比例	17 048	0.880	0.235	0.02	1
村庄控制变量	村庄道路整洁程度	17 048	4.458	1.430	1	7
	村庄经济发展状况	17 048	466.418	630.023	8	14 280
调节变量	交通便利程度	17 048	52.125	39.842	1	280
	村庄地貌特征	17 048	2.645	1.318	1	4

资料来源：笔者个人整理。

四、实证分析

（一）基准逐步回归

本文运用 Probit 模型进行逐步回归后回归系数及边际效应结果如表 3 所示。农户农地流转在 1% 的显著水平上负向影响农户相对贫困，说明农户进行农地流转将会减缓农户的相对贫困。可能的原因是农户在进行农地流转后有更多的精力去从事非农业劳动（如进城务工），这在增加非工资性收入的同时还能保证农地流转所产生的地租收入，农户整体收入增加，对农户的相对贫困情况有所缓解。

表 3　基准逐步回归结果

变量	(1)	(2)	(3)	(4)
农地流转	-0.237*** (0.020)	-0.229*** (0.020)	-0.214*** (0.020)	-0.207*** (0.020)
性别		0.031* (0.019)	0.043** (0.019)	0.038** (0.019)

续表

变量	(1)	(2)	(3)	(4)
年龄		0.000 (0.000)	0.002*** (0.000)	0.002*** (0.000)
受教育程度		-0.098*** (0.005)	-0.096*** (0.006)	-0.096*** (0.006)
家庭人口规模			0.055*** (0.004)	0.052*** (0.004)
农用机械总值			-0.004* (0.002)	-0.005** (0.002)
家庭劳动力比例			-0.114*** (0.038)	-0.027 (0.046)
村庄道路整洁程度				-0.044*** (0.006)
村庄经济状况				-0.000*** (0.000)
常数项	-0.057*** (0.011)	0.126*** (0.038)	-0.165*** (0.051)	0.038 (0.060)
样本量	17 048	17 048	17 048	17 048

注：*、**和***分别代表在10%、5%和1%的显著水平，括号内为标准误。

控制变量方面，诸多影响因素与预期保持一致。个人控制变量方面，户主年龄、受教育程度分别在1%的显著水平上正向、负向影响农户相对贫困。随着年龄的增长，农户相对贫困发生的概率大大增加。农户学历越高发生相对贫困的概率越小，这与人们正常认知相同。家庭层面控制变量，家庭人口规模，农用机械总值，家庭劳动力比例分别在1%的水平上对相对贫困有着正向、负向和负向的显著影响。家庭人口规模越大越容易发生相对贫困，众多家庭人口给家庭经济带来了一定压力，使得发生相对贫困的概率增大。农用机械总价值是农户家庭资产和农业机械现代化的重要标志，如果农户的农用机械总价值较低，一定程度地反映了农户的经济资产状况较差和农业现代化较为落后，农户发生相对贫困的概率会大大增加。家庭劳动力比例越高，劳动带来的收入越大，从而有利于家庭收入增加，农户发生相对贫困的概率大大降低。村庄层次控制变量，村庄道路整洁程度，村庄经济发展状况均在1%的水平上对相对贫困产生负向的显著影响。村庄道路整洁程度反映村庄对环境的重视程度，也是村庄经济发展程度的间接反映，道路整洁程度越高，反映村庄经济状况较好，发生相对贫困的概率越低。村庄农业产值是村庄经济发展水平的直接体现，村庄经济发展越好农户发生相对贫困的概率越低。

（二）稳健性检验与内生性问题

1. 贫困线改变

为进一步检验农地流转减缓农户相对贫困的作用，将被解释变量进行替换，在同样运用收入比例法的情况下，采用国际惯用的相对贫困线进行度量。国际上度量相对贫困仍然是以收入贫困为核心，通常认为一个人或者一个家庭其收入水平如果低于全社会平均水平状态下就可认为其发生了相对贫困（Fuchs，1967），本文稳健性检验将运用比较有代表性的（World Bank，2018）的研究成果，将相对贫困线定在家庭人均纯收入中位数的50%和60%。回归结果如表4所示。

表4　稳健性检验结果

变量	(1)	(2)	(3)	(4)	(5)	(6)
	50%	50%	50%	60%	60%	60%
	Probit	Logit	Ols	Probit	Logit	Ols
农地流转	-0.221*** (0.022)	-0.356*** (0.035)	-0.085*** (0.008)	-0.201*** (0.022)	-0.326*** (0.035)	-0.074*** (0.008)
性别	-0.017 (0.021)	-0.028 (0.033)	-0.007 (0.007)	-0.006 (0.021)	-0.010 (0.034)	-0.003 (0.008)
年龄	0.002*** (0.001)	0.004*** (0.001)	0.001*** (0.000)	0.002*** (0.001)	0.004*** (0.001)	0.001*** (0.000)
受教育程度	-0.103*** (0.006)	-0.165*** (0.010)	-0.039*** (0.002)	-0.107*** (0.006)	-0.175*** (0.010)	-0.038*** (0.002)
家庭人口规模	0.068*** (0.004)	0.110*** (0.007)	0.026*** (0.002)	0.072*** (0.005)	0.121*** (0.008)	0.025*** (0.002)
农用机械总值	-0.005** (0.002)	-0.008** (0.004)	-0.002** (0.001)	0.000 (0.003)	0.001 (0.004)	0.000 (0.001)
家庭劳动力比例	-0.002 (0.052)	-0.006 (0.083)	-0.001 (0.020)	-0.057 (0.052)	-0.097 (0.085)	-0.022 (0.019)
村庄道路整洁程度	-0.032*** (0.007)	-0.052*** (0.011)	-0.012*** (0.003)	-0.014* (0.007)	-0.022* (0.011)	-0.005* (0.003)

续表

变量	(1)	(2)	(3)	(4)	(5)	(6)
	50%	50%	50%	60%	60%	60%
	Probit	Logit	Ols	Probit	Logit	Ols
村庄经济状况	-0.040*** (0.009)	-0.065*** (0.014)	-0.016*** (0.003)	-0.052*** (0.009)	-0.084*** (0.015)	-0.019*** (0.003)
常数项	0.241*** (0.076)	0.380*** (0.122)	0.595*** (0.029)	0.549*** (0.078)	0.852*** (0.127)	0.707*** (0.028)
样本量	17 048	17 048	17 048	17 048	17 048	17 048

注：*、** 和 *** 分别代表在 10%、5% 和 1% 的显著水平，括号内为标准误。

通过表 4 发现，不论将被解释变量设置在人均收入中位数的 50% 还是 60% 的水平下，核心解释变量农地流转在 1% 的显著水平上对农户相对贫困产生负向影响，说明农户参与农地流转将会大大降低其发生相对贫困的概率，与基准回归模型结果保持一致，说明本文估计结果有良好的稳健性。

2. 内生性问题讨论

农地流转行为影响着农户相对贫困程度，然而农户的相对贫困程度还有能反之作用于农户是否进行农地流转的决策，即农地流转行为和农户相对贫困可能存在内生性问题，有必要对其进行处理。

由于制度变迁有着路径依赖等特性，因此当前的土地管理政策与管理模式一定程度上受到了早期土地制度的影响。本文基于董和刘（Dong and Liu，2010）、方颖和赵扬（2011）的研究思路，运用土地制度改革早期的历史数据作为农地流转的工具变量。自从 1982 中央发布《全国农村工作会议纪要》等一系列重要文件后，家庭联产承包责任制开始登上历史舞台，并在多方面受到中央的支持，不断地巩固和完善。在政策实施的初期，全国各省份进行家庭联产承包责任制的进度一定程度上反映土地政策的历史偏向（周京奎等，2020），故本文选取 1983 年中国各省份实施家庭联产承包责任制初期，各省份实施家庭联产承包责任制的户数占比作为农地流转的工具变量来讨论内生性问题。

从外生性角度分析，1983 年各省份实施家庭联产承包责任制的户数占比作为历史数据，很难对现在产生明显影响，从相关性角度分析，早期实施家庭联产承包责任制的进度会反映当地农地政策的倾向，并会对当下的农地流转政策变迁产生一定影响，因此选取 1983 年中国各省份实施家庭联产承包责任制的户数占比作为农地流转的工具变量符合工具变量的选取要求。

为了解决变量内生性问题，本文运用 Ivprobit 两阶段模型分析农地流转对相对贫困的影响，回归结果如表 5 所示。表 5 中农地流转的 Wald 检验均表示，在1%的水平上显著，故拒绝不存在内生性的原假设，认为农地流转在对农户相对贫困的影响当中存在内生性问题。第一阶段的F检验值为65.89，大于经验值10（Stock and Yogo，2005），第一阶段工具变量t值为12.53，大于对应的临界值。这说明选用1983年底全国各省份实施家庭联产承包责任制农户占比作为农地流转的工具变量是合理的。其次对模型进行过度识别检验和弱工具变量检验，过度识别检验对应的p值在1%的水平上高度显著，故认为模型不存在过度识别。弱工具变量检验对应统计量数值在1%水平上同样高度显著，认为所选取的工具变量不是弱工具变量，满足工具变量选取条件。

表5　Ivprobit模型下农地流转对相对贫困的影响

变量	(1)	(2)	(3)
	40%	50%	60%
农地流转	-2.630*** (0.412)	-5.183*** (0.944)	-7.546*** (2.452)
性别	0.105*** (0.030)	0.175*** (0.038)	-0.025 (0.074)
年龄	0.003*** (0.001)	0.005*** (0.001)	0.007*** (0.002)
受教育程度	-0.091*** (0.009)	-0.089*** (0.010)	0.001 (0.034)
家庭人口规模	0.019*** (0.006)	0.034*** (0.008)	-0.032* (0.018)
农用机械总值	-0.006 (0.006)	-0.032*** (0.004)	-0.048*** (0.008)
家庭劳动力比例	0.234*** (0.081)	0.798*** (0.157)	0.250 (0.166)
村庄道路整洁程度	-0.048*** (0.010)	-0.095*** (0.013)	0.034 (0.039)
村庄经济状况	-0.009 (0.014)	-0.050*** (0.015)	0.190** (0.079)
常数项	-0.642*** (0.111)	-0.554*** (0.128)	-0.202 (0.269)
样本量	17 048	17 048	17 048

续表

变量	(1)	(2)	(3)
	40%	50%	60%
一阶段 F 值	65.891 ***	34.958 ***	25.670 ***
一阶段工具变量 t 值	12.527 *** (0.062)	8.259 *** (0.047)	3.323 *** (0.081)
Wald 检验	44.731 ***	48.747 ***	50.080 ***

注：*、** 和 *** 分别代表在 10%、5% 和 1% 的显著水平，括号内为标准误。

通过表 5 观察 Ivprobit 模型的回归结果可知，核心解释变量农地流转在 1% 的水平上对被解释变量农户相对贫困产生显著的负向影响，这在选取了不同标准的相对贫困线的情况下结论是一致的。

五、调节机制分析

不同的村庄有着不同的地形与交通状况，农地流转对缓解相对贫困的效果也会受到村庄地形与交通的调节作用。结合前人的研究成果并梳理相关文献，本节将重点研究村落地形与交通如何在农地流转对缓解农户相对贫困中发挥其调节作用。

（一）村庄地形的调节效应

对于村庄地形变量的选取，本文选取 CFPS 数据库中村落地貌特征为地形变量，通过将相关变量中心化，来研究村庄地形的调节效应，回归结果如表 6 所示。第（1）~（3）列分别是不同的相对贫困标准下村庄地形调节效应检验，结果显示三个解释变量皆分别在 1% 的水平上对被解释变量产生负向显著影响，三个调节变量皆在 1% 的水平上对农户相对贫困产生负向影响，这说明村落地貌特征在农地流转对相对贫困的影响上起着负向调节效应。村落地貌在相对平坦的情况下，农地流转缓解相对贫困的效果更好，主要原因是农地流转主要是针对农户耕地进行流转，而耕地大部分分布在平原地区，高原高山丘陵等山区少有分布耕地，因此这种地区农地流转情况不如平原地区农地流转状况良好，农地流转状况好农用土地利用率高，从事农业生产的农户农业效率更高，实现农业增收从而缓解相对贫困，不从事农业生产的农户将农地流转出去之后有更多精力去从事非农工作，通过增加工资性收入来促进农户缓解相对贫困。

表 6　　地貌特征的调节效应分析结果

变量	(1)	(2)	(3)
	40%	50%	60%
农地流转	-0.083** (0.034)	-0.106*** (0.033)	-0.160*** (0.035)
村庄地貌特征	-0.030*** (0.008)	-0.019** (0.008)	-0.022*** (0.008)
村庄地貌特征×农地流转	-0.023*** (0.009)	-0.029*** (0.008)	-0.016* (0.009)
控制变量	YES	YES	YES
常数项	0.208*** (0.077)	0.266*** (0.077)	0.589*** (0.079)
样本量	17 048	17 048	17 048

注：*、** 和 *** 分别代表在 10%、5% 和 1% 的显著水平，括号内为标准误。

（二）村庄交通的调节效应

对于村庄交通便利情况，本文选取村庄距离最近县城的距离来衡量村庄的交通便利程度，以农地流转与村庄到县城的距离中心化之后相乘作为调节变量，回归结果如表 7 所示，解释变量在 1% 的显著水平上对被解释变量相对贫困有着负向影响，这与基准回归的结果一致。说明村落到县城距离起到了负向的调节作用，如果村落到县城的距离较远，则这种情况会阻碍村落通过农地流转来缓解相对贫困的效用。主要原因是，城市发展具有辐射效应，距离县城近的村落不管是国家土地政策实施推广还是县域经济发展，村落都会受到附近县城的带动，进而推进农地流转缓解相对贫困的效果也就更好。因此距离县城更近的村落会促进农地流转缓解相对贫困。

表 7　　村庄交通便利的调节效应分析结果

变量	(1)	(2)	(3)
	40%	50%	60%
农地流转	-0.203*** (0.022)	-0.216*** (0.021)	-0.198*** (0.022)
交通便利程度	0.002*** (0.000)	0.002*** (0.000)	0.002*** (0.000)

续表

变量	(1)	(2)	(3)
	40%	50%	60%
交通便利程度×农地流转	-0.003*** (0.001)	-0.003*** (0.001)	-0.002*** (0.001)
控制变量	YES	YES	YES
常数项	-0.063 (0.080)	0.011 (0.079)	0.340*** (0.082)
样本量	17 048	17 048	17 048

注：*、** 和 *** 分别代表在10%、5%和1%的显著水平，括号内为标准误。

六、进一步讨论

我国疆域辽阔，区域跨度较大导致不同区域间差异巨大。不少学者指出，不同区域之间的经济发展水平，自然地理特征及社会风俗习惯等差异会使农地制度对于农户减贫方面产生不同的效果（焦勇和杨蕙馨，2017；方师乐等，2018；李成友等，2020）。

（一）按照行政区划分类

本文参考党中央、国务院制定区域发展政策及国家统计局所指定的地域划分标准，依据地理位置与经济发展差异，将 CFPS 调查所涉及的省份划分为三大区域——东、中、西来研究农地流转对于不同地域的农户相对贫困的减缓作用。回归结果如表 8 所示，第（1）列和第（2）列为加入地区交互变量的总体回归，第（3）~（5）列分别表示东部、中部、西部分区域研究的农地流转对于相对贫困的减缓作用。全样本回归的结果显示，主要核心解释变量在 1% 的显著水平对于被解释变量产生负向影响。进一步分析交互项系数可知，东中西地区的农地流转缓解相对贫困的效果存在差异性，在西部地区农地流转缓解相对贫困的效果更好。第（3）~（5）列的回归结果显示，主要解释变量农地流转皆在 1% 的水平上对于被解释变量相对贫困产生负向影响，并且从东部地区到西部地区的转移中，农地流转缓解相对贫困的效果越来越好。分地区的回归结果显示，农地流转缓解相对贫困的效果在经济明显落后地区更加显著。

表 8　　加入地区变量回归结果

变量	(1)	(2)	(3)	(4)	(5)	(6)	(7)	(8)
	全样本	全样本	东部	中部	西部	全样本	南部	北部
农地流转	0.245 *** (0.022)	0.165 *** (0.022)	-0.092 ** (0.036)	0.221 *** (0.036)	0.309 *** (0.032)	0.226 *** (0.020)	0.114 *** (0.038)	0.213 *** (0.042)
中部地区×农地流转	0.181 *** (0.043)							
西部地区×农地流转		0.175 *** (0.041)						
北部地区×农地流转						0.066 *** (0.021)		
控制变量	YES	YES	YES	YES	YES	YES	YES	YES
常数项	0.050 (0.061)	-0.002 (0.061)	0.002 (0.125)	0.099 (0.111)	0.331 *** (0.110)	0.107 * (0.060)	0.032 (0.133)	0.305 (0.129)
样本量	17 048	17 048	5 270	4 404	7 374	17 048	8 597	8 451

注：*、** 和 *** 分别代表在 10%、5% 和 1% 的显著水平，括号内为标准误。

为了进一步验证上述结论，我们对于 CFPS 所调研的区域进行重新划分，依据盛来运等（2018）的研究成果，以地理学上普遍采用的秦岭—淮河分界线将本文研究涉及的相关省份划分为南北方地区。回归结果如表 8 第（6）~（8）列所示，在引入地区变量时，对南方地区赋值为 0，对北方地区赋值为 1。第（6）列是加入北部地区和农地流转交互项的全样本回归，回归结果显示，北部地区与农地流转交互项系数为负，认为南北地区的农地流转缓解相对贫困的效果存在差异性且在北部地区缓解相对贫困效果更显著。回归结果中核心解释变量农地流转皆在 1% 的水平上对被解释变量农户相对贫困产生负向影响，这与前面基准回归检验一致。第（7）列和第（8）列分别是设定南北地区的分组回归，从南方到北方的区域变化过程中，相对贫困发生的概率逐渐增大，这也与我国经济发展的规律相符：南方的经济发展普遍好于北方，所以北方地区发生相对贫困的概率更大。进而观察第（6）列和第（7）列回归结果可知，北方的农地流转缓解相对贫困的效果要好于南方，这也与上述研究得出的结论相同，农地流转在经济发展相对落后地区有着更好的效果。

上述研究结果表明，农地流转缓解相对贫困的效果在经济发展相对落后地区效果更好，拥有不同经济发展水平的地区有着不同的相对贫困状况，经济发展较好的地区相对贫困率低，资源丰富，非农就业机会多，农户收入渠道广，有着更成熟完善的减贫体系以及存在直接的政策指导，可以实现多种途径减贫如创业减贫，科技减贫，金融减贫等而不必只通过农地流转这种途径减缓相对贫困，尽管农地流转也有缓解相对贫困的效果，但更多途径的存在也相对弱化了农地流转缓解相对贫的效果。而经济相对落后的地区的农户信息资源相对闭塞，尽管有政策倾向性但缺少更具体的指导，思想保守传统，还是以农地流转为主要减贫手段，这就导致了农地流转在经济落后地区的减贫效果更明显。

（二）按区位政策划分

沿海地区作为我国经济发展的先行试点，近年来随着改革开放贫困率显著降低，而非沿海等内陆地区经济发展水平相对来说低于沿海地区，本文依照《中国海洋统计年鉴》中的标准划分了沿海地区和非沿海地区，其中沿海地区变量赋值为0，非沿海地区为1。回归结果如表9所示，第（1）~（3）列为加入地区变量交互项的全样本回归和对沿海地区和非沿海地区分组回归的结果，不论是全样本回归还是分组回归，农地流转皆在1%的水平上对被解释变量农户相对贫困产生负向影响。其中全样本回归交互项显著为负，证明沿海地区和非沿海地区农地流转减贫的效果存在差异且在非沿海地区农地流转缓解相对贫困效果更明显。

表9　　加入地区变量回归结果

变量	(1)	(2)	(3)	(4)	(5)	(6)
	全样本	沿海地区	非沿海地区	全样本	非西部大开发地区	西部大开发地区
农地流转	−0.151*** (0.021)	−0.150*** (0.025)	−0.320*** (0.034)	−0.165*** (0.022)	−0.144*** (0.025)	−0.309*** (0.032)
非沿海地区×农地流转	−0.280*** (0.039)					
西部开发×农地流转				−0.175*** (0.041)		
控制变量	YES	YES	YES	YES	YES	YES
常数项	0.092 (0.061)	0.414*** (0.087)	−0.080** (0.103)	0.021 (0.061)	−0.199** (0.079)	0.331*** (0.111)
样本量	17 048	9 042	8 006	17 048	11 485	5 563

注：*、**和***分别代表在10%、5%和1%的显著水平，括号内为标准误。

众所周知，沿海地区大部分以东部沿海为主，而非沿海部分以中西部地区为核心，经济发展方面以西部地区更为落后。从改革开放至今，国家一直注重西部地区发展，改善西部地区经济发展落后的局面，颁布并推进西部大开发战略，促进经济均衡发展。本文依据西部大开发战略划分了西部大开发战略省份和非西部大开发战略省份，引入地区变量将非西部大开发省份赋值为0，西部大开发省份赋值为1，进行了全样本和分组回归，结果如表9中第（4）~（6）列所示，农地流转皆在1%的水平上对被解释变量农户相对贫困产生负向影响，其中全样本回归中交互项显著为负，证明西部大开发和非西部大开发省份农地流转缓解相对贫困的效果存在差异，且农地流转减贫效果在西部大开发省份要好于非西部大开发省份。上述研究表明，虽然沿海和非沿海地区、西部开发和非西部开发地区经济发展水平差异较大，但中央推行了西部大开发、中部崛起等战略，区域协调发展格局逐渐形成，农地也就成了推行各种战略及政策的有力抓手，近年来更多的土地政策倾向于中西部地区，使经济落后地区享受到了更多的政策红利，依托灵活的土地政策，完善农地流转机制，整合各类惠农与支农项目，大大提高了农地流转缓解相对贫困的效用，让农地流转缓解相对贫困在经济相对落后地区更加明显（陆铭等，2015；闫昊生等，2019；周立，2021）。

七、主要结论与对策建议

本文基于北京大学中国家庭动态跟踪调查（China Family Panel Studies，CFPS）2018年的微观数据通过构建Probit模型，对农地流转是否对相对贫困有显著的缓解作用进行分析，主要得出以下研究结论：（1）农地流转在1%的水平上对农户相对贫困有着负向影响。农户如果发生农地流转行为，那么其发生相对贫困的概率将会大大降低。并且在稳健性检验以及内生性问题处理后以上结论仍成立。（2）村落的地理要素作为调节变量（村庄地貌特征，村庄交通便利程度）在农地流转缓解相对贫困的过程中起到了调节作用，且都在1%的水平上显著。更平坦的村庄地形，离县城更近的距离会在农地流转缓解相对贫困的过程中起到促进作用，反之则会起到抑制作用。（3）不同的地域划分标准下，农地流转至少在5%的显著性水平上对相对贫困仍产生显著负向影响且在经济相对落后地区减贫效果更好。

基于上述结论，本文提出以下几点建议：第一，推进农村土地制度改革，进一步深化落实农村土地“三权分置”政策，对农地流转流程以及流转模式进行规范，对相对贫困的农户积极引导，盘活农村闲置资源，强化涉农项目支撑，推进建设农村现代化，实现资本、土地资源、劳动力的合理配置。第二，全面建设新农村，努力实现全方位协同发展，虽然村庄的客观地理要素不可改变，但是可以通过改善村民居住环境以及村落交通环境，加强基础设施建设，在村内修筑公路，解决好最后一公里问题，实现村村通。第三，加强不同村庄之间联系交流，加大农地流转政策宣传力度，距离从来不是问题，村与村的交通便利问题解决后，村庄之间也应该紧密联系多加沟通，鼓励村民参加社会活动，增强农户的社交范围与社交频率，使得农户能够通过村村之间紧密联系，更好地理解政策而不是仅仅局限于本村的政策宣传，进而通过增大农地流转的可能性来缓解农户的相对贫困问题。第四，建立完善的覆盖面广的农民培训体系，鼓励村乡县组织各种专业技能培训，让更多农户掌握生产生活技能，提高农户非农竞争力，为农地转出户提供非农就业机会让其在农地转出的同时可以从事非农业生产，进而增加收入，缓解相对贫困。对农地转入户进行专业的生产经营培训，提高农民的专业素质，使其更好地利用流入农地，提高生产效率增加农业收入进而实现缓解相对贫困。

参考文献

1. 蔡洁、夏显力：《农地流转、兼业程度与农户减贫效应研究》，载于《经济经纬》2019 年第 1 期。

2. 陈斌开、马宁宁、王丹利：《土地流转、农业生产率与农民收入》，载于《世界经济》2020 年第 10 期。

3. 陈飞、翟伟娟：《农户行为视角下农地流转诱因及其福利效应研究》，载于《经济研究》2015 年第 10 期。

4. 陈全功、程蹊：《空间贫困及其政策含义》，载于《贵州社会科学》2010 年第 8 期。

5. 陈训波、武康平、贺炎林：《农地流转对农户生产率的影响——基于 DEA 方法的实证分析》，载于《农业技术经济》2011 年第 8 期。

6. 丁玲、钟涨宝：《农村土地承包经营权确权对土地流转的影响研究——来自湖北省土地确权的实证》，载于《农业现代化研究》2017 年第 3 期。

7. 丰雷、李怡忻、蒋妍、胡依洁：《土地证书、异质性与农地流转——基于 2018 年“千人百村”调查的实证分析》，载于《公共管理学报》2021 年第 1 期。

8. 方师乐、卫龙宝、史新杰：《中国特色的农业机械化路径研究——俱乐部理论的视角》，载于《农业经济问题》2018 年第 9 期。

9. 方颖、赵扬：《寻找制度的工具变量：估计产权保护对中国经济增长的贡献》，载于《经济研究》2011 年第 5 期。

10. 盖庆恩、朱喜、史清华：《劳动力转移对中国农业生产的影响》，载于《经济学（季刊）》2014 年第 3 期。

11. 郭君平、曲颂、夏英、吕开宇：《农村土地流转的收入分配效应》，载于《中国人口·资源与环境》2018年第5期。

12. 韩菡、钟甫宁：《劳动力流出后“剩余土地”流向对于当地农民收入分配的影响》，载于《中国农村经济》2011年第4期。

13. 何欣、蒋涛、郭良燕、甘犁：《中国农地流转市场的发展与农户流转农地行为研究——基于2013～2015年29省的农户调查数据》，载于《管理世界》2016年第6期。

14. 焦勇、杨蕙馨：《政府干预、两化融合与产业结构变迁——基于2003～2014年省际面板数据的分析》，载于《经济管理》2017年第6期。

15. 冒佩华、徐骥：《农地制度、土地经营权流转与农民收入增长》，载于《管理世界》2015年第5期。

16. 盛来运、郑鑫、周平、李拓：《我国经济发展南北差距扩大的原因分析》，载于《管理世界》2018年第9期。

17. 李成友、刘安然、袁洛琪、康传坤：《养老依赖、非农就业与中老年农户耕地租出——基于CHARLS三期面板数据分析》，载于《中国软科学》2020年第7期。

18. 李江一、仇童伟、李涵：《农地确权影响农户收入的内在机制检验——基于中国家庭金融调查的面板证据》，载于《南京农业大学学报（社会科学版)》2021年第4期。

19. 李军、聂建亮：《养老依赖、生命周期与农地流转》，载于《济南大学学报（社会科学版)》2019年第2期。

20. 刘闯、仝志辉、陈传波：《小农户现代农业发展的萌发：农户间土地流转和三种农地经营方式并存的村庄考察——以安徽省D村为个案分析》载于《中国农村经济》2019年第9期。

21. 刘明辉、卢飞、刘灿：《土地流转行为、农业机械化服务与农户农业增收——基于CFPS2016数据的经验分析》载于《南京社会科学》2019年第2期。

22. 罗必良：《农业供给侧改革的关键、难点与方向》，载于《农村经济》2017年第1期。

23. 罗明忠、邱海兰：《农机社会化服务采纳、禀赋差异与农村经济相对贫困缓解》，载于《南方经济》2021年第2期。

24. 刘彦随、李进涛：《中国县域农村贫困化分异机制的地理探测与优化决策》，载于《地理学报》2017年第1期。

25. 陆铭、张航、梁文泉：《偏向中西部的土地供应如何推升了东部的工资》，载于《中国社会科学》2015年第5期。

26. 马振邦、陈兴鹏、贾卓、吕鹏：《人穷还是地穷？空间贫困陷阱的地统计学检验》，载于《地理研究》2018 年第 10 期。

27. 宁静、殷浩栋、汪三贵：《土地确权是否具有益贫性？——基于贫困地区调查数据的实证分析》，载于《农业经济问题》2018 年第 9 期。

28. 钱龙、高强、方师乐：《家庭自有农机如何影响土地流转？——基于 CFPS 的实证分析》，载于《中国农业大学学报》2021 年第 6 期。

29. 钱忠好、王兴稳：《农地流转何以促进农户收入增加——基于苏、桂、鄂、黑四省（区）农户调查数据的实证分析》，载于《中国农村经济》2016 年第 10 期。

30. 史常亮、栾江、朱俊峰：《土地经营权流转、耕地配置与农民收入增长》，载于《南方经济》2017 年第 10 期。

31. 汪三贵、孙俊娜：《全面建成小康社会后中国的相对贫困标准、测量与瞄准——基于 2018 年中国住户调查数据的分析》，载于《中国农村经济》2021 年第 3 期。

32. 魏后凯：《"十四五"时期中国农村发展若干重大问题》，载于《中国农村经济》2020 年第 1 期。

33. 夏玉莲、匡远配：《农地流转的多维减贫效应分析——基于 5 省 1218 户农户的调查数据》，载于《中国农村经济》2017 年第 9 期。

34. 邢成举、李小云：《相对贫困与新时代贫困治理机制的构建》，载于《改革》2019 年第 12 期。

35. 许红梅、郭炎、李志刚、赵宁宁、林赛南：《资本循环视角下农地流转的空间格局与机制——以武汉市蔡甸区为例》，载于《地理研究》2021 年第 4 期。

36. 许庆、刘进、钱有飞：《劳动力流动、农地确权与农地流转》，载于《农业技术经济》2017 年第 5 期。

37. 杨慧敏、罗庆、李小建、高更和：《生态敏感区农户多维贫困测度及影响因素分析——以河南省淅川县 3 个村为例》，载于《经济地理》2016 年第 10 期。

38. 杨玉珍、黄少安：《乡村振兴战略与我国农村发展战略的衔接及其连续性》，载于《农业经济问题》2019 年第 6 期。

39. 叶兴庆、殷浩栋：《从消除绝对贫困到缓解相对贫困：中国减贫历程与 2020 年后的减贫战略》，载于《改革》2019 年第 12 期。

40. 游和远、吴次芳：《农地流转、禀赋依赖与农村劳动力转移》，载于《管理世界》2010 年第 3 期。

41. 闫昊生、孙久文、苏玺鉴：《土地要素：一个中国特色的政策工具》，载于《经济学家》2019 年第 5 期。

42. 张璟、程郁、郑风田：《市场化进程中农户兼业对其土地转出选择的影响研究》，载于《中国软科学》2016 年第 3 期。

43. 赵修研、谭艳美、樊鹏飞、梁流涛：《农地流转市场发育的微观机制——来自中国家庭追踪调查的证据》，载于《地域研究与开发》2018 年第 4 期。

44. 周京奎、王文波、龚明远、黄征学：《农地流转、职业分层与减贫效应》，载于《经济研究》2020 年第 6 期。

45. 周立：《空间政治经济学研究进展评介》，载于《中南财经政法大学学报》2021 年第 3 期。

46. 周扬、李寻欢：《平原农区贫困地理格局及其分异机制——以安徽省利辛县为例》，载于《地理科学》2019 年第 10 期。

47. Albertus, M., Diaz-Cayeros, A., Magaloni, B., Weingast, B. R., 2016, "Authoritarian Survival and Poverty Traps: Land Reform in Mexico", *World Development*, Vol. 77, pp. 154-170.

48. Dachis, B., Duranton, G., Turner, M. A., 2012, "The Effects of Land Transfer Taxes on Real Estate Markets: Evidence From a Natural Experiment in Toronto", *Journal of economic Geography*, Vol. 12 No. 02, pp. 327-354.

49. Deininger, K., Jin, S., 2005, "The Potential of Land Rental Markets in the Process of Economic Development: Evidence From China", *Journal of Development Economics*, Vol. 78 No. 01, pp. 241-270.

50. Dong, Z., Liu, G., 2010, "Do Institutions Matter Within a Developing Country? The Evidence From China", *Working Paper.*

51. Fan, X., Qiu, S., Sun, Y., 2021, "Land Finance Dependence and Urban Land Marketization in China: The Perspective of Strategic Choice of Local Governments on Land Transfer", *Land Use Policy*, Vol. 99, 105023.

52. Huo, C., Chen, L., 2021, "Research on the Impact of Land Circulation on the Income Gap of Rural Households: Evidence from CHIP", *Land*, Vol. 10 No. 08, pp. 781.

53. Jolliffe, D., Prydz, E. B., 2021, "Societal poverty: A Relative and Relevant Measure", *The World Bank Economic Review*, Vol. 35 No. 01, pp. 180-206.

54. Li, C., Jiao, Y., Sun, T., Liu, A., 2021, "Alleviating Multi-dimensional Poverty Through Land Transfer: Evidence From Poverty-stricken Villages in China", *China Economic Review*, Vol. 69, 101670.

55. Liu, Z., Rommel, J., Feng, S., Hanisch, M., 2017, "Can Land Transfer Through Land Cooperatives Foster Off-farm Employment in China?", *China Economic Review*, Vol. 45, pp. 35-44.

56. Liu, Y., Yan, B., Wang, Y., Zhou, Y., 2019, "Will Land Transfer Always Increase Technical Efficiency in China? — A Land Cost Perspective", *Land Use Policy*, Vol. 82, pp. 414 – 421.

57. Lu, X., Jiang, X., Gong, M., 2020, "How Land Transfer Marketization Influence on Green Total Factor Productivity From the Approach of Industrial Structure? Evidence From China", *Land Use Policy*, Vol. 95, 104610.

58. Peng, K., Yang, C., Chen, Y., 2020, "Land Transfer in Rural China: Incentives, Influencing Factors and Income Effects", *Applied Economics*, Vol. 52 No. 50, pp. 5477 – 5490.

59. Shu, C., Xie, H., Jiang, J., Chen, Q., 2018, "Is Urban Land Development Driven By Economic Development or Fiscal Revenue Stimuli in China?", *Land Use Policy*, Vol. 77, pp. 107 – 115.

60. Timothy Besley, 1995, Property Rights and Investment Incentives: Theory and Evidence From Ghana, *Journal of Political Economy*, Vol. 103 No. 05, pp. 903 – 937.

61. Wan, G., Hu, X., Liu, W., 2021, "China's Poverty Reduction Miracle and Relative Poverty: Focusing on the Roles of Growth and Inequality", *China Economic Review*, Vol. 68, 101643.

62. Wang, J., Wang, C., Li, S., Luo, Z., 2021, "Measurement of Relative Welfare Poverty and Its Impact on Happiness in China: Evidence From CGSS", *China Economic Review*, Vol. 69, 101687.

63. Ye, J., 2015, "Land Transfer and the Pursuit of Agricultural Modernization in China", *Journal of Agrarian Change*, Vol. 15 No. 03, pp. 314 – 337.

64. Zheng, B., Gu, Y., Zhu, H., 2020, "Land Tenure Arrangements and Rural-to-urban Migration: Evidence From Implementation of China's Rural Land Contracting Law", *Journal of Chinese Governance*, Vol. 05 No. 03, pp. 322 – 344.

Agricultural Land Transfer, Geographical Elements and Relative Poverty: Data Analysis Based on China Family Panel Studies

YANG Dongmei　SHA Zhouhao　WAN Daoxia

(School of Mathematics and Statistics, Shandong University of Finance and Economics, 250014)

[**Abstract**] Alleviating relative poverty is a long-term task of our country to get rid of poverty. As an important practice under the strategy of rural revitalization, whether agricultural land transfer can play an important role is an important issue that needs to be discussed in academic circles. Based on the data of Chinese Household dynamic follow-up Survey (China Family Panel Studies, CFPS), this paper empirically examines the micro-impact of farmland transfer on relative poverty and the regulatory effect of geographical factors. The results show that: (1) farmland transfer significantly reduces the relative poverty of farmers, and the conclusion is still valid after a series of robustness tests and endogenous problem treatment. (2) Geographical factors play a regulating role in the process of alleviating relative poverty by agricultural land transfer, which is mainly reflected in the flatter terrain of the village. More convenient transportation will improve the effect of rural land transfer in alleviating relative poverty. (3) the effect of agricultural land transfer in alleviating relative poverty is better in relatively backward areas, and it is established under different standards of administrative divisions and location policies. This paper provides a reference for how to improve the relative poverty effect of agricultural land transfer and to standardize and improve the village infrastructure and environmental construction.

[**Key Words**] Agricultural Land Transfer Relative Poverty Geographical Elements Regulatory Effect

JEL Classifications: Q15

农地确权对农民市民化的影响*

——基于 CHFS 数据的实证分析

何微微　贾仓仓**

【摘　要】农地确权通过明晰产权的方式保障农民合法的土地权益，对劳动力要素的合理流动和有效配置具有重要的促进作用。本文从理论上分析了农地确权与农民市民化的内在关系，并利用 2015 年中国家庭金融调查数据，考察了农地确权对农民市民化的影响。结果表明：第一，农地确权显著提升了农民市民化意愿，这一结论在多项稳健性检验后依然成立；第二，土地承包经营权流转是农地确权促进农民市民化意愿提升的重要机制；第三，农地确权状况对不同土地资源禀赋状况的个体有着不同的政策效果，确权有助于提升土地资源禀赋较差的个体市民化意愿，但对土地资源禀赋较好的个体市民化意愿未产生促进作用。据此，要发挥农地确权政策对农民市民化的促进作用，应进一步完善土地确权法律配套体系，加强确权政策与市民化政策的统筹衔接，盘活农地经营权，推动农村土地流转步入市场化、规范化轨道，在市民化政策上预留适度弹性空间。

【关键词】**农地确权　农民市民化　土地承包经营权流转　PSM 法**

中图分类号：**F301.11**　文献标识码：**A**

* 2022 年度重庆市教育委员会科学技术研究项目"农业农村优先发展背景下城乡要素配置机制与路径研究"（编号：KJQN202200313）；西南政法大学经济学院 2022 年度招标项目"土地产权安全对农村劳动力转移的影响研究"（编号：XYZB2002203）；2019 年重庆市社会科学规划项目"乡村振兴进程中城乡要素市场化配置长效保障机制研究"（编号：2019YBJJ046）；2019 年重庆市教育委员会人文社科重点研究基地项目"重庆市创新驱动战略下'机器换人'的就业效应与政策研究"（编号：19JD001）；西南政法大学 2018 年校级科研资助项目"农业转移人口市民化进程中土地财产权益保障研究"（编号：2018XZQN—38）。

** 何微微，西南政法大学经济学院，经济学博士，讲师，地址：（401120）重庆市渝北区宝圣大道 301 号西南政法大学经济学院；E－mail：53946962@ qq. com。贾仓仓（通讯作者），南京大学政府管理学院，博士研究生，地址：（210023）江苏省南京市栖霞区南京大学政府管理学院，E－mail：1065398771@ qq. com。

一、引　言

改革开放以来，我国经济体制改革不断深化，农村劳动力流动的制度壁垒逐步被打破，大量农村劳动力流入城市落户，完成市民化转型。第七次全国人口普查结数据显示，我国人户分离人口为49 276万人，与第六次人口普查相比增长了88.52%[①]。预计到2025年，中国城镇化率将达到65.5%，新增城镇人口数量为9 400万人，城乡人口迁移近8 000万人[②]。在城镇化持续推进的背景下，如何加快农业人口市民化成为政策关注的焦点。党的十八大以来，国家先后出台了《中共中央关于全面深化改革若干重大问题的决定》《国家新型城镇化规划（2014－2020年）》《国务院关于进一步推进户籍制度改革的意见》《国务院关于深入推进新型城镇化建设的若干意见》《国务院办公厅关于印发推动1亿非户籍人口在城市落户方案的通知》等政策文件，以期加快农村劳动力市民化进程，推动新型城镇化高质量发展。然而，从实践效果来看，推进农村劳动力市民化距离预期尚有差距。截至2020年末，我国常住人口城镇化率超过60%，户籍人口城镇化率为45.4%，“两率差”接近15个百分点[③]。并且，在城市落户的非户籍人口以外来市民居多，农村劳动力占比较低（邹一南，2021）。城镇化过程中出现的这种“迁移却不落户”的“半市民化”现象，使我国面临“双重城镇化率”的挑战（李国正，2020），城镇化发展质量亟待提升。

从本质上来看，新型城镇化建设不仅意味着“土地”由农村向城市的用途转变，更需要实现“人”从农民向市民的身份转换（徐美银，2016）。关于农村劳动力市民化进展迟缓的原因，早期研究多从户籍制度的视角进行解释，认为户籍及其背后隐含的制度安排是制约农村劳动力市民化的主要原因。然而，“新户改”政策实施之后，农村劳动力迁移意愿特别是留城意愿依然没有明显改善。原先受户籍阻隔“不让来”和“不能来”的问题，转变为农村劳动力“不想来”与“不愿来”的问题（侯红娅等，2004；张翼，2011）。研究发现，相当部分的农村劳动力不愿市民化与农村土地制度密切相关（陈会广等，2012；陈丹等，2017）。现有的制度安排对农地转用以及农地流转施加了多重管制，使得农民土地权利受损，土地增值收益无法充分实现（刘守英，2014），影响了农业人口市民化进程。鉴于此，越来越多的学者将研究视

① 国家统计局：《第七次全国人口普查公报（第七号）》，2021年5月11日。

② 魏后凯：《“十四五”时期，以市民化加快推进高质量城镇化》，经济日报－中国经济网，2020年10月27日。

③ 国家统计局：《2020年国民经济和社会发展统计公报》。

角转向土地产权层面，思考如何通过创新土地产权制度推进农民市民化。对于农民而言，土地是其在城市安心发展和落户的“压舱石”和“风险对冲资产”（李国正，2020）。在保证土地产权稳定性和排他性的基础上，合理处置土地承包经营权，对于增加土地财产性收入、获得更多市民化资本支持具有重要意义。农村土地确权改革作为农村土地产权制度的重大创新，是国家保障农户地权安全的重要举措，权属清晰的土地权利界定对农民市民化决策具有深刻影响。本文将农地确权改革视为一个准自然实验，将农地确权纳入农民市民化决策的分析框架，着力探讨农地确权状况与农民市民化的内在联系，实证评估农地确权状况对农民市民化的影响及机制，并从土地资源禀赋的层面进行异质性分析，以期为深入推进农业人口市民化进程提供依据。

二、文献综述

地权稳定性一直被认为是影响劳动力要素配置的重要影响因素。学术界大多认为，农地确权带来的地权稳定性提升有利于农村劳动力资源优化配置。哈伯费尔德等（Haberfeld et al.，1999）对印度、菲尔德（Field，2007）对秘鲁以及杰瑞等（Janvry et al.，2015）对墨西哥的研究发现，确权颁证有利于促进农村劳动力非农就业转移。韩家彬和刘淑云（2019）研究认为，农地确权通过降低劳动力转移的机会成本，显著提升了农村劳动力转移就业概率。洪炜杰和胡新艳（2019）基于农地产权的财产和生产双重功能分析认为，地权不稳定会弱化农地产权的生产功能，进而促使劳动力非农转移。王小龙等（2020）研究认为，农地确权通过提升农业生产效率和生产收益，对农民自主创业产生了显著的抑制效应。许恒周和刘源（2021）研究认为，农地确权有利于强化土地权利，正向激励农村流动人口到城镇定居。也有研究认为，农地确权会提升土地的增值预期，进而增强农民的回流意愿（Ma et al.，2016），已转移劳动力可能会因为保持地权稳定性而选择返乡回流（唐超等，2020）。另有学者认为，农地确权的政策被高估了，确权对农业劳动力非农转移并未产生促进效应（罗必良和张露，2020）。有关农地确权对劳动力资源配置的影响，还需要进一步考虑土地流转与农村劳动力转移至非农部门或城市部门就业之间的联动效应（高强和张琛，2020）。

在影响机理方面，学者们从农地流转、土地禀赋、农户收入、交易成本等视角对农地确权如何影响农村劳动力配置进行了广泛研究。研究显示，农地确权通过促进土地转出，能够显著提升农户的财产性收入（宁静等，2018），激励劳动力外出就业（许庆等，2017）。农地确权带来的安全效应会降低农户对土地价值的高估（王士海和王秀丽，2018），提升农户家庭经营的稳定预期，赋予农户灵活配置要素的自由决策权，拓展农户的非农就业空间（耿鹏鹏，2020）。通过农地细碎化，农地确权可对农村劳动力非农就业比例产生间接的正向影响（陈江华等，2020）。农地确权带来的“禀赋效应”提升了低收入农户的信贷可得性，“安全效应”提升了高收入农户的信贷可得性（米运生等，2020；王欧和王天夫，2021），通过缓解信贷约束、降低机会成本，影响不同收入农户的家庭劳动力资源配置。农地确权通过促进农地流转、增加农业短期投资，能够显著提升农户总收入（杨宏力和李宏盼，2020），将劳动力配置到边际收益更高的非农领域。农地确权有利于降低流转交易成本（程令国等，2016）、迁移成本（Valsecchi，2014），提高土地使用的排他性并降低相应的保护成本（Galiani and Schargrodsky，2010），减少土地纠纷，对农村劳动力自由流动具有积极影响。

在农民市民化过程中，对土地“确权颁证”是保障和实现农民土地财产权益的应有之义。近年来，随着我国市民化进程的快速推进，农地确权对农村劳动力市民化的影响日渐引起学术界的关注。目前，直接研究农地确权对农村劳动力市民化影响的文献相对较欠缺。关于农地确权能否促进农民市民化，仅有少数国内学者进行了初步探讨，所得结论不尽一致。例如，杜巍等（2018）研究发现，农地确权满意度对农业转移人口的市民化意愿具有显著的负向影响。张莉等（2018）基于农地确权对劳动力转移的双重效应分析认为，当前农地确权处于产权的初步加强阶段，生产率效应大于转移成本效应，导致劳动力更倾向于留乡务农，农地确权对农村劳动力市民化意愿的“解绑”作用不明显。唐超等（2020）通过分析农地确权方式对农业人口市民化的影响发现，整合确权对农业人口市民化意愿具有显著的抑制效应。杜巍等（2021）以农地确权满意度衡量农业转移人口对农地政策的回应，发现农地政策回应通过提升农业转移人口生计资本对市民化发挥了显著的正向影响。

已有研究表明，农地确权状况是农村劳动力市民化的重要影响因素已被众多学者证实。现有研究的不足之处在于，在研究对象上，更多集中在农民工而不是在乡务农的农民。在研究内容上，主要聚焦于农地确权与农村劳动力非农转移层面，对于确权与农村劳动力市民化关系的相关研究相对较少，并且对农地确权影响农民市民化的影响机制缺乏充分挖掘。在研究方法上，现有的实证分析较少进行因果识别，且大多面临内生性问题的挑战，对自选择偏差问题缺乏足够重视。鉴于此，本文在已有研究的基础上，以农地确权为逻辑起点，考察其对农民市民化决策的影响，实证评估两者的因果效应以及作用机制。

三、理论分析与研究假说

农村土地确权是国家在赋权层面上强化农地产权的一项重要制度安排，核心在于明晰土地权利边界，稳定地权，提升土地的流动性和配置效率。根据科斯定理，当交易成本为零时，产权是否界定并不重要，市场机制会自动达到帕累托最优；一旦交易成本大于零，产权界定就非常重要，不同的权利界定会导致不同效率的资源配置（Coase，1960；Felder，2001）。如果产权主体界定明晰并允许产权自由转让，同时产权转让收益能够被有效保护，那么产权主体可以最大限度地在约束范围内配置资源，从而获取最大收益（罗必良，2019）。反之，产权不稳定会使农户对土地缺乏长期预期，无法在土地上投入大量专用性程度较高的固定资产（程令国等，2016），农业生产效率难以有效提升。因此，明晰的产权有利于提升地权稳定性，减少土地纠纷（付江涛等，2016），降低交易费用，从而改善资源配置效率（林文声等，2017）。通过农地确权，农民可获得完整、安全的产权权能（吴郁玲等，2018），且这一权能具有使用权排他、收益权独享、交易自由化等显著特征（杨宏力和李宏盼，2020），有利于农民在产权博弈中获得最大化的权利资本化收益（刘元胜和胡岳岷，2017）。

农地确权对农民市民化的影响机制可以分为直接效应和间接效应。直接效应主要体现在两个方面：一方面，农地确权使得农民的地权预期得以稳定，不再需要以“占有耕种”的形式维护地权，有助于推动农业生产由规模经营向分工经济转型（陈昭玖和胡雯，2016），降低农村劳动力配置规模（唐超等，2020），使其依据劳动力市场信号做出有效的迁移决策，从而提升农民市民化意愿；另一方面，农地确权具有提升农业生产效率、降低迁移成本两种效应（杨金阳等，2016），有助于释放农村劳动力，促进劳动力非农转移，从而对农民市民化产生积极影响。在间接效应方面，农地确权通过影响土地承包经营权流转间接作用于农民的市民化决策。其理论逻辑在于：一方面，稳定的产权是土地流转的前提，农地确权能够保障农地使用权的排他性，有利于规范土地流转的交易行为，减少产权纠纷，降低契约风险和交易成本（黄季焜和冀县卿，2012；胡新艳等，2018），促进土地流转，保护产权主体的流转收益，解决劳动力迁移的后顾之忧，从而降低市民化难度；另一方面，土地确权和土地流转为农民提供了实现财产性收入的通道，有助于农民将土地增值收益转化为生计资本，以此促进农民市民化意愿的提升。也有观点认为，农地确权在深化农地产权、提升土地价值的同时，会强化农民对土地的禀赋效应，促使农民不断提高土地转出的保留价格（罗必良，2019；罗必良和洪炜杰，2020），从而抑制农地流转，降低农村劳动力流动的概率。此外，农地确权能够产生劳动投入激励，诱使农村劳动力长期从事农业生产经营活动（宁静等，2018）。因而，地权稳定性的提升会增强土地对农村劳动力的“黏性”，农地确权并不必然正向促进农民市民化。

从现实层面来看，目前我国正处于城镇化快速发展的中后期，城镇化发展潜力依然较大，农民向城市流动依旧是未来较长一段时间内的主流趋势。并且，随着乡村产业振兴的发展，土地必然会逐步从低生产力农户向专业水平较高的农户或合作社聚集（黄宇虹和樊纲治，2020）。农地确权带来的产权稳定效应是顺应土地适度规模经营和农业农村发展规律的，因此对大部分农民而言确权对土地流转的促进效应是存在的。通过土地流转，农地确权会影响农民市民化决策。据此，本文提出如下研究假说：

H1：农地确权对农民市民化意愿具有促进作用。

H2：农地确权通过促进土地承包经营权流转正向影响农民市民化意愿。

进一步地，农民市民化意愿在很大程度上还会受到个体或家庭资源禀赋情况的影响。上述分析假设个体资源禀赋是同质的，事实上不同农民拥有的资源禀赋迥然不同。异质性的资源禀赋将会使得农地确权对农民市民化意愿的影响作用有所差异。由于本文的核心解释变量是农地确权，因而主要从土地禀赋的角度展开异质性分析，重点从家庭耕地面积和耕地质量两个方面进行考察。

一般而言，家庭耕地面积稀少，意味着农业生产难以达到规模经济水平，农民对土地进行长期投资的激励降低，生产经营获得的较低收益无法充分满足家庭生计。对于小规模经营者而言，农地确权带来的产权安全性提升，使其对农地财产属性的认知度和价值实现期望较小，因农地确权可能获得的潜在预期收益提升对农民的拉力作用较弱，为了满足家庭生计，他们往往倾向于离农转移，从而具有较高的市民化意愿。相对而言，家庭耕地面积越多，农民获得的预期土地权益越多，对土地的价值评价相对更高，放弃农业户籍进城的概率越低。据此，提出如下研究假设：

H3：农地确权对不同家庭耕地面积特征农民的市民化意愿具有差异化影响。

除了耕地数量外，耕地质量的高低也可能导致农地确权对农民市民化意愿产生差异化影响。耕地质量的优劣与劳动生产率、粮食产量以及农民收入等诸多方面息息相关。通常而言，农民拥有的耕地质量越高（如地势平坦、灌溉条件好、土壤肥沃、地块较大且规则等），越利于农业机械的采用和生产效率的提升，有助于提高劳动生产率，增加单位粮食产量，促进农民增收，降低农民离农倾向，从而抑制其市民化意愿。当农民以务农为主要生计时，农地确权对农民市民化的激励作用可能并不明显。反之，较低的耕地质量

（如地势高低不平、地块小且分散、土壤被侵蚀、酸化和盐碱化等）则会阻碍农业机械化的普及，增加人工成本和设备使用成本，降低劳动生产率和粮食产量，导致农民务农收益较少。作为理性的“经济人”，个体追求资源配置效率的最大化、机会成本损失最小化是必然选择（冉清红等，2014），在劳动力资源可自由支配的情况下，农民离农离乡的概率会明显增大，农地确权带来的地权稳定效应有利于消除农民进城的后顾之忧，从而可能进一步强化农民的市民化意愿。据此，提出如下研究假设：

H4：农地确权对不同耕地质量特征农民的市民化意愿具有差异化影响。

四、数据、变量与研究方法

（一）数据来源与变量设置

1. 数据来源

本文所用数据来自 2015 年中国家庭金融调查（China Household Finance Survey，CHFS）数据，该数据是西南财经大学中国家庭金融调查与研究中心在全国范围内开展的家庭随机抽样调查项目。调查样本覆盖全国 29 个省份、351 个县（区、县级市）、1 396 个村（居）委会、37 289 户家庭。CHFS 的问卷内容主要包括：人口统计学特征、资产与负债、保险与保障、支出与收入等。在人口统计学特征和资产部分，CHFS 详细询问了有关市民化意愿、农地确权、土地禀赋、土地流转、土地财产性收入等信息，为本文研究农地确权与农村劳动力市民化的关系提供了便利。根据研究需要，本文对调查数据做了如下处理：一是剔除没有农村土地的家户样本；二是剔除非农业户籍的家户样本；三是剔除 15 岁及以下农业户籍的家户样本；四是删除相关变量缺失值。经过上述处理，最终获得的有效样本为 6 220 个，其中农地确权组观察值 2 764 个，未确权组观察值 3 456 个。

2. 变量设置

本研究的被解释变量是市民化意愿。根据 CHFS 问卷中“是否愿意获得非农户口”这一题项对农村劳动力市民化意愿进行测量。结合题项答案选项，将回答“是”的赋值为 1，“否”赋值为 0。在全部样本中，有市民化意愿的农村劳动力占 21.66%，无市民化意愿的农村劳动力占 78.34%。

为了反映农村农地确权情况，将核心解释变量设置为农地确权。依据问卷中“您家是否取得土地经营权证书?”这一问题构建“农地确权”虚拟变量，如果取得土地经营权证书，则赋值为 1，否则赋值为 0。在样本总体中，

44.44%的个体参与农地确权，55.56%的个体尚未进行参与农地确权。

在参照前人研究基础上，选取了个体特征变量、土地特征变量和地区虚拟变量三类变量作为控制变量。其中，个体特征变量包括性别、年龄、婚姻状况、文化程度、政治面貌、健康状况；土地特征变量包括家庭耕地面积、耕地经营权转入和耕地经营权转出；地区虚拟变量包括东部地区、中部地区和西部地区，均为二分类变量。各变量定义与描述性统计如表1所示。

表1　各变量的统计描述

变量名称	变量定义	处理组（N=2 764）		控制组（N=3 456）	
		均值	标准差	均值	标准差
市民化意愿	是=1，否=0	0.226	0.419	0.209	0.406
性别	男性=1，女性=0	0.634	0.482	0.577	0.494
年龄	受访人2014年时的年龄	53.625	10.565	52.435	11.582
婚姻状况	在婚有配偶=1，其他=0	0.933	0.251	0.919	0.273
文化程度	没上过学=1，小学=2，初中=3，高中=4，中专/职高=5，大专/高职=6，大学本科=7	2.563	0.975	2.546	1.056
政治面貌	党员=1，其他=0	0.122	0.327	0.091	0.287
健康状况	非常好=1，好=2，一般=3，不好=4，非常不好=5	2.843	0.956	2.745	0.999
家庭耕地面积	单位：亩	36.743	669.207	100.395	1 529.015
耕地经营权转入	是=1，否=0	0.155	0.362	0.138	0.345
耕地经营权转出	是=1，否=0	0.164	0.370	0.148	0.356
东部地区	是=1，否=0	0.311	0.463	0.390	0.488
中部地区	是=1，否=0	0.296	0.456	0.390	0.488
西部地区	是=1，否=0	0.394	0.489	0.220	0.415

（二）研究方法

农村劳动力市民化意愿理论上会受到农地确权状况的影响，但农地确权制度改革的覆盖对象并非随机样本，可能会受到农户个体特征、土地特征甚至地区特征的影响，而这些特征同时也会对市民化意愿产生影响。这就导致在估计农地确权对农村劳动力市民化意愿影响时存在内生性，即农地确权状况不仅与市民化有关，还与误差项相关。显然，这些不可观测因素会因人而异。如果采用传统的 OLS 回归方法可能会产生自选择导致的内生性偏差问题，采用 Logit 或者 Probit 模型则无法得到一致估计。要解决自选择导致的偏差问题，通常的解决方案是采用倾向得分匹配方法（PSM）。倾向得分匹配方法利用非随机数据模拟随机化试验，根据农户家庭是否参与农地确权，构造出一个近似于反事实的处理组和控制组（参与农地确权为处理组，未参与农地确权为控制组），在两组之间找到与其可测变量取值尽可能相似的结果进行匹配。因此，可同时排除由可观测因素和不可观测因素导致的样本选择性偏误，得到纯粹的政策处置平均效应（ATT），从而科学测度农地确权状况对农村劳动力市民化的影响。

利用 PSM 方法，首先，一般采用 Logit 模型估算出每个样本参与农地确权的概率（倾向得分）；其次，根据倾向得分的共同支撑域对处理组与控制组进行匹配，通过匹配在共同特征基本相同的条件下为“处理组”选择合适的对照个体，减少样本自选择性所导致的估计偏误；最后，采用匹配方法估计处理组的平均处理效应（ATT）。在匹配后样本满足共同支撑假设和平衡性检验的条件下，农地确权的因果效应（即平均处置效应）就是匹配两组在共同支撑域的结果变量的均值之差，可以表示为：

$$ATT_{PSM} = E_{P(X) \mid D=1}\{E[Y(1) \mid D=1, P(X)] - E[Y(0) \mid D=0, P(X)]\} \tag{1}$$

其中，D 为处理组或控制组虚拟变量，农户家庭参与农地确权即属于处理组，赋值为 1；否则为控制组，赋值为 0。Y(1) 和 Y(0) 分别代表处理组和控制组的结果变量（即个体市民化意愿）。

在匹配方法的选择上，一般认为不存在适用于一切情形的最优方法，实践中通常采用不同的匹配方法进行比较，如果估计结果基本一致，说明计量结果是稳健的，样本有效性良好（Becker and Ichino，2002）。本文主要采用一对四匹配、半径匹配、核密度匹配以及马氏匹配四种方法进行具体匹配。

五、实证分析

（一）基准回归结果

基于 OLS、Logit 及 Probit 模型估计农地确权状况对农村劳动力市民化意愿的影响，结果如表 2 所示。回归结果表明，农地确权对农村劳动力市民化意愿在10%的显著性水平上产生正向影响，这与本文的预期一致。此外，性别、婚姻状况、文化程度、政治面貌、健康状况、耕地经营权转出、东部地区对农村劳动力市民化意愿具有显著影响。从个体特征来看，女性、健康状况好的农村劳动力市民化意愿相对更强，而文化程度低、在婚有配偶、政治面貌为党员的农村劳动力市民化意愿相对较低，年龄对农村劳动力市民化意愿的影响不显著。在土地特征方面，将耕地经营权转出的农村劳动力，其市民化意愿相对更弱，耕地经营权转入对农村劳动力市民化意愿的影响不显著。在地区特征方面，东部地区农村劳动力的市民化意愿较弱。由于OLS估计存在无法解决自我选择问题的缺陷，而Logit和Probit的估计结果可能具有不一致性，为了验证上述回归结果是否稳健、可靠，接下来采用倾向性得分匹配方法来弥补上述方法可能存在的估计偏误。

表2　　农地确权对农村劳动力市民化意愿的影响

变量	OLS估计	Logit估计	Probit估计
农地确权	0.018* (0.011)	0.109* (0.064)	0.065* (0.037)
性别	-0.026** (0.012)	-0.145** (0.068)	-0.085** (0.039)
年龄	0.000 (0.000)	0.001 (0.003)	0.000 (0.002)
婚姻状况	-0.086*** (0.022)	-0.456*** (0.108)	-0.275*** (0.066)
文化程度	-0.012** (0.006)	-0.070** (0.035)	-0.042** (0.020)
政治面貌	-0.033** (0.017)	-0.227** (0.116)	-0.132** (0.065)
健康状况	0.025*** (0.006)	0.147*** (0.033)	0.085*** (0.019)
家庭耕地面积	-0.000 (0.000)	-0.000 (0.000)	-0.000 (0.000)
耕地经营权转入	0.0132 (0.015)	0.078 (0.088)	0.045 (0.051)
耕地经营权转出	-0.033** (0.014)	-0.204** (0.091)	-0.122** (0.0512)

续表

变量	OLS 估计	Logit 估计	Probit 估计
东部地区	-0.022 * (0.013)	-0.137 * (0.080)	-0.081 * (0.046)
中部地区	0.009 (0.014)	0.053 (0.077)	0.029 (0.045)
常数项	0.266 *** (0.043)	-1.035 *** (0.246)	-0.621 *** (0.144)
R^2	0.015	0.014	0.015

注：*、**、*** 分别表示 10%、5% 和 1% 的显著性水平，括号中的数值为稳健标准误。

（二）基于倾向得分匹配的估计结果

1. 农户家庭参与农地确权的影响因素分析

采用 PSM 法的第一步是估计倾向得分，为了提高匹配质量，匹配变量的选择至关重要。赫克曼（Heckman）等认为，选择无关变量不会影响估计结果，但遗漏变量会导致严重偏差。因此，应尽可能地将同时影响处理变量（土地是否确权）与结果变量（市民化意愿）的变量纳入模型。依据前面所述，本文从个体特征、土地特征和地区变量三个维度选择匹配变量。模型一仅包含个体特征变量，模型二进一步加入土地特征变量，模型三包含所有解释变量。农户家庭参与农地确权的倾向得分的估计结果如表 3 所示。从估计结果来看，除了家庭耕地面积未通过显著性检验外，其他变量均对农户家庭参与农地确权具有显著影响，说明本文对匹配变量的选取是恰当的。

表 3　　参与农地确权倾向得分的 Logit 估计结果

变量	模型一	模型二	模型三
性别	0.204 *** (0.057)	0.202 *** (0.057)	0.150 *** (0.058)
年龄	0.006 ** (0.003)	0.007 *** (0.003)	0.008 *** (0.003)
婚姻状况	0.191 * (0.099)	0.186 * (0.100)	0.242 ** (0.101)
文化程度	0.009 (0.028)	0.010 (0.029)	0.054 * (0.029)

续表

变量	模型一	模型二	模型三
政治面貌	0.280*** (0.087)	0.278*** (0.088)	0.287*** (0.089)
健康状况	0.111*** (0.027)	0.111*** (0.027)	0.085*** (0.028)
家庭耕地面积		-0.000* (0.00)	-0.000 (0.000)
耕地经营权转入		0.170** (0.073)	0.129* (0.075)
耕地经营权转出		0.133* (0.072)	0.154** (0.073)
东部地区			-0.803*** (0.066)
中部地区			-0.860*** (0.066)
常数项	-1.230*** (0.202)	-1.277*** (0.203)	-0.823*** (0.209)
Log likelihood	-4 241.011	-4 234.637	-4 128.011
Prob > chi2	0.000	0.000	0.000
Pseudo R2	0.007	0.009	0.034
N	6 220	6 220	6 220

注：*、**、*** 分别表示 10%、5% 和 1% 的显著性水平，括号中的数值为标准误。

2. 平衡性检验和共同支撑检验

在 Logit 模型估计倾向得分的基础上，需要对样本匹配质量进行平衡性检验，以检验匹配后处理组与控制组是否存在系统差别，结果如表 4 所示。由表 4 可知，在经过平衡性分析之后，匹配后的控制变量在两者之间的偏差程度基本均大幅降低，“匹配后”样本中绝大多数控制变量的 p 值都较大，说明处理组和控制组之间不存在显著的系统差异，匹配上的处理组和控制组具有一致分布，两组的微小差异只是基于相同个体的不同表现而已，在统计学上我们将它们视为同一个个体。同时，通过联合检验 p 值可知，倾向得分的联合分布在两个组中也是相同的。可见，经过倾向得分匹配后基本消除了处理组与控制组的可观测变量显性偏差，倾向得分匹配结果稳健可靠。如图 1 所示的核密度分布比较表明，匹配前处理组与控制组的核密度方程曲线存在较大差异，匹配后两组之间的差距明显减少，走势趋于一致，进一步说明匹配效果较为理想。

表 4　　　　匹配质量的平衡性检验

变量	匹配	均值		标准偏差（%）	降低比率（%）	双 t 检验	
		处理组	控制组			t 值	p 值
性别	匹配前	0.634	0.577	11.7	82.4	4.56	0.000
	匹配后	0.634	0.644	-2.1		-0.78	0.438
年龄	匹配前	53.625	52.435	10.7	63.4	4.18	0.000
	匹配后	53.625	54.061	-3.9		-1.48	0.140
婚姻状况	匹配前	0.933	0.919	5.2	84.8	2.04	0.041
	匹配后	0.933	0.935	-0.8		-0.31	0.756
文化程度	匹配前	2.563	2.546	1.7	-35.1	0.65	0.517
	匹配后	2.563	2.540	2.2		0.85	0.397
政治面貌	匹配前	0.122	0.091	10.1	87.3	3.98	0.000
	匹配后	0.122	0.118	1.3		0.45	0.652
健康状况	匹配前	2.843	2.745	10.0	89.4	3.91	0.000
	匹配后	2.843	2.853	-1.1		-0.39	0.694
家庭耕地面积	匹配前	36.743	100.390	-5.4	97.1	-2.04	0.042
	匹配后	36.743	38.588	-0.2		-0.10	0.918
耕地经营权转入	匹配前	0.155	0.138	4.9	-15.1	1.94	0.052
	匹配后	0.155	0.135	5.7		2.12	0.034
耕地经营权转出	匹配前	0.164	0.148	4.2	96.8	1.63	0.102
	匹配后	0.164	0.163	0.1		0.05	0.961
东部地区	匹配前	0.311	0.390	-16.6	96.7	-6.49	0.000
	匹配后	0.311	0.313	-0.5		-0.21	0.836
中部地区	匹配前	0.296	0.390	-19.9	99.1	-7.78	0.000
	匹配后	0.296	0.295	0.2		0.07	0.948

样本（联合检验）	Pseudo R2	LR chi2	p > chi2
匹配前	0.034	289.67	0.000
匹配后	0.001	7.92	0.721

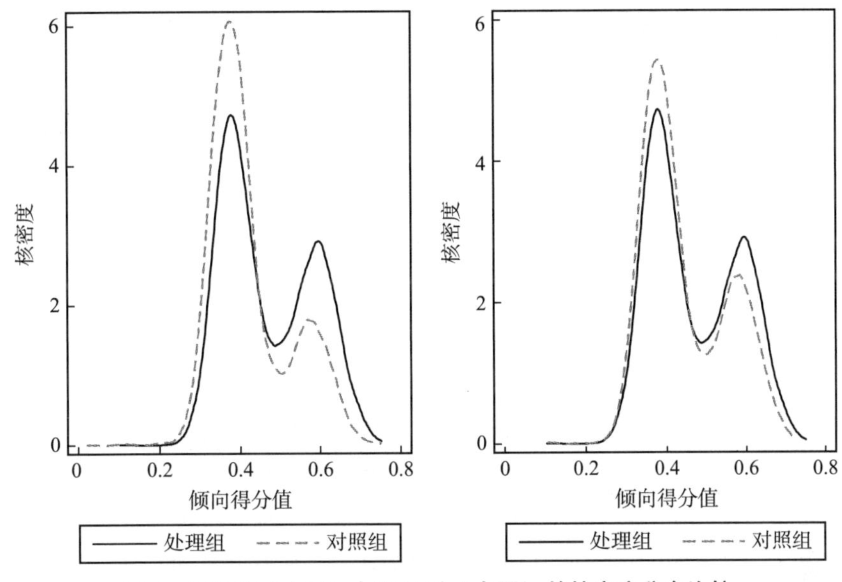

图 1　匹配前（左图）与匹配后（右图）的核密度分布比较

如果处理组与控制组的匹配重叠区间太窄，或是处理组个体都获得很高的倾向得分，而控制组个体都获得很低的倾向得分，那么位于重叠区域以外的样本仍然无法实现有效匹配，从而影响处理效应的可靠性。为了保证匹配质量，倾向得分匹配法唯有在共同支撑域才是有效的。共同支撑假设将处理组与控制组中倾向得分无法重合的个体剔除，使得两组之中倾向得分的最大值和最小值一样，从而在减少一定样本量的同时，极大地提升匹配质量。本文采用一对四匹配进行检验，在剔除了 3 个不在共同取值范围的观测值后，处理组和控制组的观测值分别为 2 764 个与 3 453 个，匹配后大约 99.95% 的样本处于共同取值范围，说明 PSM 仅损失了少量样本，满足共同支撑假设。在接下来的分析中，本文只利用那些处于共同支撑区域的样本。

3. 估计平均处理效应（ATT）

根据上面的匹配质量检验可知，处理组和控制组是基于同一个体在是否参与农地确权的两种不同表现。因此，在理论上估计农地确权状况对农民市民化意愿的影响就变得容易，因为二者之间的市民化意愿差异即是农地确权对农民市民化意愿的净影响。在个体匹配方法上，存在 k 个最近邻域匹配、半径匹配、核密度函数匹配、样条匹配、局部线性回归匹配等不同方法。理论上，对于一个稳健的估计结果而言，不论采用哪种匹配方法，最后的结果不应相差太大。本文采用一对四匹配、半径匹配、核密度匹配和马氏匹配四种匹配方法，估计农地确权对农民市民化意愿的平均净效果 ATT（估计结果见表 5）。由表 5 可知，无论采取何种估计方法、选择何种匹配参数，农地确权对农民市民化意愿的促进效应都是稳定存在的。这表明，在考虑了样本自选择问题以后，农地确权对个体市民化意愿仍然具有显著的正向影响效应。

表5　使用不同匹配方法估计的平均处理效应（ATT）

匹配方法	匹配参数	共同支撑样本量	处理组	对照组	平均处理效应	标准误
一对四匹配	k=4；半径=0.001	6 217	0.2265	0.2043	0.0222*	0.0131
	k=4；半径=0.005	6 217	0.2265	0.2043	0.0222*	0.0131
	k=4；半径=0.01	6 217	0.2265	0.2043	0.0222*	0.0131
	k=4；半径=0.05	6 217	0.2265	0.2043	0.0222*	0.0131
	k=4；半径=0.1	6 217	0.2265	0.2043	0.0222*	0.0131
	k=4；半径=0.5	6 217	0.2265	0.2043	0.0222*	0.0131
半径匹配	半径=0.2	6 217	0.2264	0.2054	0.0210**	0.0107
	半径=0.25	6 217	0.2264	0.2060	0.0204*	0.0106
	半径=0.3	6 217	0.2264	0.2072	0.0192*	0.0106
核密度匹配	Epan核函数；带宽=0.001	6 063	0.2270	0.2055	0.0215*	0.0124
	Epan核函数；带宽=0.5	6 217	0.2265	0.2074	0.0191*	0.0105
	Epan核函数；带宽=0.8	6 217	0.2265	0.2079	0.0186*	0.0105
马氏匹配	k=m=1	6 220	0.2265	0.2015	0.0250*	0.0127
	k=m=2	6 220	0.2265	0.1995	0.0270**	0.0118
平均值			0.2265	0.2047	0.0218	

注：*、**、***分别表示10%、5%和1%的显著性水平。

如表5所示，平均来看，处理组中个体市民化意愿水平为2.265%，控制组个体市民化意愿水平为2.047%，两组市民化意愿水平的差距为2.18%。这一效应反映在表5的第四列中，即当采取不同的匹配方法时，农地确权的估计价值介于1.86%~2.5%。换言之，农地确权的纯效应能将农民的市民化意愿提升8.23个~11.06个百分点（0.0186-0.0250/0.226），平均来看，纯影响效应会将市民化意愿水平提升9.65个百分点（0.0218/0.226）。这一结论与前文的假设1相符。

六、稳健性检验

以上虽然运用倾向得分匹配法得到了农地确权会提升农民市民化意愿水平的证据，但并不清楚该结果是否是由“特意筛选”的模型导致的，因此还需要对估计结果进行稳健性检验。本文根据数据和模型情况，采用增加遗漏变量和控制变量缩尾两种方法进行稳健性检验。

（一）增加遗漏变量检验

在控制变量中，土地特征变量中的其他因素，如耕作便利度也可能影响农民参与农地确权的积极性，进而影响农民市民化意愿。因此，本文进一步控制与土地特征有关的因素以缓解遗漏变量对主要结果的影响。具体而言，本文进一步将耕地是否适合大型机械耕作、耕地是否紧邻机耕路、耕地是否有灌溉设施、耕地附近是否有供电设施这 4 个表征耕地便利度的变量纳入模型中重新进行回归。由表 6 可知，加入可能的遗漏变量之后，农地确权状况能将农民的市民化意愿提升 8.67 个 ~ 12.74 个百分点（0.0196 - 0.0288/0.226），说明在控制了可能的遗漏变量后，本文研究结论是相对稳健的。

表 6　　考虑遗漏变量的估计结果

匹配方法	共同支撑样本量	平均处理效应	标准误
一对一匹配	6 215	0.0288*	0.0168
一对四匹配	6 215	0.0245*	0.0132
半径匹配	6 215	0.0232**	0.0107
核密度匹配	6 215	0.0196*	0.0106
马氏匹配	6 220	0.0214	0.0118

注：*、**、*** 分别表示 10%、5% 和 1% 的显著性水平。

（二）控制变量缩尾检验

对于微观调查数据，一些控制变量的测算可能会存在极端值问题。为了避免数据异常值对研究结果的影响，本文对控制变量中的家庭耕地面积的观测值进行了 1% 分位上的双边缩尾处理。然后，采用不同匹配法重新估计农地确权对农民市民化意愿的平均处理效应。限于篇幅，本文报告半径匹配和核密度匹配的估计结果，如表 7 所示。对比表 7 和表 5 来看，对家庭耕地面积变量的奇异值做平滑处理后，回归结果并未发生明显变化，农地确权对农民市民化意愿的影响仍旧显著为正，进一步验证了前面结论的稳健性。

表7　　对控制变量缩尾后的估计结果

匹配方法	匹配参数	共同支撑样本量	平均处理效应	标准误
半径匹配	半径 =0.2	6 202	0.02175**	0.0107
	半径 =0.25	6 202	0.0212**	0.0106
	半径 =0.3	6 202	0.0200*	0.0106
核密度匹配	Epan 核函数；带宽 =0.001	6 108	0.0222*	0.0122
	Epan 核函数；带宽 =0.5	6 202	0.0199*	0.0106
	Epan 核函数；带宽 =0.6	6 202	0.0196*	0.0105
	Epan 核函数；带宽 =0.8	6 202	0.0194*	0.0105

注：*、**、*** 分别表示 10%、5% 和 1% 的显著性水平。

七、影响机制检验

上述分析表明，在克服了自选择问题和经过一系列稳健性检验后，农地确权确实显著提升了农民市民化意愿。那么，农地确权状况是如何影响农民市民化意愿的？其中的影响机制是什么？此处，本文将就农地确权提升农民市民化意愿的形成机制进行探讨，依旧采用 PSM 方法进行估计。现有研究表明，清晰稳定且得到有效保护的土地产权是保证土地流转顺畅运行的重要前提。农地确权改革在土地实测的基础上将承包权以使用权证书的形式清晰界定到农户，有助于农户稳定未来预期并降低土地流转过程中的不确定风险（程令国等，2016），在一定程度上解决了农地的不完全契约问题，赋予农民更多农地剩余控制权（韩家彬等，2019）。通过农地确权可有效维护农民的正当权益，从而规范农地流转交易行为（黎毅等，2021），使其参与土地流转的可能性和交易量显著上升。在影响方向方面，一般认为农村土地确权会对转出耕地经营权的个体产生推力，使得农民与土地的黏性减弱，从而强化其市民化意愿。相比之下，农村土地确权对于转入耕地经营权的个体则会产生拉力，使得农民与土地的黏性加强，从而弱化其市民化意愿。当农地确权对个体耕地经营权转出的影响效应大于耕地经营权转入时，意味着土地对农民的推力大于拉力，从而使得农民的市民化意愿整体呈增强态势。

鉴于此，本文着重检验农地确权对农民土地流转的影响，认为农地确权会显著增加农民转出耕地经营权的概率，进而提升农民市民化的意愿。大量研究成果印证了该观点（马贤磊等，2015；何欣等，2016；李静，2018；李虹韦和钟涨宝，2020）。在检验土地流转机制时，构造“耕地经营权转出”和“耕地经营权转入”两个虚拟变量，同时引入个体特征变量（性别、年龄、婚姻状况、文化程度、政治面貌、健康状况）、土地特征变量（家庭耕地面积）及地区特征变量（东部地区、中部地区）作为控制变量。

检验结果显示（见表8），采取四种不同的匹配方法，农地确权对农民转出耕地经营权均具有显著的促进效应，且该效应明显大于农地确权对耕地经营权转入的影响。具体而言，与控制组个体相比，农地确权对处理组个体耕地经营权转出的影响高了11.93个～19.02个百分点（0.0195－0.0311/0.1635），平均高出15.23个百分点。相比之下，农地确权对处理组个体耕地经营权转入的影响整体高于控制组，但影响效应和稳定性均低于农地确权对耕地经营权转入的影响。为此，农地确权使得个体耕地经营权转出的效应大于耕地经营权转入效应，从而使得耕地经营权转出对农民市民化形成的推力作用大于耕地经营权转入带来的拉力作用，最终导致农地确权对农民市民化的效应总体为正效应，即农地确权因促进农民耕地经营权转出而导致其市民化意愿提升。这一结论与本文的假设2吻合。由此证实，农地确权提升农民市民化意愿的一个可能机制是通过促进耕地经营权转出，从而将农民从土地上解绑。

表8　　机制检验结果

匹配方法	耕地经营权转出		耕地经营权转入	
	ATT值	标准误	ATT值	标准误
一对一匹配	0.0246*	0.0141	0.0220*	0.0133
核密度匹配	0.0195**	0.0098	0.0173*	0.0096
局部线性回归匹配	0.0244*	0.0141	0.0159	0.0133
马氏匹配	0.0311***	0.0106	0.0101	0.0131
平均值	0.0249		0.0163	

注：*、**、***分别表示10%、5%和1%的显著性水平。

八、异质性考察

前面主要分析了农地确权对农民市民化意愿水平的影响，但缺乏对不同群体估计效果的考察。参与农地确权对不同特征个体的市民化意愿水平是否存在差异？厘清这一问题，对于效应评估及政策调整具有重要意义。鉴于此，本文根据家庭耕地面积和耕地质量两个经济特征，进一步探讨农地确权对农民市民化影响的异质性，估计结果如表9和表10所示。

表 9　　不同家庭耕地面积 ATT 检验结果

匹配方法	高耕地面积组（N＝3096）		低耕地面积组（N＝3124）	
	ATT 值	标准误	ATT 值	标准误
一对四匹配	0.0188	0.0178	0.0377 **	0.0186
半径匹配	0.0012	0.0148	0.0345 **	0.0153
核密度匹配	0.0010	0.0148	0.0374 **	0.0152
局部线性回归匹配	0.0342	0.0217	0.0462 *	0.0238
平均值	0.0138		0.0390	

注：*、**、*** 分别表示 10%、5% 和 1% 的显著性水平。

表 10　　不同耕地质量 ATT 检验结果

匹配方法	低耕地质量组（N＝999）		中等耕地质量组（N＝2 896）		高耕地质量组（N＝2 325）	
	ATT 值	标准误	ATT 值	标准误	ATT 值	标准误
半径匹配	0.0476 *	0.0276	0.0198	0.0155	0.0060	0.0169
核密度匹配	0.0464 *	0.0276	0.0200	0.0155	0.0060	0.0169
马氏匹配	0.0622 *	0.0298	0.0265	0.0185	0.0093	0.0180
平均值	0.0521		0.0221		0.0071	

注：*、**、*** 分别表示 10%、5% 和 1% 的显著性水平。

从家庭耕地规模情况来看，农地确权对低耕地面积组个体的市民化意愿水平具有显著的促进效应，但对高耕地面积组个体市民化意愿水平的影响暂未凸显。高耕地面积组处理组个体的市民化意愿水平虽然高于控制组，但并未通过显著性检验。对低耕地面积组而言，处理组个体的市民化意愿水平比控制组提升了 14.04 个～18.8 个百分点（0.0345－0.0462/0.246），平均提升幅度为 15.85%。这一结论与已有研究基本一致（涂丽，2018）。前面的假设 3 得以验证。根据资源禀赋效应理论可知，农民拥有的家庭耕地面积越多，享有的土地权益越多，对土地的价值评价也会越高，从而放弃农业户籍进城的概率越低。家庭耕地面积较少意味着即使农地产权安全性提高，农民从土地上获取的收益依然相对较低，对土地的依赖性减弱，转移约束较少，市民化机会成本降低，从而导致市民化意愿水平提升；相比之下，农地确权有利于稳定大规模农户的生产预期，促使其进行规模化、现代化经营，通过优化农地资源配置提升农业生产效率和长期投资收益，预期经济效益的提升会降低其向城市迁移的可能性，从而弱化市民化意愿。

从耕地质量情况来看，农地确权对低耕地质量组个体的市民化意愿水平具有显著的促进效应，但对中等耕地质量组和高耕地质量组个体市民化意愿水平的影响尚未显现。对低耕地质量组而言，处理组个体的市民化意愿水平比控制组提升了 17 个 ~ 22.78 个百分点（0.0464 - 0.0622/0.273），平均提升幅度为 19.08%。中等耕地质量组和高耕地质量组个体的市民化意愿水平同样高于控制组，但是不具有统计学意义，说明农地确权对这两组个体的市民化意愿水平没有显著影响。这一结论这与本文的假设 4 相符。究其原因，一般而言，耕地质量越高，意味着投入成本和生产风险相对越小，农业生产效率和土地产出率较高，农民预期收益相对较高；相反，耕地质量较低则意味着生产经营风险和投入成本的增加，导致农业经营利润偏低。因此，低耕地质量组的个体在农地确权后，往往会由于农业比较效益低，难以维持基本的生计，倾向于选择离开农村到城市寻求生计，从而导致其市民化意愿水平提升；相比之下，中高耕地质量组的个体农业预期收益较高，地权稳定性提升之后，经济水平相对更好，更倾向于留在乡村务农，因而其市民化意愿不强烈。

九、结论与启示

本研究立足于我国城镇化快速发展的现实背景，聚焦于农地确权这一农村土地产权制度改革的重要举措，利用 2015 年中国家庭金融调查的微观数据，运用倾向得分匹配法（PSM）分析了农地确权对农民市民化意愿的影响。实证结果表明：第一，农地确权对农民市民化意愿具有显著促进作用。相较于未确权个体，确权农民的市民化意愿水平平均提升了约 9.65%。第二，土地流转可能是农地确权影响农民市民化决策的重要机制。总体来看，农地确权对耕地经营权转出的影响效应大于对耕地经营权转入的影响，从而使得农地确权对农民市民化意愿的影响效应为正，即农地确权通过将农民与土地“松绑”促进农民向城市转移。第三，进一步的异质性检验表明，农地确权对不同土地资源禀赋农民的市民化意愿影响效应呈现明显差异。其中，农地确权对土地资源禀赋较差（即低耕地面积和低耕地质量）的农民的市民化意愿具有显著促进效应，而对土地资源禀赋较好（即高耕地面积和高耕地质量）的农民的市民化意愿未产生明显的促进效果。

基于上述结论，提出以下建议：

一是完善农村土地确权法律配套体系，做好土地确权改革与户籍制度改革、就业与社会保障制度改革等公共政策的统筹衔接，破解农民市民化的制度瓶颈。细化物权法、农村土地承包法、土地管理法中的权能规定，健全土地承包经营权多种退出补偿机制，为农民参与土地流转或退出土地提供制度支撑。加强土地确权政策与市民化政策体系的衔接与协调，立足于农民市民化过程中面临的就业、住房、医疗、社会保障等核心问题，强化基本公共服务保障，促进人口城镇化与土地城镇化同步协调。

二是深化产权制度改革，构建开放规范、流转顺畅、保护严格的农村土地经营权市场交易平台，让农民共享土地确权的政策红利。在全面完成农地确权颁证工作的基础上，放活土地使用权，积极探索土地经营权抵押、担保、继承、互换并地等权能，提升农村土地资源的配置和利用效率，为农民向城市转移创造条件。整合土地经营权交易网络（张国林和何丽，2021），规范农村土地经营权流转市场主体交易行为，发挥农地确权在降低交易费用、减少流转纠纷、稳定行为预期等方面的重要作用，增进土地流转的经济效率，保障并提升农民的土地发展权益。

三是异质性检验结果表明，农地确权政策对不同土地资源禀赋的个体市民化意愿水平具有显著差异，因而有必要制定差异化的市民化政策，防止在市民化时序上搞“一刀切”，在市民化政策上需预留弹性空间。在充分尊重农民市民化意愿的前提下，引导土地资源禀赋较差的农民长期流转承包地并促进其转移就业，逐步实现市民化。对于土地资源禀赋较好的农民来说，则应鼓励其扩大生产经营面积、增加农业投资、发展适度规模经营，让这部分农民长期扎根农村、扎根农业。

参考文献

1. 陈丹、任远、戴严科：《农地流转对农村劳动力乡城迁移意愿的影响》，载于《中国农村经济》2017 年第 7 期。

2. 陈会广、陈昊、刘忠原：《土地权益在农民工城乡迁移意愿影响中的作用显化——基于推拉理论的分析》，载于《南京农业大学学报（社会科学版)》2012 年第 1 期。

3. 陈江华、罗明忠、洪炜杰：《农地确权、细碎化与农村劳动力非农转移》，载于《西北农林科技大学学报（社会科学版)》2020 年第 3 期。

4. 陈昭玖、胡雯：《农地确权、交易装置与农户生产环节外包——基于“斯密—杨格”定理的分工演化逻辑》，载于《农业经济问题》2016 年第 8 期。

5. 程令国、张晔、刘志彪：《农地确权促进了中国农村土地的流转吗?》，载于《管理世界》2016 年第 1 期。

6. 杜巍、牛静坤、车蕾：《农业转移人口市民化意愿：生计恢复力与土地政策的双重影响》，载于《公共管理学报》2018 年第 7 期。

7. 杜巍、仝一晴、车蕾：《农地政策回应如何影响农业转移人口市民化意愿——基于生计资本的中介效应分析》，载于《甘肃行政学院学报》2021 年第 4 期。

8. 付江涛、纪月清、胡浩：《新一轮承包地确权登记颁证是否促进了农户的土地流转——来自江苏省3县（市、区）的经验证据》，载于《南京农业大学学报（社会科学版)》2016年第1期。

9. 高强、张琛：《农地确权与农民生产行为研究述评与展望》，载于《江南大学学报（人文社会科学版)》2020年第3期。

10. 耿鹏鹏：《地权稳定性如何影响农户收入？——基于要素配置的视角》，载于《农林经济管理学报》2020年第10期。

11. 韩家彬、刘淑云、张书凤：《农地确权、土地流转与农村劳动力非农就业——基于不完全契约理论的视角》，载于《西北人口》2019年第4期。

12. 韩家彬、刘淑云：《土地确权对农村劳动力转移就业的影响——来自CHARLS的证据》，载于《人口与经济》2019年第7期。

13. 何欣、蒋涛、郭良燕、甘犁：《中国农地流转市场的发展与农户流转农地行为研究——基于2013~2015年29省的农户调查数据》，载于《管理世界》2016年第6期。

14. 洪炜杰、胡新艳：《地权稳定性如何影响农村劳动力非农转移——基于拓展Todaro模型的分析》，载于《财贸研究》2019年第3期。

15. 侯红娅、杨晶、李子奈：《中国农村劳动力迁移意愿实证分析》，载于《经济问题》2004年第7期。

16. 胡新艳、陈小知、米运生：《农地整合确权政策对农业规模经营发展的影响评估——来自准自然实验的证据》，载于《中国农村经济》2018年第1期。

17. 黄季焜、冀县卿：《农地使用权确权与农户对农地的长期投资》，载于《管理世界》2012年第9期。

18. 黄宇虹、樊纲治：《土地确权对农民非农就业的影响——基于农村土地制度与农村金融环境的分析》，载于《农业技术经济》2020年第5期。

19. 黎毅、王燕、罗剑朝：《农地认知、农地确权与农地流转——基于西部6省（市、区）的调研分析》，载于《经济与管理研究》2021年第2期。

20. 李国正：《农地权益保障与农业转移人口市民化》，载于《中国土地科学》2020年第10期。

21. 李虹韦、钟涨宝：《农地确权对农地转出意愿的影响——基于确权制度可信度的调节效应分析》，载于《资源科学》2020年第9期。

22. 李静：《农地确权、资源禀赋约束与农地流转》，载于《中国地质大学学报（社会科学版)》2018年第5期。

23. 林文声、秦明、苏毅清、王志刚：《新一轮农地确权何以影响农地流转？——来自中国健康与养老追踪调查的证据》，载于《中国农村经济》2017年第7期。

24. 刘守英：《中国城乡二元土地制度的特征、问题与改革》，载于《国际经济评论》2014 年第 3 期。

25. 刘元胜、胡岳岷：《农民权益：农村土地增值收益分配的根本问题》，载于《财经科学》2017 年第 7 期。

26. 罗必良、洪炜杰：《农地确权与农户要素配置的逻辑》，载于《农村经济》2020 年第 1 期。

27. 罗必良、张露：《中国农地确权：一个可能被过高预期的政策》，载于《中国经济问题》2020 年第 5 期。

28. 罗必良：《从产权界定到产权实施——中国农地经营制度变革的过去与未来》，载于《农业经济问题》2019 年第 1 期。

29. 马贤磊、仇童伟、钱忠好：《农地产权安全性与农地流转市场的农户参与——基于江苏、湖北、广西、黑龙江四省（区）调查数据的实证分析》，载于《中国农村经济》2015 年第 2 期。

30. 米运生、钱颖、杨天健、谢祎：《农地确权是否扩大了信贷可得性的贫富差距》，载于《农业经济问题》2020 年第 5 期。

31. 宁静、殷浩栋、汪三贵：《土地确权是否具有益贫性？——基于贫困地区调查数据的实证分析》，载于《农业经济问题》2018 年第 9 期。

32. 冉清红、岳云华、杨玲、陈俐谋、孙传敏、谢德体：《西部农户务农——务工的机会成本差分析》，载于《农业经济问题》2014 年第 12 期。

33. 唐超、罗明忠、张苇锟：《农地确权方式何以影响农业人口市民化意愿》，载于《农业经济与管理》2020 年第 6 期。

34. 涂丽：《生计资本、生计指数与农户的生计策略——基于 CLDS 家户数据的实证分析》，载于《农村经济》2018 年第 8 期。

35. 王欧、王天夫：《多重制度脱嵌与新生代农民工的城市化困境——以新生代大龄单身男工为例》，载于《济南大学学报（社会科学版）》2021 年第 6 期。

36. 王士海、王秀丽：《农村土地承包经营权确权强化了农户的禀赋效应吗？——基于山东省 117 个县（市、区）农户的实证研究》，载于《农业经济问题》2018 年第 6 期。

37. 王小龙、薛畅、许敬轩：《农地确权能促进农民自主创业吗？——基于 CLDS 数据的经验研究》，载于《经济科学》2020 年第 12 期。

38. 吴郁玲、石汇、王梅、冯忠垒：《农村异质性资源禀赋、宅基地使用权确权与农户宅基地流转：理论与来自湖北省的经验》，载于《中国农村经济》2018 年第 5 期。

39. 徐美银：《农民工市民化与农村土地流转的互动关系研究》，载于《社会科学》2016 年第 1 期。

40. 许恒周、刘源：《农地确权、差序格局与新型城镇化》，载于《农业技术经济》2021 年第 2 期。

41. 许庆、刘进、钱有飞:《劳动力流动、农地确权与农地流转》,载于《农业技术经济》2017 年第 5 期。

42. 杨宏力、李宏盼:《农地确权对农民收入的影响机理及政策启示》,载于《经济体制改革》2020 年第 7 期。

43. 杨金阳、周应恒、黄昊舒:《农地产权、劳动力转移和城乡收入差距》,载于《财贸研究》2016 年第 12 期。

44. 张国林、何丽:《土地确权与农民财产性收入增长》,载于《改革》2021 年第 3 期。

45. 张莉、金江、何晶、刘凯雯:《农地确权促进了劳动力转移吗?——基于 CLDS 数据的实证分析》,载于《产业经济评论》2018 年第 9 期。

46. 张翼:《农民工"进城落户"意愿与中国近期城镇化道路的选择》,载于《中国人口科学》2011 年第 4 期。

47. 邹一南:《农民工落户悖论与市民化政策转型》,载于《中国农村经济》2021 年第 7 期。

48. Coase R. H., 1960, "The Problem of Social Cost", *Journal of Law and Economics*, Vol. 3 No. 4, pp. 1 – 44.

49. Felder J., 2001, "Coase Theorems 1 – 2 – 3", *American Economist*, Vol. 45, No. 1, pp. 54 – 61.

50. Field E., 2007, "Entitled to Work: Urban Property Rights and Labor Supply in Peru", *The Quarterly Journal of Economic*, Vol. 122, No. 4, pp. 1561 – 1602.

51. Galiani S., Schargrodsky E., 2010, "Property Rights for the Poor: Effects of Land Titling", *Journal of Public Economics*, Vol. 94, No. 9, pp. 700 – 729.

52. Haberfeld Y., Menaria R., Sahoo B. et al., 1999, "Seasonal Migration of Rural Labor in India", *Population Research & Policy Review*, Vol. 18, No. 5, pp. 471 – 487.

53. Janvry A., Emerick K., Gonzalez – Navarro M., et al., 2015, "Delinking Land Rights from Land Use: Certification and Migration in Mexico", *American Economic Review*, Vol. 105, No. 10, pp. 3125 – 3149.

54. Ma X., Heerink N., Van Ierland E., et al., 2016, "Land Tenure Insecurity and Rural – Urban Migration in Rural China", *Papers in Regional Science*, Vol. 95, No. 2, pp. 383 – 406.

55. Sascha O. Becker, Andrea Ichino., 2002, "Estimation of Average Treatment Effects Based on Propensity Scores", *Stata Journal*, Vol. 2, No. 4, pp.

358 – 377.

56. Valsecchi M. L., 2014, "Property Rights and International Migration: Evidence from Mexico", *Journal of Development Economics*, Vol. 110, pp. 276 – 290.

The Impact of Land Titling on Citizenization of Peasants: Empirical Analysis Based on CHFS Data

HE Weiwei

(School of Economics, Southwest University of Political Science and Law, 401120)

JIA Cangcang

(School of Government, Nanjing University, 210093)

[**Abstract**] Land titling protects the farmers' legal land rights and interests by clarifying property rights, which plays an important role in promoting the rational flow and effective allocation of labor elements. This article theoretically analyzes the internal relationship between land titling and citizenization of peasants, and uses the data from the 2015 China Household Finance Survey to investigate the impact of land titling on the citizenization of peasants. The results show that: Firstly, the land titling has significantly increased the Peasants' willingness to become citizens, and this conclusion is still valid after a number of robustness tests; Secondly, the transfer of land contractual management right is that the land titling promotes peasants' willingness to become citizens. Thirdly, the land titling has different policy effects on individuals with different land resource endowments. Compared with the citizenization of peasants with better land resource endowments, the land titling has a stronger effect on the citizenization of peasants with poor land resource endowments. Accordingly, in order to give play to the role of the land titling policy in promoting citizenization of peasants, the legal supporting system for land titling should be further improved, the coordination between the land titling policy and the civilization policy should be strengthened, the transfer of land contractual management right should be revitalized, and the transfer of rural land should be promoted. Step into the track of marketization and standardization, and reserve a moderate amount of flexibility in the peasants' citizenization policy.

[**Key Words**] Land Titling Citizenization of Peasants Transfer of Land Contractual Management Right Propensity Score Matching Method

JEL Classifications: J61 Q15

农村外出务工群体的消费观念、受教育水平与炫耀性消费*

周　静**

【摘　要】农村外出务工群体在消费观念与生活方式等方面往往都表现出与其客观身份和收入水平的“悖反性特征”，炫耀性消费问题尤为突出。本文从社会认同理论出发，深入挖掘农村外出务工群体进行炫耀性消费的动机，并利用2010年和2018年CFPS调查数据，实证分析驱动该群体产生炫耀性消费的因素。本文研究发现：一是与非外出务工群体相比，农村外出务工群体为了获得身份的认同往往会进行炫耀性消费；二是教育水平可显著抑制农村外出务工群体的炫耀性消费倾向；三是农村外出务工群体的炫耀性消费倾向呈现明显的区域异质性特征，东部地区的农村外出务工群体的炫耀性消费倾向明显高于中西部地区。基于此，本文提出有助于引导农村外出务工群体树立适度消费观念的政策建议。

【关键词】**农村外出务工群体　消费观念　受教育水平　炫耀性消费　社会认同**

中图分类号：**F063.2**　文献标识码：**A**

改革开放以来，中国经济发展取得了举世瞩目的成就，城乡居民的消费选择也从生活必需品向耐用消费品转变。伴随着工业化、城镇化进程的加快，农业领域的剩余劳动力也大规模涌向城镇从事非农产业。农民工群体规模之大，对于拉动消费需求、推动经济增长和保障社会稳定具有重要意义，因此

---

* 本研究是中国博士后基金“多主体参与的农村宅基地有效利用机制及实现路径研究（2021M703571）”的阶段性成果。感谢中国社会科学院农村发展研究所副所长、博士后导师苑鹏研究员对本文的指导，作者文责自负。

** 周静，湖南省社会科学院（湖南省人民政府发展研究中心）助理研究员，中国社会科学院农村发展研究所博士后；地址：（410005）湖南省长沙市开福区浏河村巷37号湖南省社会科学院办公楼，E－mail：zhoujinghnssky@163.com。

与其有关的收入与消费水平、社会保障、子女教育以及社会流动等问题引起了学界的广泛关注。由于其身份的“双重性”和地位的“边缘性”，该群体在消费观念与生活方式等各方面往往都表现出与其客观身份和收入水平的“悖反性特征”，具体表现在基本生活上节衣缩食，但是愿意花费大量收入甚至举债去追求某些炫耀性品牌或商品（金晓彤等，2015），这与他们进城务工获得高收入的初衷所背离。那么该群体产生此类消费行为的消费动机是什么？什么因素又驱动了此类消费行为？

农民工群体往往处于人力资本和工作技能的较低水平（刘万霞，2011；张锦华等，2018），在城市经济繁荣发展催生大量不同技能水平就业岗位需求的背景下，农民工得以在城市充分就业，而农业劳动力则可以通过扩大经营规模方式充分发挥其比较优势，两类群体均获得了较高的经济收益和长远的发展能力（Lewis W A，1954）。但是，随着市场经济体制改革和城镇化进程的快速推进，中国居民的过度消费问题凸显，并已成为当前中国转型期具有代表性的消费选择（舒丽瑰，2017）。相比留守农村务农群体而言，当选择进城务工群体获得相对更高的经济收入后，在面临市民化融入困境时，进城务工农村群体想极力改变公众对农民工的刻板印象，进而其消费选择可能会发生变化（金晓彤等，2013；祝仲坤，2020；杨晶，2019）。由于高消费通常意味着消费者具有较高的经济条件，在人际交往过程中，个体可能有意识地通过高水平消费来释放其具有较高经济地位的信号，但此信号可能是真实的，也可能是刻意“拔高”的（马小勇等，2017），这种被“拔高”的消费观念可能会带来比较明显的社会选择信号效应。因此，农村务工群体的炫耀性消费选择及其可能产生的信号效应成为本文关注的焦点。

一、文献回顾及研究假说

受教育水平是反映劳动力人力资本水平的重要指标，而人力资本水平又决定了其收入水平，进而影响其消费支出。班得瑞（Bhandari R，2000）和阿卜杜勒－加尼（Abdel－Ghany M，2010）认为家庭消费结构和模式除了受家庭收入影响外，还受家庭成员的平均受教育程度的影响，特别是作为家庭主要决策者户主的受教育水平，国内研究更侧重于学校教育能够引导个体树立正确的消费价值观（尹世杰，1995；王冰，2012；孙圣民，2014）。一般而言，个体受教育程度越高，越能理性决定自己的消费行为选择以追求消费效用最大化（钱智勇，2006；张学敏，2018），且个体受教育水平显著正向影响个体的消费支出（张学敏等，2018；杨婷怡等，2021）。上述研究可归纳为凯恩斯的绝对收入理论范畴，因为受教育程度越高，经济收入越高，进而越有可能增加消费支出。此理论研究关注的客体可能更多的是长期稳定居住的群体，但农村进城务工的流动性群体，在面临市民化融入困境时，农民工群体的消费选择可能会发生悖反性。

个体可借消费展示自己城市生活中的地位符号，以实现在消费行为上与城里人趋同来获得身份认同。在农村群体进城务工获得相对可观的经济收入后，为展示差异化的身份和地位，同时也为了在和其他农民工的对比与炫耀中获得心理慰藉，他们具有更强烈的炫耀性消费意愿（郑玉香等，2011）。由于对其城市边缘身份和社会弱势地位的抗争，新生代进城务工农村群体更容易产生入不敷出的奢侈品消费选择，并且进一步将其奢侈品消费选择归纳为两方面：一是在城市的消费逐渐高端化和品牌化；二是返乡后在户籍家乡的消费等更显奢侈一面（金晓彤，2013）；同时，舒克拉（Shukla P，2021）认为奢侈品消费行为在很大程度上象征着权利和地位的获得，因此为了社会认同的建构需要，他们选择以这种负债或超前的消费方式作为改善现状的一种途径。翟库马（Jaikumar S，2015）和巴尔（Bhar S，2022）也认为大额支出的奢侈品消费本身就具有传递炫耀的外在信号特征。而中国文化体系内的“讲面子”文化客观上也成了奢侈品消费选择的可能支撑。上述研究从理论和实证层面分析了农村外出务工群体的奢侈品消费行为选择以及由此带来的炫耀性信号特征，然而使用的大多是农村外出务工群体的调研样本，而没有将农村外出务工群体与非外出务工群体的消费行为选择，特别是炫耀性消费行为进行系统的比较分析。

基于社会认同理论的相关研究表明，社会中的弱势群体如长期遭受外部的负面评价，就会产生社会认同威胁，而面对这种威胁时，弱势群体将会选择通过积极的外显性行为应对这种威胁，以证明自己的身份和地位从而获取群体认可。而炫耀性消费成为社会成员应对社会认同威胁的重要手段，用以实现社会阶层流动的重要工具。而在城镇化进程中，农村外出务工群体在城市工作中一直处于“边缘性”地位，进入城市后，他们面临的也是与农村社会中截然不同的消费图景和消费模式，因此他们十分渴望融入城市居民所属群体，获得城市归属感。为了摆脱“农民工”标签以及破除这种存在于他们客观身份与主观社会认同诉求之间的矛盾，农村外出务工群体往往利用炫耀性消费来传达出自己的工作价值与城市化的生活方式，彰显独特的自身的个性特征与自我形象，借此融入城市群体，并且能获得一定程度心理安慰。此外，在中国“面子文化”等社会风气的加持下，此时他们的奢侈品的消费意愿可能会越高，因此当农村外出务工群体面临“城市融入困难”与“自我市民化融入意愿强烈”的两难情形时，炫耀性消费行为选择可能就给他们提供了一个“宣泄”或者“抗争”的窗口，或者他们更倾向于通过奢侈品消费行为选择来在其农村家乡释放出一种他们辍学进城务工一样能“辉煌腾达”的认知信号，尽管此信号传递的信息是虚假的并被认为是“金玉其外”的消费行为选择。基于此，本文提出研究假说一：

假说一：与农村非外出务工群体相比，农村外出务工群体具有更高的炫耀性消费倾向。

人力资本水平是影响农村外出务工群体收入水平的重要因素，受教育水平则是人力资本水平的重要表现形式，一般而言，农村外出务工群体的受教育水平越高，其收入水平越高。而收入对于增加消费者的消费倾向具有重要作用。然而，受教育水平的提高不仅对农村外出务工群体的非农收入增加有较大促进作用，还会影响农村外出务工群体的消费价值观念和整体素质，一般而言，受教育水平越高者，其理性消费和适度消费的观念越强，这在一定程度上会抑制农村外出务工群体的奢侈消费支出行为，此外，受教育水平较高的群体自身的高学历也是一种价值符号，更能获得群体的认同，因此其无须通过外显性的炫耀性消费支出来彰显自己的地位和身份，同时这部分群体可能更加倾向于增加内隐性消费，如文化教育支出等，不断提升自身的素质和技能，这在一定程度上也会使得受教育水平较高的农村外出务工群体具有较低的炫耀性消费倾向。基于此，本文提出研究假说二：

假说二：受教育程度对农村外出务工群体的炫耀性消费倾向具有明显的抑制作用，即当农村外出务工群体提高自身份的受教育水平时，其炫耀性消费倾向将会下降。

本文可能的创新点如下：第一，将农村务工群体的受教育水平和消费行为选择放置同一研究框架内进行系统分析，以此为其受教育水平差异带来的消费选择变化提供实证证据，并引申出对农村“读书无用论”的社会认知的讨论以及引导正确消费观念的建议；第二，考虑到中国各区域经济发展水平的差异化，本文进一步将样本分为东部、中部和西部区域，以考察不同受教育水平的务工群体所在农村家庭的炫耀性消费选择所具有的地理空间异质性特征。

二、实证模型和数据介绍

（一）模型设定

维布伦（Veblen）在1899年出版的著作《有闲阶级论》中将炫耀性消费定义为人们通过超实用性或浪费性消费向他人直观地表现自己的支付能力，从而显示自己独特的社会经济地位。对于低收入群体而言，他们希望通过炫耀性消费提高自身社会地位以追赶高收入群体。弗兰克（Frank）在1985年将炫耀性消费品称为可以让别人看得见的“地位性商品”，这些商品具有很强的对比性，海米斯（Khamis，2012）和巴尔（2022）将汽车购置及其维修保养、休闲娱乐用品、珠宝首饰、家用电器、外出就餐等纳入奢侈消费范畴。本文借鉴已有研究，将农民工奢侈性消费行为定义为农民工通过展示或炫耀自身拥有的可见消费品来彰显独特的个性特征与自我形象，以最终获取身份认同、声望和地位等目的而进行的消费活动，具体以农村家庭“是否拥有私人汽车”为代理变量，之所以选择汽车作为奢侈性消费的代理变量，是因为在当前农村家庭既有经济条件下，其家庭经济收入和储蓄相对有限，汽车等大额消费支出将对其家庭物质生活水平造成较大负担，同时拉约（Rayo，2006）认为汽车作为流动性较大的耐用性消费品，本身就具备显性的奢侈炫耀性的宣扬信号效应。对此，鉴于被解释变量“是否购买汽车”为 0－1 型二值离散型变量，为避免线性概率模型带来的异方差和面板 Probit 模型无法估计固定效应模型等问题，故本文选用面板 Logit 模型作为基准计量实证模型，模型设定形式如下：

$$\ln\frac{p(car_{it})}{1-p(car_{it})} = C_0 + \partial_1 edu_{it} + \partial_2 outwork_{it} + \partial_3 (edu_{it} \times outwork_{it}) + \sum_{i=1}\beta_i X_{it} + u_{it} \quad (1)$$

其中，car_{it}表示第 i 个农村家庭在第 t 年是否购买汽车，edu_{it}表示第 t 年第 i 个家庭主事者或财务负责人的受教育水平，$outwork_{it}$表示第 i 个家庭在第 t 年中是否有劳动力外出务工就业，同时，为了考察不同受教育水平的农村外出劳动力所在家庭的奢侈消费倾向，本文将受教育水平变量 edu_{it}与外出务工情况变量 $outwork_{it}$做交互项。C_0 是常数项，X_{it}是一系列控制变量，主要包括家庭和个体层面的相关控制变量，同时加入个体固定效应，以控制不随时间变化的不可观测因素，u_{it}为随机扰动项。

（二）数据来源和变量说明

本文采用北京大学社会调查中心实施的中国家庭追踪调查（CFPS）2010 年和 2018 年两轮追踪调查数据。CFPS 数据作为一项大规模的家庭追踪调查数据，覆盖全国 25 个省份，代表了除港澳台地区以外 31 个省份 95% 的人口，样本十分具有代表性，调查从 2008 年开始，2009 年进行追访，并在 2010 年初访调查数据的基础上，每 2 年展开一次追访，目前已追访至 2018 年。作为追访型数据，CFPS 数据不同年份接受调查的家庭样本基本不变，但问卷的问题每年略有变化。其中，农村家庭汽车拥有情况数据来自问卷中对受访者询问“您家是否拥有汽车?”，农村家庭汽车拥有数量数据来自 CFPS2010 问卷中“您家有几辆汽车?”，但这一问题从 2012 年后被删除，修改为询问受访者“家庭汽车购置费（购买、维修和保养费用）花了多少钱?”，本文根据现实中汽车的市场价格一般不低于3万元这一标准，分别计算CFPS2012、CFPS2014、CFPS2016和CFPS2018数据中农村家庭汽车购置费是否超过3万元，如果超过则记为该家庭购买了一辆新的汽车，最后将2010年农村家庭拥有汽车数量与2012～2018年是否购买新的汽车数据进行加总，得到2018年农村家庭拥有汽车数量的存量数据，虽然无法观测2018年农村家庭现有汽车实际数量数据，但是通过汽车存量数据亦可表明农村家庭奢侈消费倾向特征，因为汽车作为大额耐用消费品，在近10年时间正常家庭拥有1～2辆汽车即可满足家庭成员的日常出行需求，同时坚持正常的维修和保养也无须更换新的汽车，然而当一个家庭频繁的更换或添置新汽车时则表明家庭追求较高生活品质，具有更高的奢侈消费倾向。针对外出务工家庭的个人特征数据，先提取CFPS2010中家庭主事者信息，再判断该成员是否为外出务工人员，如果符合条件则保留，否则使用家庭中年龄最大的男性且是家庭中外出务工人员信息进行替代，如果2018年该主事者不在家庭中（例如，去世情况），则使用CFPS2018中家庭财务负责人信息进行替代，筛选逻辑与2010年相同；针对非外出务工家庭的个人特征数据，则直接使用该家庭主事者信息或财务负责人信息。

本文选取的所有样本家庭均为调研时归属农村地区的样本，主要基于两点考虑，其一，由农村进入城市生活的家庭，因市民化后其常年不在农村生活，故其炫耀性奢侈品的消费行为选择一般不会对其农村家乡地区产生消费信号效应；其二，在面对融入城市的巨额生存成本压力（比如房价高、子女抚育成本高等）及本人更高的文化认知背景下，其消费倾向可能更加理性，而本文主要聚焦分析的是农村地区外出务工群体“宣泄型”的非务实的炫耀性消费选择，因此根据CFPS问卷中“基于国家统计局资料的城乡分类变量”进行筛选，并经过部分变量的跨年、跨库匹配和系列数据清理工作，本文最终使用的数据包括13 464个农村家庭的两期非平衡面板数据。各变量数据的描述性统计如表1所示。其中核心解释变量为农村家庭中是否有成员外出务工，外出工作定义为非永久性离开家庭所在县/县级市以外就业，有外出务工则记为1，否则记为0；受教育水平采用等级变量形式表示，1代表文盲/半文盲，8代表博士。重要控制变量则包含家庭主事者或财务负责人和家庭层面的特征，健康水平采用李克特五级量表，1代表非常不健康，5代表非常健康；婚姻状况将原始变量编码中的未婚、离婚和丧偶重新定义为无配偶，而将结婚和同居定义为有配偶；家庭人口规模则是计算有婚姻/血缘/领养关系的家庭成员人数；过去12个月的礼金支出可表示该家庭的社交网络情况；家庭总收入、储蓄和现金总额代表家庭的财富水平，以消除价格因素影响，均转化为与2010年可比的数据，用以考察影响家庭消费的最基本决定因素。

表1 **变量定义与描述性统计**

变量名	变量定义	观测值	均值	标准差	最小值	最大值
car	购买汽车：1 = 是；0 = 否	13 464	0. 16	0. 37	0	1
outwork	外出务工：1 = 是；0 = 否	13 464	0. 44	0. 50	0	1
gender	性别：1 = 男；0 = 女	13 464	0. 80	0. 40	0	1
age	年龄	13 464	51. 15	8. 07	26	75
edu	受教育水平	13 464	2. 16	1. 03	1	7
health	健康水平 1 = 非常不健康；5 非常健康	13 464	3. 50	1. 32	1	5
marriage	婚姻状况：1 = 有配偶；0 = 无配偶	13 464	0. 88	0. 32	0	1
familysize	家庭人口数	13 464	4. 11	1. 91	1	26
lngifts	过去 12 个月礼金的对数值	13 464	6. 39	2. 68	0	11
lnfaminc	家庭总收入的对数值	13 464	9. 85	1. 37	0	15
lnsavings	储蓄和现金总额的对数值	13 464	4. 12	4. 68	0	15

三、计量实证检验

（一）基准回归

本文运用 Stata 16. 0 软件，通过逐步引入个体和家庭层面的控制变量以及个体固定效应，回归结果如表 2 所示，模型 1 和模型 3 是固定效应的回归结果，模型 2 和模型 4 是随机效应模型的回归结果，模型 1 和模型 3 的似然比检验统计量以及模型 2 和模型 4 的瓦尔德检验统计量均在 1% 的统计水平下显著，表明模型整体回归系数的联合显著性很高，模型的拟合效果较好。在完成模型 1 至模型 4 的回归后，分别使用豪斯曼检验，检验结果可以在 1% 的水平下强烈拒绝随机效应的原假设，认为应该选择固定效应模型。

表2 **基准回归结果**

变量	(1)	(2)	(3)	(4)
	模型 1	模型 2	模型 3	模型 4
outwork	0. 959 *** (0. 217)	0. 937 *** (0. 141)	0. 433 * (0. 247)	0. 223 (0. 148)

续表

变量	(1)	(2)	(3)	(4)
	模型 1	模型 2	模型 3	模型 4
edu	0.308*** (0.111)	0.482*** (0.039)	0.433*** (0.128)	0.340*** (0.042)
outwork_dedu	-0.146* (0.084)	-0.234*** (0.055)	-0.172* (0.096)	-0.156*** (0.057)
gender			-1.032*** (0.361)	-0.072 (0.084)
age			0.037*** (0.009)	-0.003 (0.004)
health			-0.231*** (0.043)	-0.047* (0.024)
marriage			-0.319 (0.281)	-0.004 (0.117)
familysize			0.293*** (0.038)	0.237*** (0.017)
lngifts			0.123*** (0.023)	0.167*** (0.015)
lnfaminc			0.116*** (0.040)	0.289*** (0.030)
lnsavings			0.044*** (0.010)	0.068*** (0.007)
_cons		-3.374*** (0.120)		-7.803*** (0.406)
个体固定效应	已控制	未控制	已控制	未控制
观测值	2 630	13 464	2 630	13 464
Log likelihood	-881.828	-5 788.197	-725.224	-5 354.120
LR chi2/Wald chi2	59.320	208.819	372.529	702.048

注：（1）***、**和*分别表示在1%、5%和10%水平上显著；（2）括号内数字是标准误。

核心解释变量的估计结果分析。根据模型1和模型3可知，外出务工对农村家庭购买汽车具有正向影响，表明外出务工的家庭比非外出务工家庭具有更高的奢侈消费倾向，并且分别在1%和10%的统计水平下显著，放入更多的控制变量后回归结果依然稳健，研究假说一得到验证。受教育水平对农村家庭购买汽车具有正向影响，并且都在1%的统计水平上显著，一定程度表明教育与家庭的奢侈消费倾向呈正相关关系，这可能是因为受教育水平是影响收入的重要决定因素，而消费又取决于收入，因此较高的人力资本水平意味着较高的回报，高学历者为了追求高品质生活以及展示自己社会地位，进而也会进行奢侈消费。受教育水平和外出务工变量的交互项是本文关注的重点，在表2中交互项系数显著为负，均在1%的统计水平下显著，支持研究假说二，表明家庭主事者或财务负责人的教育水平对于外出务工家庭的奢侈消费倾向具有较强的抑制作用。

控制变量的结果分析。由表2的模型3可知，家庭主事者的性别对购买汽车有负向影响，意味着与女性主事者相比，男性主事者购买汽车的概率更低，随着现代女性在社会和家庭生活中地位的提高，其可支配的消费资金也越来越多，女性主动购车的意愿强于男性。年龄对家庭购买汽车具有显著正向影响，表明随着年龄的增长其奢侈消费的倾向也会提高，可能的解释是，随着年龄的增长，社会阅历也更加丰富，日常生活更加注重身份与地位，较容易产生“面子型”消费。与健康程度较差的群体相比，健康水平较高的群体购买汽车的概率大幅下降，可能是出于方便就医的目的，健康水平较低的群体更倾向于购买汽车。婚姻状况对家庭购买汽车并不具有显著影响。家庭人口规模对购买汽车具有显著正向影响，特别是当家庭中孩子和老人的数量较多时更易于做出购买汽车的决定，可能出于接送孩子上下学、带家人外出游玩或方便送老人就医等目的。以表示社会网络的礼金支出变量对家庭购买汽车具有显著正向影响，礼金支出越多，代表这个家庭的社交范围越广泛，可能出于与亲友间的攀比心理或炫耀心理，进而会通过购买汽车以展示家庭的生活水平。以家庭总收入、储蓄和现金总额为代表的家庭财富水平对于家庭购买汽车具有显著正向影响，家庭财富水平是支撑家庭奢侈消费的基础保障，财富水平越高，家庭越有经济能力进行奢侈消费。

（二）内生性检验

农村群体是否外出务工可能是一个内生变量，故本文通过寻找外生工具变量的方式来予以处理。本文选取工具变量的思路借鉴瓦巴（Wahba，2012）、周广肃等（2017）及徐超等（2017）的研究：考虑到农村群体务工就业的社会网络特性，如果当地以往曾有进城就业的农村群体，则其对当地农村居民的信息共享或帮助会降低后来者进城务工的择业成本。因此，本文选择使用村庄层面的外出务工比例作为工具变量，这一变量符合工具变量的外生性和相关性两个条件：由于进城务工就业的网络特征，村庄层面进城务工群体的数量会影响样本内个体的外出务工倾向，符合相关性，但和样本期间内进城务工劳动力家庭的炫耀性消费行为选择并没有直接关系，满足外生性。由于外出务工变量是内生的，因此其与受教育水平生成的交互项也是内生的，而受教育水平一般被认为是外生的，因此本文选择使用工具变量与受教育水平生产交互项作为内生变量交互项的工具变量。目前尚未有公认合理的方法处理面板 Logit 模型的内生性问题，因此本文借鉴郑淋议等（2020）研究，采用线性概率模型工具变量法解决外出务工变量及其交互项的内生性问题。不可识别检验结果拒绝了秩条件不成立的原假设，即认为工具变量与内生解释变量是相关的；弱工具变量检验得到 Wald - F 统计量为 388.656，大于所有临界值，拒绝存在弱工具变量的原假设，表明村庄外出务工比例及其与受教育水平生成的交互项不是弱工具变量。从第二阶段估计结果可以看出，与基准回归结果相比，解决变量内生性问题后，核心解释变量的影响方向保持不变，显著性水平略有提升（见表 3）。

表 3　　内生性检验估计结果

变量	第一阶段	第一阶段	第二阶段
	outwork	outwork_dedu	car
outwork			0.146*** (0.031)
outwork_dedu			-0.054** (0.025)
edu	-0.010 (0.015)	-0.442*** (0.018)	0.011 (0.018)
gender	-0.014 (0.038)	0.111*** (0.040)	-0.057* (0.032)
age	0.000 (0.001)	0.002** (0.001)	0.004*** (0.001)
health	0.009* (0.005)	0.003 (0.005)	-0.017*** (0.004)
marriage	-0.015 (0.027)	0.058** (0.028)	-0.036 (0.022)
familysize	0.048*** (0.004)	0.005 (0.005)	0.024*** (0.004)

续表

变量	第一阶段	第一阶段	第二阶段
	outwork	outwork_dedu	car
lngifts	-0.001 (0.002)	-0.003 (0.003)	0.010*** (0.002)
lnfaminc	0.132*** (0.007)	0.015** (0.007)	0.015* (0.008)
lnsavings	-0.000 (0.001)	-0.002 (0.001)	0.004*** (0.001)
ivoutwork	0.841*** (0.028)	-0.037 (0.030)	
divoutwork_dedu	0.033 (0.024)	-0.971*** (0.037)	
个体固定效应	已控制	已控制	已控制
观测值	11 118	11 118	11 118
F			37.03
Centered R2			0.036
Uncentered R2			0.036

注：(1) ***、** 和 * 分别表示在 1%、5% 和 10% 水平上显著；(2) 括号内数字为稳健标准误。

（三）稳健性检验

为验证上述估计结果的稳健性，首先采取更换因变量和回归模型的方式进行稳健性检验，本文采用“家庭拥有汽车数量”替换“家庭是否购买汽车”这一变量，汽车作为较高档的耐用品，一般来讲，一家有 1~2 辆车即可满足日常出行需求，因此当一家有两辆及以上汽车时，可认为该家庭具有较大的炫耀性消费倾向。“家庭拥有汽车数量”这一变量存在较多零值，属于左侧截尾数据，本文采用受限因变量 Tobit 模型进行估计；然后，将回归样本中的高学历群体（指具有大专、本科和硕士学历的人）剔除，使用剩余样本进行固定效应回归。稳健性检验估计结果如表 4 所示，与表 2 基准回归相比，各变量的方向和显著性水平基本一致，表明本文的回归结果是可靠的。

表 4　　稳健性检验估计结果

变量	(1)	(2)	(3)
	模型 5	模型 6	模型 7
outwork	0.364*** (0.081)	0.078 (0.074)	0.447* (0.256)
edu	0.242*** (0.028)	0.192*** (0.026)	0.384*** (0.144)
outwork_dedu	-0.066** (0.032)	-0.055* (0.029)	-0.175* (0.101)
gender		-0.022 (0.060)	-0.954*** (0.370)
age		0.011*** (0.002)	0.036*** (0.009)
health		-0.087*** (0.013)	-0.229*** (0.044)
marriage		0.063 (0.071)	-0.267 (0.284)
familysize		0.064*** (0.009)	0.296*** (0.038)
lngifts		0.063*** (0.007)	0.123*** (0.023)
lnfaminc		0.137*** (0.018)	0.109*** (0.040)
lnsavings		0.029*** (0.003)	0.045*** (0.010)
_cons	-2.914*** (0.076)	-5.029*** (0.240)	
个体固定	未控制	未控制	已控制
观测值	13 464	13 464	2576
Log likelihood	-6 166.177	-5 884.601	-711.909
Wald chi2	120.297	607.439	361.728

注：(1) ***、** 和 * 分别表示在 1%、5% 和 10% 水平上显著；(2) 括号内数字是标准误。

（四）异质性分析

中国地域广阔，具有显著的地理结构特征，各个地域的经济发展水平也相应具有显著的地理差异性特征，这导致各地域的劳动力外出务工的时空距离选择不同，这些都可能对不同地域内农村外出务工群体的消费行为和教育理念产生差异化影响。一般来讲，因地理差异性特征，我国地域版图被划分为东部、中部和西部地区①，故本节聚焦不同地理区域农民外出务工决策对家庭炫耀性消费行为选择的差异化影响具体的计量回归结果如表 5 所示。

表 5　　分区域计量回归结果

变量	（1）	（2）	（3）
	东部地区	中部地区	西部地区
outwork	1. 138 * （0. 682）	0. 296 （0. 395）	0. 160 （0. 382）
edu	0. 014 （0. 316）	0. 691 *** （0. 223）	0. 300 （0. 202）
outwork_dedu	-0. 526 ** （0. 258）	-0. 089 （0. 148）	-0. 118 （0. 160）
gender	-1. 407 （0. 933）	-0. 690 （0. 510）	-1. 586 ** （0. 777）
age	0. 008 （0. 021）	0. 047 *** （0. 013）	0. 038 ** （0. 015）
health	-0. 300 *** （0. 106）	-0. 182 *** （0. 067）	-0. 201 *** （0. 073）
marriage	-0. 443 （0. 818）	-0. 015 （0. 378）	-0. 758 （0. 627）
familysize	0. 283 *** （0. 091）	0. 322 *** （0. 058）	0. 174 ** （0. 068）

① 样本共包含全国 25 个省级行政单位，其中根据官方地理位置划分，东部省份区域有河北省、北京市、天津市、山东省、江苏省、上海市、浙江省、福建省和广东省，中部省份区域有山西省、河南省、安徽省、湖北省、湖南省、江西省、黑龙江省、吉林省和辽宁省，西部省份区域有广西壮族自治区、重庆市、四川省、贵州省、云南省、陕西省和甘肃省。

续表

变量	(1)	(2)	(3)
	东部地区	中部地区	西部地区
lngifts	0.142*** (0.047)	0.096*** (0.034)	0.133*** (0.046)
lnfaminc	0.681*** (0.131)	0.245*** (0.092)	0.187* (0.098)
lnsavings	0.046** (0.022)	0.032** (0.016)	0.052*** (0.018)
个体固定效应	已控制	已控制	已控制
观测值	676	1 078	868
Log likelihood	-162.917	-297.165	-234.985
LR chi2	142.734	152.882	131.682

注：(1) ***、**和*分别表示在1%、5%和10%水平上显著；(2) 括号内数字是标准误。

从表5可以发现，东中西部地区的估计系数影响方向与基准回归结果基本相符，从显著性水平来看，东部地区与基准回归结果基本一致，外出务工对于家庭购车具有显著正向促进作用，为了彰显自己的身份特征或赢得声誉，这部分群体倾向于增加炫耀性消费支出，以获得更多的社会认同。但是中西部地区的外出务工影响不显著，可能的解释为，与东部地区相比，中西部地区经济发展水平较低，省内外出务工群体获得的劳动报酬相对较少，即使其有炫耀性消费倾向，但是可能难以支付诸如汽车等大额耐用品的消费支出，此外，中西部地区农村经济发展水平较低和农业基础设施较为薄弱，农村中相当多的一部分人被迫外出就业，这部分群体可能大都是低技能劳动力，仅能胜任劳动密集型工作，这类工作环境较差、收入相对微薄，更有助于他们形成勤俭节约的消费理念，此外，他们外出就业的目的大多是获取更多收入以满足家庭日常基本生活需求，而非汽车等大额耐用品的消费支出。因此中西部地区的交互项不显著且系数较小可能也是因为当地居民的炫耀性消费倾向较低，受教育水平对其抑制性作用也就比较小。同时从表5结果来看，基准回归模型3中的外出务工变量及其交互项的显著性较低可能是因为地区的异质性影响。

四、结论和启示

本文从社会认同理论出发，探讨了农村外出务工群体存在于他们消费行为和客观身份与实际收入水平之间的矛盾，深入挖掘背后的理论机制和消费动机，并应用大规模微观调研数据对理论假说进行了实证检验，得出如下基本结论：一是农村外出务工群体为了摆脱“农民工”身份标签，会通过自身消费实践，传达出自身工作价值与生活方式，展示自己在城市生活中的地位符号，因此他们可能会不惜花费重金、甚至忽视收不抵支的风险而进行炫耀性消费，购买那些与其收入水平不匹配的商品和服务。二是受教育水平对农村外出务工群体的炫耀性消费倾向具有明显的抑制作用。这表明良好的教育能帮助外出务工群体树立正确的消费观念，合理把控消费支出，做到适度消费与理性消费。三是农村外出务工群体的炫耀性消费倾向因地区经济发展水平差异表现出明显的地区异质性，这种效应在经济发达的东部地区表现最为明显。

因此，本文的发现对转型期中国经济的可持续性发展具有重要启示：其一，在中国由人口红利向人力资本红利转变时期（钟水映，2016），要尤其重视农村教育，破除农村“读书无用论”的认知壁垒，着力培育和提高农村家庭人力资本水平，这是打破城乡阶层固化和促进城乡一体化经济发展的重要举措；其二，要合理引导城乡居民，尤其是农村进城务工的新生代农民工群体务实消费，要防范农村家庭过度消费和债务风险，同时在文化价值观上积极宣扬与个体收入相匹配的健康消费价值理念，以此从经济基础和文化层面抑制奢侈品消费行为的产生；其三，加强社会公共文化事业和文化产业的建设与发展，提高进城务工群体消费文化的层次，并发挥媒体正确的舆论导向，帮助进城务工群体树立正确的消费价值观；其四，针对农村家庭而言，需要理性看待教育投入和教育收益回报之间的短期和长期关系，短期内减少教育投入虽然能获得收入的增加，但在长期内却导致家庭及个体更大的经济收入损失，因为一旦决定放弃继续教育的机会并进入劳动力市场，当外部产品需求下降导致劳动力需求减小或者经济体完成产业结构转型升级并提高对劳动者技能水平的要求时，个人将无法适应新的岗位要求，并且很难再重新回到学校通过正规教育投资提升技能水平（张川川，2015）；其五，出台针对农村务工群体的城市住房购买的优惠补贴机制，刺激进城务工群体通过购买城市住房来完成落户城市、融入城市的意愿，如此可能才是推动进城务工群体进行理性务实消费。

参考文献

1. 金晓彤、崔宏静、韩成：《“金玉其外”的消费选择背后－新生代农民工社会认同与炫耀性消费解析》，载于《经济体制改革》2015 年第 1 期。

2. 金晓彤、崔宏静：《新生代农民工成就动机与主观幸福感的关系探析——基于社会支持、社会比较倾向的调节作用》，载于《中国农村观察》

2013 年第 1 期。

3. 刘万霞：《我国农民工教育收益率的实证研究——职业教育对农民收入的影响分析》，载于《农业技术经济》2011 年第 5 期。

4. 马小勇、苏云飞：《中国城乡居民炫耀性消费的比较分析——基于 CFPS 数据的经验研究》，载于《福建论坛（人文社会科学版）》2017 年第 12 期。

5. 钱智勇：《对教育收益的经济学分析》，载于《暨南学报（哲学社会科学版）》2006 年第 3 期。

6. 舒丽瑰：《贫困的新趋势：消费性贫困——以鄂东打工村庄的消费竞争状况为例》，载于《华中农业大学学报（社会科学版）》2017 年第 4 期。

7. 孙圣民：《收支扭曲、人力资本结构性贫困与社会资本依赖》，载于《制度经济学研究》2014 年第 2 期。

8. 王冰：《教育的消费性价值——研究“伊斯特林悖论”的新思路》，载于《信阳师范学院学报（哲学社会科学版）》2012 年第 3 期。

9. 徐超、吴玲萍、孙文平：《外出务工经历、社会资本与返乡农民工创业——来自 CHIPS 数据的证据》，载于《财经研究》2017 年第 12 期。

10. 杨婷怡、叶倩、雷宏振：《农业转移人口住房实现模式与住房消费行为》，载于《西北农林科技大学学报（社会科学版）》2021 年第 6 期。

11. 杨晶、黄云：《人力资本、社会资本对农户消费不平等的影响，载于《华南农业大学学报（社会科学版）》2019 年第 4 期。

12. 尹世杰：《中国家庭消费的发展趋势》载于《求索》1995 年第 3 期。

13. 祝仲坤：《保障性住房与新生代农民工城市居留意愿——来自 2017 年中国流动人口动态监测调查的证据》载于《华中农业大学学报：社会科学版》2020 年第 2 期。

14. 郑玉香、范秀成：《炫耀性购买行为的社会心理动因与管理启示——基于中国文化背景的多角度解析》，载于《北京工商大学学报（社会科学版）》2011 年第 3 期。

15. 郑淋议、钱文荣、李烨阳：《农村土地确权对农户创业的影响研究——基于 CRHPS 的实证分析》载于《农业技术经济》2020 年第 11 期。

16. 张锦华、刘静：《农民工教育回报的迁移效应及异质性考察——基于处理效应模型的实证研究》，载于《农业技术经济》2018 年第 1 期。

17. 张学敏、陈星：《教育：为何与消费疏离》，载于《教育研究》2016 年第 5 期。

18. 张学敏、沈丽媛：《受教育程度如何影响消费水平？——基于我国家庭结构、消费类别和居住区域的实证研究》，载于《西南大学学报（社会科学版）》2018 年第 4 期。

19. 周广肃、谭华清、李力行:《外出务工经历有益于返乡农民工创业吗?》,载于《经济学(季刊)》2017 年第 2 期。

20. 钟水映、赵雨、任静儒:《"教育红利"对"人口红利"的替代作用研究》,载于《中国人口科学》2016 年第 2 期。

21. 张川川:《"中等教育陷阱?——出口扩张、就业增长与个体教育决策"》,载于《经济研究》2015 年第 12 期。

22. Abdel – Ghany M. , 2010, "Foster A C. Impact of Income and Wife's Education on Family Consumption Expenditures", *International Journal of Consumer Studies*, Vol. 6 No. 1. 21 – 28.

23. Bhandari R, Smith F J. , 2000, "Education and Food Consumption Patterns in China: Household Analysis and Policy Implications", *Journal of Nutrition Education*, Vol. 32 No. 4. 214 – 224.

24. Bhar S, Lele S, Rao N. D. , 2022, "Beyond Income: Correlates of Conspicuous and Luxury Consumption in India", *Sustainability: Science, Practice and Policy*, Vol. 18 No. 1. 142 – 157.

25. Frank R. , 1985, "The Demand for Unobservable and Other Nonpositional Goods", *American Economic Review*, Vol. 75 No. 1. 101 – 16.

26. Jaikumar S, Sarin A. , 2015, "Conspicuous Consumption and Income Inequality in an Emerging Economy: Evidence From India", *Marketing Letters*, Vol. 26 No. 3. 279 – 292.

27. Khamis M, Prakash N. , 2012, "Siddique Z. Consumption and Social Identity: Evidence from India", *Journal of Economic Behavior & Organization*, Vol. 83 No. 3. 353 – 371.

28. Lewis W A. , 1954, " Economic Development With Unlimited Supplies of Labour", *Manchester School*, Vol. 22 No. 2. 139 – 191.

29. Rayo L. , 2006, "Becker G S. Peer Comparisons and Consumer Debt", *University of Chicago Law Review*, Vol. 73 No. 1. 231 – 248.

30. Shukla P, Rosendo – Rios V. , 2021, "Intra and Inter-country Comparative Effects of Symbolic Motivations on Luxury Purchase Intentions in Emerging Markets", *International Business Review*, Vol. 30 No. 1. 1 – 10.

31. Wahba J, Zenou Y. , 2012, "Out of Sight, Out of Mind: Migration, Entrepreneurship and Social Capital", *Regional Science & Urban Economics*, Vol. 42 No. 5. 890 – 903.

Consumption Concept, Education Level and Conspicuous Consumption of Rural Migrant Workers

ZHOU Jing

(Hunan Academy of Social Sciences, 410005)

[**Abstract**] The rural migrant workers often show contradictory characteristics in their consumption concepts and lifestyles in relation to their objective identities and income levels, and the problem of luxury consumption is particularly prominent. Based on social identity theory, the paper studies the motivation of rural migrant workers to make luxury consumption and empirically analyzes drivers of luxury consumption by using CFPS data. The major findings are as follows: firstly, compared with non migrant workers, rural migrant workers tend to make luxury consumption in order to gain social identity; secondly, education levels can significantly inhibit the luxury consumption tendency of rural migrant workers; thirdly, the conspicuous consumption tendency of rural migrant workers shows obvious regional heterogeneity, with the luxury consumption tendency of rural migrant workers in the eastern region being significantly higher than that in the central and western regions. What's more, this paper puts forward policy suggestions to help guide rural migrant workers to establish moderate consumption concepts.

[**Key Words**] Rural Migrant Workers　Consumption Concept　Educational Level　Conspicuous Consumption　Social Identity

JEL Classifications: D12

金融发展模式、制度质量与科技成果转化[*]

乔翠霞　马一森　王晨光[**]

【摘　要】科技成果转化是实现科技成果迈向市场价值的关键一跃，决定了科技创新活动的最终价值和对经济社会的贡献。然而我国偏低的科技成果转化率不仅导致科研支出的低效浪费和技术创新效率的损失，也在一定程度上限制了经济增长的动力。文章基于2000~2018年世界范围内68个经济体的面板数据考察了不同金融发展模式对科技成果转化的影响。研究发现：股票市场发展显著提高了经济体的科技成果转化率，而银行信贷市场发展对其影响则不显著，进行一系列稳健性检验后上述结论仍成立。文章基于制度质量的分析表明，政府对经济活动直接干预越少、政府治理水平越高、知识产权保护程度越高，股票市场发展对于科技成果转化的促进作用越大。本文的发现为政策部门制定科技创新政策，提升科技成果转化率，提供了有益的经验参考。

【关键词】**金融发展　制度质量　科技成果转化　股票市场　银行信贷市场**

中图分类号：**F830.2**　文献标识码：**A**

---

* 作者感谢国家社会科学基金项目"国际技术转移与我国工业结构升级"（18FJY015）和山东省社科规划研究项目"金融投资类企业助力'一带一路'建设研究"（21CWTJ34）的资助。

** 乔翠霞，山东师范大学经济学院教授、博士生导师；地址：（250358），山东省济南市长清区大学路1号山东师范大学；E－mail：cuixiaqiao@163.com。马一森，山东师范大学经济学院硕士生；E－mail：myssdnu@foxmail.com。王晨光（通讯作者），山东师范大学经济学院博士生；E－mail：wangchen1958@163.com。

一、引　言

科技成果转化是创新活动的关键环节，决定了创新活动最后的价值和对经济社会的贡献，对于推动技术进步、提高生产率具有重要意义。改革开放40余年来，我国一直将创新驱动作为社会主义经济建设的重要战略，中国的创新能力取得了突破性进展。根据科技部公布的统计数据，2020年我国研发人员全时当量位居世界第1位，国际科技论文总量位居第2位，国家创新能力排名第14位，国家创新意识不断增强，创新产出的规模不断扩大（中国科学技术发展战略研究院，2021）。然而中国当前在技术创新方面仍面临科技和经济“两张皮”的现象（贺德方，2011），与发达国家60%～70%的科技成果转化率相比，我国30%的科技成果转化率明显偏低，与美国80%的转化率更是相去甚远（黄伟强，2008；徐苑琳和孟繁芸，2018）。这说明我国存在较多无法转化为市场价值的低效甚至无效的科技成果。科技成果转化率偏低的困境不仅直接关系科技创新能力和经济增长动力，也导致了有限科研资源的浪费，因此，提高我国科技成果转化率刻不容缓。

内生增长理论认为经济增长既需要获取如专利、技术和管理等方面的“新知识”，同时也需要“新知识”转化为具有市场价值的产品（朱勇和吴易风，1999）。在熊彼特（Schumpeter）指出的五种创新形式中，技术创新对于提高生产效率、推动经济发展的驱动作用最为直接且重要，而技术创新也强调新技术和新方法在生产过程中的应用（熊彼特等，1990）。因此，只有实现从理论维度的科研成果到实践维度产品技术应用的关键一跃，科技成果才能真正转化为生产力，其最终价值才能真正实现。对于科技成功转化的影响因素而言，从企业内部视角看，理论界认为股权激励（王翀，2022）、自主创新能力（林青宁和毛世平，2022）和对外贸易（郭冬梅等，2021）发挥了重要作用；从外部视角看，政府补贴（陈柏强和黄婧涵，2022）、政府绿色采购（徐进亮等，2014）、创新政策（王欣和杜宝贵，2022）等因素对科技成果转化存在影响。

客观而言，科技成果转化离不开金融市场的服务与支持（解维敏和方红星，2011；易信和刘凤良，2015）。一方面，科技成果转化是创新活动的环节之一，拥有创新活动所具有的高度不确定性特征；另一方面，实现科技成果转化需要长时期的知识储备和技术积累，需要持续不断的创新投入以及防止研发人员流失，因此具有较高的调整成本（Hall，2003；孙早和肖利平，2016）。这些因素使得实现科技成果转化需要大量的资金支持。虽然目前已有文献研究了内源融资对于创新活动的重要意义（Himmelberg and Petersen，

1994；张杰等，2012），但伴随着经济发展，创新投资的门槛逐渐提高，创新活动巨额的前期投入以及较高的沉没成本特征使得单纯依靠内源融资无法满足创新活动的资金需求，科技成果转化需要外部融资的支持。但就目前的文献来看，尚鲜有文献关注不同金融发展模式对于科技成果转化的影响。什么样的金融发展模式更有利于科技成果转化？不同金融发展模式对于科技成果转化的影响是否会因制度因素不同而存在差异？对于中国而言，现行的以银行为主导的金融模式能否有效服务科技成果转化？是否还有进一步的优化空间？

为了回答以上问题，本文基于全球范围的经验证据，将金融发展划分为股票市场发展和银行体信贷市场发展，以探究不同金融发展模式对科技成果转化的影响。之所以使用全球数据探究这一问题主要基于以下两点考虑：一方面，近年来诸多经济体的股票市场和银行系统发展迅速，为衡量金融发展对科技成果转化与技术创新提供了时间维度的变化；另一方面，不同经济体的金融发展模式存在明显区别，这种地区间的差异为识别金融与科技成果转化的关系提供了横截面维度的变化。

与已有研究成果相比，本文的边际贡献在于：（1）基于全球主要经济体的经验数据探究了金融发展模式对科技成果转化的影响，从理论和实证角度分析了股票市场发展和银行信贷市场发展对于科技成果转化这一关键问题的影响，揭示了中国科技成果转化率偏低的一个重要原因，为推动我国技术进步提供了更为开阔的观察视角，对科技成果转化的相关研究也进行了一定的扩展与补充。（2）文章基于政府角色、治理水平和知识产权保护三个特征，探究了金融发展模式对于科技成果转化的异质性影响，为中国以及其他发展中国家理顺金融发展与科技成果转化这一重要问题、综合推进技术进步提供了更具针对性的理论参考和经验证据，具有现实意义。

文章其他部分结构安排如下：第二部分就不同金融发展模式对科技成果转化与技术创新的影响进行理论分析和文献梳理，并提出研究假设；第三部分为研究设计，介绍样本数据和指标测度方法；第四部分基于实证模型得到的估计结果进行经济学分析；第五部分为制度质量调节作用的检验；第六部分为文章的结论与启示。

二、理论分析与研究假说

（一）股票市场、银行信贷市场与科技成果转化

发达的金融市场可以有效缓解信息不对称问题，降低监督成本，在一定

程度上克服道德风险和逆向选择问题，提高外部资金可得性，降低企业外部融资成本（Aghion et al.，2005；Blackburn and Hung，1998）。这些因素对于科技成果转化以及创新活动开展具有积极的促进作用。然而不同的金融体系在信息披露、融资成本、风险偏好和风险管理等方面存在不同，对经济增长的影响也存在差异。本文重点关注股票市场与银行信贷市场对科技成果转化的异质性影响。从理论层面来看，已有研究指出股票市场相比银行信贷市场更能促进企业创新（Hsu et al.，2014；钟腾和汪昌云，2017）。从实践经验来看，美国过去几十年在高科技领域能够一枝独秀，很大程度上得益于创新与资本的密切配合（张朝等，2015）。发达的股票市场是美国20世纪90年代科技企业创新浪潮的主要推动力（Brown et al.，2009），股权融资作为美国非金融企业外部融资最主要渠道，最高比例达到外部融资份额的65%。具体来看，股票市场与银行信贷市场对科技成果转化支持作用的差异体现在以下几个方面：

首先，股票市场可以更好地实现风险与收益的匹配，使得企业与投资者共担风险、共享利润。新技术能否研发成功以及新产品能否被市场接受都存在较大的不确定性。因此持续的技术创新需要金融体系发挥风险配置与分散的功能，将风险分担给最具承受能力的投资者，并让投资者获得与之匹配的收益，这是确保技术创新获得稳定融资支持的必要条件。进一步来看，当科技成果实现转化即创新成功时，以直接融资为主的股票市场投资者可以按照比例获取高风险下的高利润（Brown et al.，2009）。而以间接融资为主的银行信贷系统更加关注资金的安全性与流动性，这种相对保守的风险偏好与创新活动的高风险性特征不匹配（凌江怀等，2009）。即使科技成果成功实现转化带来市场价值，银行仍然只能获得固定的利息收益，即需要承担企业创新失败的风险，却无法享受企业创新成功后与之匹配的超额收益（Stiglitz，1985），这导致银行为创新活动提供资金支持的积极性较低。而创新活动的高风险与高回报特征恰好满足股票市场一部分投资者的偏好，他们愿意承担风险以期获得创新活动成功后带来的超额收益。这种风险与激励的相容，使得创新企业有更强的动力去追求风险性较高但具有潜在突破性的科技成果，而不是不具备市场价值的低效创新，从而提升科技成果转化率。

其次，股票市场的直接融资方式有利于实现对创新企业的监管。从经营管理的角度看，创新企业无论是通过股票市场获得直接融资还是银行信贷市场获得间接融资，都应当接受投资者的监管。就股票市场的直接融资方式而言，基于经济最大化原则，投资者希望创新企业可以产出真正具备市场价值的科技成果，从而获得超额经济利润。因此投资者出资后有足够的动力获取企业各种相关信息并对其创新活动进行监管，这在一定程度上实现了“花自己的钱办自己的事”（林毅夫等，2009）。这种监管有利于促使创新活动回归到追求市场价值的目标上，使得企业产出真正具有市场价值的科技成果，减少不具备市场价值的科技成果产出。而对于银行信贷市场的间接融资来说，创新企业的经营状况尤其是创新情况对银行并非完全披露，银行对创新企业的监管也具备成本高、效率低的特点（凌江怀等，2009），因此银行难以有效监督企业的创新活动。

最后，股票市场的直接融资方式也可以通过营造更为有利的创新环境，进而推动科技成果转化。其一，股票市场可以更好地缓解信息不对称问题。股票市场的企业个体信息披露更为全面，可以提供更多与创新活动有关的信息。同时股票市场可以及时提供资产定价，在理性预期之下投资者可以通过股票价格变动所反映的价格信号获取企业相关信息（Grossman，1976），这种价值发现功能可以引导投资者将资产配置到高风险高收益的创新项目（Levine，2005），对于推动科技成果转化具有积极作用。然而银行信贷市场则难以提供及时合理的价格信号，且其信息披露的质量不及股票市场，因此在配置外部资金流向创新项目时的效率偏低。其二，股票市场可以缓解创新活动的财务压力。一方面，相比于债务融资，股权融资没有抵押要求，这对于创新型企业尤为重要。创新型企业拥有的大多是抵押价值有限的以知识、专利等为代表的无形资产，缺乏足够的可作抵押的实物资产，因此难以满足债权人的融资条件（李汇东等，2013；张一林等，2016）。另一方面，通过股票市场融资所带来的债务压力更小。股权融资没有固定利息负担和到期日，因而可以减少创新型企业陷入财务危机的概率（Brown et al.，2009）。而通过银行进行信贷融资则会增加融资企业的杠杆率，以银行为代表的债权人也会要求融资方定期还本付息。在创新投资与债务融资的双重压力下，创新企业的财务压力会增加（Cornell and Shapiro，1988）。其三，股票市场的长期性与创新活动相匹配。基于股票市场的股权融资具有长期性特征，这与创新活动周期性较长的特点相吻合，有利于企业开展具有一定风险和周期的创新研发活动（胡恒强等，2020）。张一林等（2016）指出当企业的研发密度达到一定水平时，无论企业能否获得银行贷款，股权融资都将是企业更加偏好的融资方式。上述因素使得创新型企业难以通过银行信贷市场获得融资，同时对创新活动的支持效果而言，银行信贷市场也不及股票市场。

基于以上分析，文章提出如下假设：

H1a：股票市场发展对于推动科技成果转化增长具有促进作用。

H1b：相较于股票市场，银行信贷市场发展对于推动科技成果转化增长的作用较小或不显著。

（二）制度质量的调节作用

制度是经济社会发展的基础。经济活动都是在一定的制度环境与制度安排下进行的，无法脱离制度环境而单独存在。如前所述，金融发展尤其是股票市场发展可以推动科技成果转化率的增长。然而这种促进作用的发挥可能因为经济体的制度环境差异而有所不同。在制度质量层面，政府对经济的干预程度、政府治理水平和知识产权保护程度是反应制度质量的三个重要维度（项卫星和李宏瑾，2009；杨娇辉等，2016；王华，2011）。

1. 政府角色

不同经济体中的政府发挥不同的功能，拥有不同的角色和定位。如有限政府通常指在权力、职能和规模上受到严格的宪法和法律约束、限制的政府，与之相对应的全能政府则指在一定的计划基础之上，以行政性手段协调和分配社会资源的政府（肖勇，2003）。不同功能的政府对于经济活动直接干预的程度也不同，这种差异也可能使股票市场发展对科技成果转化的影响表现出不同的结果。通常来看，市场中的经济主体是理性的，在投入各种资源后，如果产出的是无法转化为市场价值与竞争优势的科技成果，必然不符合经济人的理性认知。因此，是否可能存在其他原因扭曲了这种市场价值激励体系而导致了大量低效的科技成果？政府对经济的直接干预程度可能是一个影响因素。政府对经济活动不恰当的直接干预，可能会扭曲科技成果转化原有的市场价值取向，使得企业去追求一种其他的利益，表现为企业通过创新“数量”和“速度”实现对监管与政府创新策略的迎合（黎文靖和郑曼妮，2016）。这一点从理论研究和经济现实中都有所体现。从现有研究来看，黎文靖和郑曼妮（2016）基于中国上市公司数据研究发现，产业政策的激励使得上市公司的非发明专利申请量显著提高，发明专利则没有显著变化。唐（Tong et al.，2014）的研究发现中国第二次修订后的专利法鼓励国企申请专利，国企的实用新型和外观设计专利显著增加，而发明专利却没有显著增加。从我国具体的经济活动来看，不当的产业政策可能扭曲原有的市场激励，比如原本旨在扶持新能源汽车以及芯片的产业补贴政策引发的骗补贴事件。当然需要强调的是，文中的直接干预指的是政府直接在经济活动中发挥作用，这种方式低于市场的配置效率，当前研究在这一点上达成共识（江飞涛和李晓萍，2010；田国强，2016；吴敬琏，2017）。但是在提供与维持良好的法律秩序、社会秩序和经济秩序，维护国家的安全和稳定方面，仍然需要政府发挥重要作用。党的十八届三中全会《关于全面深化改革若干问题的决定》强调“使市场在资源配置中起决定性作用和更好发挥政府作用。市场决定资源配置是市场经济的一般规律，健全社会主义市场经济体制必须遵循这条规律，着力解决市场体系不完善、政府干预过多和监管不到位问题”，为处理政府与市场的关系以及经济体制改革指明了方向。基于上述分析，政府对经济活动的直接干预可能扭曲了科技成果原有的市场激励，使其表现为对政府监管与创新政策的迎合，表现为追求数量而轻视质量，从而文章提出如下假设：

H2a：在政府直接干预程度较低的经济体，股票市场发展对科技成果转化的促进作用更强。

2. 政府治理水平

通过上面的分析，我们认为政府应当减少对经济活动的直接干预，但这并不意味着政府应当对经济发展采取自由放任的态度。市场经济要发挥高效的资源配置作用需要辅之以良好的制度环境。政府作为制度的主要提供者与维护者，其治理水平与制度质量存在紧密的联系。因此股票市场发展对于科技成果转化的促进作用可能因政府治理水平的不同而有所差异。政府治理水平越高，金融发展尤其是股票市场发展对于科技成果转化增长的促进作用可能得到越有效的发挥。其原因主要体现为以下两点：

第一，治理水平较高的经济体通常具有更稳定的环境和更低的投资风险。较高的治理水平通常意味着政府是稳定和高效的，同时也意味着一国政策任意变化的风险较低（Henisz，2000）。这有利于增强股票市场中投资者的信心与安全感，减少内外部冲击所引致的恐慌波动，引导投资者形成理性预期，使其更关注长期投资。而这种长期稳定的环境对于以长期性为特征的技术创新活动是至关重要的。

第二，政府治理水平较高的经济体的法律制度更为完善。完善的法律制度可以为资金的供求双方提供有利的司法保护与产权保护，这有利于减少市场操纵、内幕交易以及“寻租”等行为，减少市场违规操作导致的交易风险，从而降低交易成本，提升契约履行质量（Henisz，2000）。而在法律制度不完善的环境中，投资者的权利难以得到合理保障，这不利于稳定投资者的投资信心（滑冬玲和肖强，2012），从而弱化股票市场发展对于科技成果转化的支撑作用。基于上述分析，文章提出如下假设：

H2b：在政府治理水平较高的经济体，股票市场发展对科技成果转化的促进作用更强。

3. 知识产权保护

在金融市场发展尤其是股票市场发展的过程中，知识产权保护程度的不同可能使得科技成果转化率有所差异。一方面，知识产权保护是影响科技成果转化与创新活动的重要因素。首先，加强知识产权保护有利于确保创新成果的排他性。企业创新活动具有外部性特征，如果创新成果难以维持自身的排他性，企业对未来创新收益的预期会下降，这会抑制企业开展创新活动的积极性，导致企业失去创新动力（Romer，1990）。而加强知识产权保护可以有效降低技术外溢的风险，使企业从创新技术的专有性中获得更高收益（尹志锋等，2013），从而激励企业创新。其次，加强知识产权保护有助于提升创新效率。高效的知识产权保护使得企业可以从创新中获得超额的垄断利润，促使更多的企业从事创新活动以及增加研发投入（Nordhaus，1970）。在资源有限和创新主体持续增加的条件下，企业要在创新活动中取得成功必然需要提高创新与科技成果转化的水平。此外，创新具有累积性的特征，新的创新成果通常建立在前一项创新的基础之上。加强知识产权保护有利于已有创新成果的转移、转化和扩散，使得技术需求方可以通过合法方式获得已有的技术基础而进行模仿与学习，减少不必要的创新投入和重复创新，从而提高科技成果转化率与创新效率（于洋和王宇，2021）。

另一方面，知识产权保护有利于提高金融资源配置效率（佟家栋和范龙飞，2022）。高度的不确定性特征使得创新活动蕴含着较为严重的信息不对称问题。对于创新企业而言，企业为了保证知识、技术以及产品的安全性通常不愿向外部融资者披露创新活动的具体情况，导致外部的资金提供者无法真实客观地评估创新活动的预期收益而拒绝融资，这使得企业面临严重的融资约束问题（Ueda，2004）。而在良好的知识产权保护制度下，创新企业则不必过度担心自身技术成果被窃取，可以披露更多的创新活动信息，缓解企业与外部融资者之间的信息不对称问题，增加企业成功获取外部融资的概率。有利于提升创新效率与科技成果转化率，使得企业产出更具市场价值的创新成果。基于上述分析，文章提出如下假设：

H2c：在知识产权保护程度较高的经济体，股票市场发展对科技成果转化的促进作用更强。

三、研究设计

（一）变量定义与数据说明

1. 变量定义

被解释变量：科技成果转化。目前学界对于科技成果转化指标的评价体系进行了诸多研究与探讨（蔡跃洲，2015；柴国荣等，2010；贺德方，2011），也有一些学者已将科技成果转化指标运用于实证分析（郭冬梅等，2021；林青宁和毛世平，2022；张珺涵和罗守贵，2018）。技术创新通常可划分为两个过程，其一是以研究、开发、测试以及干中学等活动为代表的科技研发阶段，其二是实现科技成果应用于实际生产从而转化为经济效益的科技成果转化阶段（Guan and Chen，2010；肖仁桥等，2015）。与之相对应的，科技研发效率通常使用科技产出（如专利申请数、发明专利数）与科技研发投入（如研发人力、物力投入）之比来衡量，表示企业运用的研发投入转化为科技成果的水平；科技成果转化率则是指经济产出（如新产品销售收入、新产品产值、科技成果转让收入）与科技产出之比，反映了知识产出转换为经济效益的能力（肖仁桥等，2015）。结合现有研究基础（Hsu et al.，2014；肖仁桥等，2015；张珺涵和罗守贵，2018），文章使用如下公式作为科技成果转化的代理变量：

$$\Delta Transform_{i,t} = \ln(1 + Property_{i,t}/Patent_{i,t}) - \ln(1 + Property_{i,t-1}/Patent_{i,t-1}) \tag{1}$$

其中，$\Delta Transform_{i,t}$为 i 经济体在 t 年科技成果转化的增长率，$Property_{i,t}$为 i 经济体在 t 年获得的知识产权使用费，$Patent_{i,t}$为 i 经济体在 t 年的非居民专利申请量。具体的，本文首先计算历年以来各个经济体获得的知识产权使用费与非居民专利申请量的比值；然后借鉴许等（Hsu et al.，2014）的思路，对这一指标取对数后进行差分，得到其年变化率。

基于知识产权使用费与专利申请量构建该指标主要基于以下两点原因：其一，本文重点关注科技成果转化阶段即科技产出转化为经济产出的过程。一方面，知识产权使用费是科技成果所直接带来的经济产出，购买知识产权意味着对该知识产权市场价值与有效性的认可；另一方面，知识产权使用费与非居民专利申请量的比值衡量了单位科技成果产出的经济价值，该比值较大，表示单位科技成果带来的经济价值更大，科技成果转化更为有效；反之，若该比值较小，表示单位科技成果带来的经济价值较小，或存在较多无法带来经济价值的无效科技成果。因此该指标可以较为直观地衡量科技成果转化率。其二，从数据可得性方面来看，各个经济体知识产权使用费与专利申请量数据较为完整，缺失较少，可以在长时期内较为完整地衡量科技成果转化水平的变动趋势。此外，文章在稳健性检验部分还使用各个经济体获得的知识产权使用费与非居民专利以及居民专利申请量之和的比值来衡量科技成果转化。

解释变量：文章从股票市场发展和银行信贷市场发展两个角度来衡量金融发展的不同模式，因此构建了两个独立的代理变量。

股票市场发展（Stock）变量的构建文章参考拉詹和津加莱斯（Rajan and Zingales，1998）和许等（Hsu et al.，2014）的做法，使用上市公司的资本市场总额与同年国内生产总值（GDP）的比值来衡量。为使得结论趋于稳健，文章还构建了一个股票市场发展的替代变量，参考艾伦（Allen et al.，2005）的做法，使用股票交易总额与同年国内生产总值（GDP）的比值来衡量。

银行信贷市场发展（Credit）变量的构建参考许等（Hsu et al.，2014）的做法，使用金融部门提供的国内信贷与同年 GDP 的比值来衡量。同样，文章使用银行提供的私营部门国内信贷与 GDP 的比值作为银行信贷市场发展的替代变量，用作稳健性检验。

控制变量：文章考虑了其他可能影响科技成果转化增长或与之相关的特征变量。首先经济体的金融发展和科技成果转化水平都可能受到其经济发展的影响，为了排除经济体经济发展水平的干扰，我们加入了衡量经济发展的一些常用变量，包括：国内生产总值（GDP）、人均产值（PerGDP）、国内生产总值增长率（GDPgrowth）、人均产值增长率（PerGDPgrowth）、通货膨胀率（Inflation）、人口年龄结构（Agestruc）和失业率（Unemploy）。此外，我们还控制了互联网发展水平（Internet）、医疗发展水平（Medicare）和高科技产品出口比重（TechExport），前两者一定程度上反映了经济体基础设施建设的发展水平，后者可以反映一个经济体的科技实力，因此文章也将其纳入控制变量。各变量具体定义如表 1 所示。

表 1　变量定义与说明

变量类型	变量名称	变量符号	变量定义
被解释变量	科技成果转化增长率	ΔTransform	见上文
解释变量	股票市场发展	Stock	上市公司的资本市场总额/同年国内生产总值（GDP）的百分比
	银行信贷市场发展	Credit	金融部门提供的国内信贷总额/同年国内生产总值（GDP）的百分比
控制变量	国内生产总值	GDP	国内生产总值取对数
	人均产值	PerGDP	人均 GDP 取对数
	国内生产总值增长率	GDPgrowth	GDP 除以上年 GDP 再减去 100%
	人均产值增长率	PerGDPgrowth	人均 GDP 除以上年人均 GDP 再减去 100%
	通货膨胀率	Inflation	按 GDP 平减指数衡量的通货膨胀率
	人口年龄结构	Agestruc	15～64 岁人口占总人口的比重
	失业率	Unemploy	总失业人数占劳动力人口总数的比重
	互联网发展水平	Internet	每百人中拥有固定的宽带互联网的数量取对数
	医疗发展水平	Medicare	国内人均一般政府卫生支出的对数值
	高科技产品出口比重	TechExport	高科技出口产品总额占制成品出口总额的百分比

2. 数据说明

为了更好地描述和反映全球范围内不同金融发展模式对于科技成果转化的影响，文章尽可能多地选取不同经济体作为研究对象，研究样本包括 68 个经济体，分别是：中国、中国香港、丹麦、乌克兰、乌拉圭、以色列、俄罗斯、克罗地亚、冰岛、加拿大、匈牙利、南非、博茨瓦纳、卢森堡、印度、印度尼西亚、哥伦比亚、哥斯达黎加、土耳其、圭亚那、埃及、墨西哥、奥地利、孟加拉国、巴基斯坦、巴西、希腊、德国、意大利、挪威、捷克、斯洛伐克、斯洛文尼亚、新加坡、新西兰、日本、智利、比利时、毛里求斯、法国、波兰、泰国、澳大利亚、爱尔兰、爱沙尼亚、牙买加、玻利维亚、瑞典、瑞士、秘鲁、突尼斯、立陶宛、纳米比亚、罗马尼亚、美国、肯尼亚、芬兰、英国、荷兰、菲律宾、葡萄牙、蒙古国、西班牙、阿尔及利亚、阿根廷、韩国、马其顿和马来西亚。一方面，这些样本基本涵盖了目前全球范围内的主要经济体，既包括金融发展水平较高的发达经济体如美国、日本等，也包括正处于发展转型过程的发展中经济体如中国、俄罗斯等。另一方面，从数据特征来看，上述经济体相关的统计数据较为完整，可以更完整有效地反映金融发展模式对于科技成果转化的影响。相关数据来自世界银行（World Bank）的 WDI 世界发展指标数据库、国际货币基金组织（IMF）的世界宏观经济数据库和 OECD 数据库，样本期间为 2000 ~ 2018 年。文章还对数据所有连续型变量在 2.5% 的水平上进行了双边缩尾处理以减轻异常值的干扰。在经过上述处理后，共得到 832 个观察值。此外，我们还收集了由世界银行、自然资源治理研究所、布鲁金斯学会联合等机构调查测算的 WGI 全球治理指数、由《华尔街日报》和传统基金会构建的每个经济体的年度经济自由度得分和国际产权联合会（International Poverty Right Alliance）测算的国际产权指数，用于异质性分析。

（二）计量模型设定

参考许等（Hsu et al. , 2014）、钟腾和汪昌云（2017）的做法，本文的基准回归模型构建如下：

$$\Delta Transform_{i,t} = \beta_1 Stock_{i,t} + \beta_2 Stock_{i,t} + \beta_3 X_{i,t} + \eta_i + \lambda_t + \varepsilon_{i,t} \tag{2}$$

其中，i 代表经济体，t 代表年份。ΔTransform 为科技成果转化，Stock 为股票市场发展，系数 β_1 与 β_2 为文章关注的重点，分别表示股票市场发展水平与银行信贷市场发展水平变化一个百分点所引致的科技成果转化增长率的变化。$X_{i,t}$为上面提到的一系列控制变量。此外，可能存在一些经济体内在的不可观测因素，比如经济体的文化等，这些因素对于一个经济体而言通常是较为特异且持久的，为缓解遗漏变量偏误问题，我们在回归模型中加入个体层面的固定效应 η_i。为了控制经济周期以及宏观经济的冲击，我们加入了时间固定效应 λ_t，同时将标准误在个体层面聚类（cluster）。

四、实证结果与分析

（一）描述性统计分析

表2是主要变量的描述性统计结果。有样本期内，科技成果转化（ΔTransform）的均值为15.22，标准差为57.277，表明不同经济体之间科技成果转化的发展水平存在较大差异。股票市场发展（Stock）的均值为65.487，标准差为53.834，银行信贷市场发展（Credit）的均值为107.091，标准差为57.524，相比之下银行信贷市场在不同经济体之间的发展更为均衡。其他变量与相关文献结果基本一致（Hsu et al.，2014），未见显著性差异。

表2　　主要变量的描述性统计

变量	样本量	均值	标准差	最小值	中位数	最大值
ΔTransform	832	15.220	57.277	-160.252	10.140	215.423
Stock	832	65.487	53.834	0.618	49.030	246.440
Credit	832	107.091	57.524	-4.514	100.046	215.647
GDP	832	26.491	1.434	22.770	26.453	28.586
PerGDP	832	9.601	1.153	6.533	9.600	11.299
GDPgrowth	832	3.041	3.194	-7.730	3.030	12.400
PerGDPgrowth	832	2.264	3.186	-9.160	2.150	10.680
Inflation	832	3.719	3.763	-1.370	2.770	28.700
Agestruc	832	66.745	3.379	53.890	66.720	75.000
Unemploy	832	7.919	5.103	0.800	6.670	24.640
Internet	832	1.846	1.898	-6.166	2.512	3.683
Medicare	832	13.027	13.666	0.033	6.285	38.571
TechExport	832	15.804	11.985	0.040	12.490	48.859

（二）基准回归分析

基准回归结果如表3所示。本文检验的是不同金融发展模式对科技成果转化的影响。第（1）列与第（2）列为控制个体固定效应与时间固定效应后，将科技成果转化（ΔTransform）与两个金融发展指标直接进行回归的结果。回归结果显示股票市场发展（Stock）的系数估计值在5%的水平上显著为正，银行信贷市场发展（Credit）的系数估计值为负但不显著，初步表明股票市场发展有利于促进科技成果转化率的增长，而银行信贷市场则没有显著影响。第（3）列与第（4）列为加入控制变量后的回归结果，股票市场发展（Stock）的系数估计值同样在5%的水平上显著为正，银行信贷市场发展（Credit）的系数估计值为正，但不显著。第（5）列为同时将两个解释变量纳入的回归结果，股票市场发展（Stock）的系数估计值仍显著为正，银行信贷市场发展（Credit）的系数估计值仍不显著，进一步表明相较于银行信贷市场，股票市场的发展更有利于推动科技成果转化率的增长，假设H1a与H1b得到验证。

表3　　　　金融发展模式与科技成果转化：基准回归

变量	(1)	(2)	(3)	(4)	(5)
	ΔTransform	ΔTransform	ΔTransform	ΔTransform	ΔTransform
Stock	0. 261 ** (0. 126)		0. 269 ** (0. 109)		0. 269 ** (0. 109)
Credit		0. 047 (0. 085)		0. 019 (0. 091)	-0. 001 (0. 095)
GDP			-21. 546 (15. 448)	-11. 465 (14. 422)	-21. 543 (15. 435)
PerGDP			33. 938 ** (13. 895)	42. 436 *** (14. 613)	33. 943 ** (14. 040)
GDPgrowth			-1. 864 (4. 475)	-1. 444 (4. 751)	-1. 864 (4. 488)
PerGDPgrowth			2. 170 (4. 122)	2. 223 (4. 248)	2. 169 (4. 097)
Inflation			0. 265 (0. 747)	0. 539 (0. 755)	0. 265 (0. 747)
Agestruc			4. 828 ** (1. 830)	3. 988 ** (1. 807)	4. 829 ** (1. 822)
Unemploy			0. 356 (1. 004)	0. 434 (1. 023)	0. 357 (1. 051)
Internet			5. 051 (3. 491)	5. 029 (3. 644)	5. 051 (3. 494)

续表

变量	(1)	(2)	(3)	(4)	(5)
	ΔTransform	ΔTransform	ΔTransform	ΔTransform	ΔTransform
Medicare			2.472 *** (0.715)	2.196 *** (0.720)	2.473 *** (0.720)
TechExport			0.471 (0.988)	0.477 (1.056)	0.471 (0.989)
个体固定效应	控制	控制	控制	控制	控制
时间固定效应	控制	控制	控制	控制	控制
R2	0.119	0.113	0.135	0.129	0.135
N	832	832	832	832	832
F	4.277	0.311	3.617	3.358	3.359

注：* $p<0.1$，** $p<0.05$，*** $p<0.01$；括号内为标准误。

（三）稳健性检验

为了确保研究结论的可靠性，文章进行了如下稳健性检验。

1. 替换被解释变量

文章在构建科技成果转化变量时，使用知识产权使用费与非居民专利申请量比值的增长率来衡量其变化。在稳健性检验中，文章进一步使用知识产权使用费与非居民专利申请量以及居民专利申请量之和的比值作为科技成果转化的替代变量，重新进行回归。表4第（1）列的回归结果显示在替换被解释变量后，股票市场发展（Stock）的系数估计值在10%的水平上显著为正，银行信贷市场发展（Credit）的系数估计值为负但不显著，与表3的结果基本一致，表明在替换被解释变量后，股票市场发展相比于银行信贷市场发展更有利于推动科技成果转化这一结论具有一定的稳健性。

表4　　稳健性检验

变量	(1)	(2)	(3)	(4)	(5)
	ΔTransform1	ΔTransform	ΔTransform	ΔTransform	ΔTransform
Stock	0.261 ** (0.126)		0.411 ** (0.161)	0.269 ** (0.099)	0.269 *** (0.082)
Credit	-0.034 (0.097)		0.091 (0.179)	-0.001 (0.167)	-0.001 (0.133)

续表

变量	(1)	(2)	(3)	(4)	(5)
	ΔTransform1	ΔTransform	ΔTransform	ΔTransform	ΔTransform
Stock1		0. 165 * (0. 098)			
Credit1		0. 050 (0. 095)			
GDP	-14. 634 (13. 303)	3. 986 (17. 545)	62. 065 (80. 691)	-21. 543 ** (9. 259)	-21. 543 * (10. 462)
PerGDP	26. 485 ** (12. 898)	26. 174 (16. 183)	-241. 102 ** (110. 239)	33. 943 (22. 215)	33. 943 *** (9. 509)
GDPgrowth	-0. 408 (3. 650)	-2. 524 (4. 727)	-6. 876 (7. 236)	-1. 864 (3. 984)	-1. 864 (4. 082)
PerGDPgrowth	1. 285 (3. 282)	3. 062 (4. 302)	5. 443 (6. 673)	2. 169 (3. 969)	2. 169 (3. 374)
Inflation	0. 328 (0. 696)	0. 528 (0. 740)	-0. 750 (0. 603)	0. 265 (2. 743)	0. 265 (0. 627)
Agestruc	2. 581 * (1. 483)	3. 279 * (1. 864)	1. 539 (4. 115)	4. 829 (3. 613)	4. 829 ** (1. 777)
Unemploy	1. 125 (0. 870)	0. 372 (1. 036)	-2. 228 (2. 182)	0. 357 (2. 354)	0. 357 (0. 891)
Internet	4. 199 (3. 133)	5. 708 (3. 802)	6. 044 (4. 178)	5. 051 (3. 380)	5. 051 (3. 704)
Medicare	1. 404 ** (0. 615)	2. 170 *** (0. 726)	3. 139 ** (1. 231)	2. 473 *** (0. 727)	2. 473 *** (0. 782)
TechExport	0. 228 (0. 918)	0. 395 (1. 033)	2. 619 *** (0. 969)	0. 471 (0. 798)	0. 471 (1. 053)
Open			0. 230 (0. 619)		
Innovinput			-0. 018 (0. 016)		
Edu			-2. 014 (2. 197)		

续表

变量	(1)	(2)	(3)	(4)	(5)
	ΔTransform1	ΔTransform	ΔTransform	ΔTransform	ΔTransform
个体固定效应	控制	控制	控制	控制	控制
时间固定效应	控制	控制	控制	控制	控制
地区控制效应	未控制	未控制	未控制	未控制	控制
R2	0.119	0.113	0.135	0.129	0.135
N	832	832	832	832	832
F	4.277	0.311	3.617	3.358	3.359

注：* $p<0.1$，** $p<0.05$，*** $p<0.01$；括号内为标准误。

2. 替换解释变量

在基础回归中，文章使用上市公司的资本市场总额与同年国内生产总值（GDP）的比值来衡量股票市场发展。股票交易总额与 GDP 的比值也可以一定程度上衡量股票市场发展的程度（钟腾和汪昌云，2017），因此使用该变量（Stock1）替换原有的股票市场发展变量，进行稳健性检验。对于银行信贷市场发展这一指标，文章也使用银行提供的私营部门国内信贷与 GDP 的比值作为其替代变量（Credit1）然后纳入回归。回归结果见表 4 第（2）列。回归结果显示股票市场发展的替代变量 Stock1 的系数估计值显著为正，银行信贷市场发展的替代变量（Credit1）的系数估计值仍不显著，与表 3 的结果无显著差异，表明结果是较为稳健的。

3. 加入更多控制变量

经济开放程度、创新投入和人力资本也可能对科技成果转化的发展产生影响，为缓解遗漏变量偏误问题，文章将以上三个变量纳入回归。具体的，经济开放程度使用经济体的进出口总额与当年 GDP 的比值来衡量，创新投入使用经济体的研发投入与 GDP 的比值来衡量，人力资本使用受教育程度至少为大学或同等学力且年龄为 25 岁以上的累计人口占总人口比重来衡量，相关数据来自世界银行（World Bank）的 WDI 世界发展指标数据库和国际货币基金组织（IMF）的世界宏观经济数据库。加入上述控制变量后的回归结果见表 4 第（3）列，回归结果显示股票市场发展（Stock）的系数估计值仍显著为正，银行信贷市场发展（Credit）的系数估计值仍不显著，与表 3 的回归结果相似，结论是较为稳健的。

4. 将标准误在个体与时间维度双向聚类

为使得结论更加稳健，文章将标准误在个体层面与时间层面进行双向聚类，以缓解组间相关所引致的回归偏误（杜勇等，2017）。结果见表 4 第（4）列，结果显示股票市场发展（Stock）的系数估计值在 5% 的水平上显著为正，银行信贷市场发展（Credit）的系数估计值不显著，与表3的回归结果较为一致，表明结论是具有稳健性的。

5. 控制区域固定效应

按照地理、自然和人文因素，可以将世界划分为不同的区域。不同区域在经济发展、社会文化以及制度环境方面存在明显差异。为捕捉地区间这些内在的不可观测但具有特异性且较为持久的影响，文章进一步控制区域固定效应。具体的，文章将不同经济体划分为14个区域，包括：东亚、东南亚、东欧、中欧、北欧、北美、北非、南亚、南欧、大洋洲、拉丁美洲、撒哈拉沙漠以南的非洲、西亚、西欧。回归结果见表4列（5），回归结果显示股票市场发展（Stock）的系数估计值在1%的水平上显著为正，银行信贷市场发展（Credit）的系数估计值为负但不显著，与表3的回归结果是相似的。

经过上述稳健性检验后，股票市场发展（Stock）的系数估计值至少在10%的水平上显著为正，银行信贷市场发展（Credit）的系数估计值均不显著，与基准回归的结果是相似的，未发生实质性改变，表明股票市场发展相比于银行信贷市场发展更有利于推动科技成果转化这一结论是具有稳健性的。

（四）内生性处理

在上面的实证分析中，文章尽可能囊括不同特征的经济体以及更长的样本区间，以描述和刻画不同金融发展模式对于科技成果转化的影响。在经过一系列稳健性检验后，回归结果表现出良好的稳健性。然而金融发展与科技成果转化之间可能存在双向因果关系，即科技成果转化水平更高的经济体可能具有更高的经济以及金融市场的发展水平，这可能导致内生性问题而使得估计结果有偏。因此，文章使用工具变量的方法重新进行估计，以缓解潜在的内生性问题。

文章采用工具变量两阶段最小二乘法（2SLS）进行回归估计。在前面分析中，由于股票市场发展（Stock）对于科技成果转化的增长具有显著正向影响，银行信贷市场发展（Credit）的影响则都表现为不显著，因此，在工具变量部分我们重点解决股票市场发展与科技成果转化之间的内生性问题。借鉴宗等（Chong et al.，2013）的思想，工具变量选取的方法如下：首先，如上面所述，文章将世界划分为14个不同的区域；其次，使用区域内剔除该经济体的股票市场发展的组内均值作为该经济体的工具变量。工具变量的选择基于以下两点原因：其一，相同区域在经济发展模式、地理环境、社会文化等方面具有一定的共同特性，相同区域经济体的金融发展水平与目标经济体的股票市场发展水平具有较强的内在关联，即该区域内其他经济体的股票市场的平均发展水平越高，意味着该区域具备更发达的金融水平，目标经济体通常也会具备较高的股票市场发展水平，因此满足工具变量的相关性要求；其二，目标经济体的科技转化成果情况通常不会直接影响区域内其他经济体的股票市场发展情况，在一定程度上可以满足工具变量的外生性要求。工具变量的回归结果见表5第（1）列与第（2）列。第（1）列的回归结果显示工具变量（IV_Stock）与股票市场发展（Stock）在1%的水平上显著为正，且F值328.91大于10，此外，Cragg－Donald Wald F statistic为227.62，Kleibergen－Paap Wald rk F statisti为32.891，经验表明弱工具变量检验是通过的。第（2）列的回归结果显示股票市场发展的预测值对科技成果转化的影响在1%的水平上显著为正，与表（3）的回归结果是相似的。上述检验结果表明，在排除内生性问题干扰以后，股票市场发展对于科技成果转化仍然存在正向的影响效应，进一步说明了研究结论的稳健性。

表5　　工具变量

变量	（1）	（2）
	Stock	ΔTransform
IV_Stock	0.837*** （0.046）	
Stock（fitted）		0.405*** （0.143）
Credit	0.087 （0.09）	－0.051 （0.109）
GDP	13.988 （10.873）	－25.772* （13.173）
PerGDP	18.953* （10.481）	31.145** （12.334）
GDPgrowth	3.308 （3.455）	－1.569 （3.246）
PerGDPgrowth	－1.705 （3.162）	1.728 （2.766）
Inflation	0.642* （0.333）	－0.417 （0.481）
Agestruc	－2.366* （1.382）	6.126*** （2.097）

续表

变量	(1)	(2)
	Stock	ΔTransform
Unemploy	0.393 (0.401)	0.378 (0.745)
Internet	0.200 (2.246)	-0.139 (0.452)
Medicare	-0.487* (0.275)	2.383*** (0.638)
TechExport	0.198 (0.598)	0.447 (0.970)
个体固定效应	控制	控制
时间固定效应	控制	控制
R2	0.018	0.043
N	832	832
F	32.891	57.470

注：* $p<0.1$，** $p<0.05$，*** $p<0.01$；括号内为标准误。

五、制度质量调节作用的实证检验

（一）政府角色

股票市场发展对于科技成果转化的影响可能因经济自由程度的不同而有所差异。自 1995 年开始，美国传统基金会每年都会公布世界各主要经济体的经济自由度指数，用以衡量政府对经济的干预程度，自由度越高表明政府对经济的直接干预程度越小，该国经济运行的制度环境越宽松（孙楚仁等，2018）。该数据库包含自由度总得分，以及商业自由度、贸易自由度、财政自由度、货币自由度、金融自由度、投资自由度、劳动自由度、政府干预、产权和腐败 10 个子指标。自由度总得分可以较好地反映政府对经济的直接干预程度，因此文章使用分年度的中位数划分高低组然后进行回归。表 6 第（1）列与第（2）列的回归结果显示，在政府直接干预程度较低的样本中，银行信贷市场发展（Credit）的影响仍不显著，而股票市场发展（Stock）对于科技成果转化的影响则显著为正。在政府直接干预程度较高的样本中，股票市场发展（Stock）与银行信贷市场发展（Credit）对于科技成果转化的作用都不显著。组间系数差异结果显示，在第（1）列和第（2）列中，股票市场发展（Stock）的系数差异在5%的水平上显著。为说明政府对经济的直接干预程度越高，越不利于发挥股票市场对科技成果转化的促进作用，假设H2a得到验证。

表6　　制度质量的分组检验

变量	政府直接干预		政府治理水平		知识产权保护	
	低政府直接干预	高政府直接干预	低治理水平	高治理水平	低知识产权保护	高知识产权保护
	(1)	(2)	(3)	(4)	(5)	(6)
Stock	0.386** (0.154)	0.342 (0.346)	0.254 (0.204)	0.352** (0.167)	0.009 (0.163)	0.347** (0.148)
Credit	-0.278 (0.187)	0.085 (0.412)	0.303 (0.283)	-0.063 (0.135)	0.394 (0.294)	-0.012 (0.154)
GDP	-85.403 (72.526)	19.391 (62.447)	-2.114 (31.121)	-83.227* (44.670)	-38.300 (28.843)	-110.292* (61.210)
PerGDP	66.831 (98.043)	1.490 (52.763)	27.560 (22.169)	126.527* (71.082)	32.923* (18.203)	106.687 (103.010)
GDPgrowth	-5.328 (8.738)	-0.935 (6.584)	1.091 (6.696)	-2.500 (6.565)	4.423 (6.578)	-3.252 (7.087)
PerGDPgrowth	2.706 (7.857)	1.429 (6.690)	0.180 (6.462)	0.794 (6.409)	-2.672 (5.719)	2.548 (6.936)
Inflation	1.180 (2.498)	0.247 (1.352)	0.545 (0.849)	-0.474 (1.132)	-0.413 (0.905)	1.832 (2.393)
Agestruc	3.795 (3.619)	1.452 (6.389)	5.591 (3.924)	5.841 (3.674)	7.306** (3.359)	7.252** (3.489)
Unemploy	0.733 (2.332)	7.367*** (2.250)	-0.046 (1.397)	0.536 (1.834)	0.488 (2.515)	0.778 (2.286)
Internet	-33.178 (23.648)	22.444 (17.457)	6.740 (5.362)	6.787 (4.310)	7.887 (6.536)	2.335 (6.267)
Medicare	1.728 (1.147)	12.884*** (3.980)	1.164 (1.723)	2.459** (1.013)	4.429 (2.995)	1.899** (0.765)

续表

变量	政府直接干预		政府治理水平		知识产权保护	
	低政府直接干预	高政府直接干预	低治理水平	高治理水平	低知识产权保护	高知识产权保护
	(1)	(2)	(3)	(4)	(5)	(6)
TechExport	3.132** (1.192)	-2.384 (3.153)	0.743 (1.500)	0.366 (1.650)	-0.892 (1.489)	2.241** (0.942)
个体固定效应	控制	控制	控制	控制	控制	控制
时间固定效应	控制	控制	控制	控制	控制	控制
R2	0.264	0.213	0.141	0.193	0.137	0.283
N	388	408	405	423	294	267
F	2.049	2.568	6.810	1.426	4.816	2.504
组间差异	p value = 0.047		p value = 0.076		p value = 0.082	

注：* $p<0.1$，** $p<0.05$，*** $p<0.01$；括号内为标准误。

（二）政府治理水平

文章使用WGI全球治理指数来构建衡量政府治理水平的指标。该数据库包含公众参与、政权稳定、政府效率、监管稳定、法律规则和腐败控制六个子指标。参考已有文献做法（乔翠霞等，2021），使用6个维度的子指标的一阶主成分衡量经济体整体的治理水平，并使用分年度中位数划分高低组后进行回归。表6第（3）列与第（4）列的回归结果显示，在政府治理水平较低的样本中，股票市场发展（Stock）与银行信贷市场发展（Credit）对于提升科技成果转化没有显著影响。在政府治理水平较高的样本中，股票市场发展（Stock）对于提升科技成果转化存在正向影响且系数更大，银行信贷市场发展（Credit）的影响仍不显著。组间系数差异结果显示，在第（3）列和第（4）列中，股票市场发展（Stock）的系数差异在10%的水平上显著。表明更高的政府治理水平条件下，股票市场发展推动科技成果转化的作用更显著，假设H2b得到验证。

（三）知识产权保护

知识产权保护可能对股票市场发展促进科技成果转化的效果产生影响。文章借鉴（王华，2011）的做法，使用国际产权联盟（International Property Rights Alliance）2007～2018年发布的《国际产权指数报告》中的知识产权保护指数（IPR）来衡量各个经济体的知识产权保护程度，数值越大表示该经济体知识产权保护程度越高。由于该数据最早公布时间为2007年，因此文章基于2007～2018年的数据进行回归。具体的，文章按照使用该指数分年度的中位数作为标准，将样本划分为高知识产权保护组和低知识产权保护组。表6第（5）列与第（6）列的回归结果显示，在低知识产权保护样本中，股票市场发展（Stock）与银行信贷市场发展（Credit）对于科技成果转化的作用都不显著。在高知识产权保护样本中，股票市场发展（Stock）对于科技成果转化的影响显著为正且系数更大，银行信贷市场发展（Credit）的影响仍不显著。组间系数差异结果显示，在第（1）列和第（2）列中，股票市场发展（Stock）的系数差异在10%的水平上显著。表明股票市场发展对于科技成果转化的促进作用需要辅之以良好的知识产权保护水平，从而验证了假设H2c。

六、结论与启示

文章基于已有研究和数据可得性，使用知识产权使用费与专利申请数据描述了科技成果到市场价值转化这一过程。具体的，文章基于2000～2018年世界范围内68个经济体的面板数据考察了不同金融发展模式对于科技成果转化的影响。研究发现：股票市场发展显著提高了经济体的科技成果转化率，银行信贷市场发展对其影响则不显著。从制度质量层面的分析表明，政府直接干预程度越低、政府治理水平越高、知识产权保护程度越高，股票市场发展对于科技成果转化的促进作用越大。

本文具有较强的启示意义。在经济进入高质量发展阶段，过去依赖要素投入、忽视效率、以投资为主导的要素驱动型经济增长亟待向以追求创新、技术进步、提高生产率的创新驱动型的经济增长模式转变。因此推动创新成果真正应用于技术进步、有效转化为市场价值是推动经济持续发展的关键。从具体措施来看，一方面，应当建立完善能够有效服务科技成果转化、适于高质量发展阶段的金融体系。以直接融资为特点的股票市场在实现风险配置、减少财务压力、缓解信息不对称等方面具有优势，其风险与收益相匹配的特点有也利于纯化创新活动追求价值最大化的市场目标。但我国目前的金融市场是以银行等中介机构提供的间接融资为主导的，股票市场仍有巨大的发展空间，因此应逐步稳健地推动股票市场发展，优化金融市场结构，切实发挥金融市场对科技成果转化与技术创新活动的支持作用。另一方面，要为科技成果转化与创新活动提供良好的外部环境。我国的制度建设取得了显著成果，但仍有巨大的改革潜力。其一，政府应当减少“越位”行为。市场能做的，应当让市场发挥作用，减少政府对经济活动的直接干预，构建有序竞争的市场环境，充分发挥市场在资源配置中的决定性作用。其二，政府应当提高治理水平，及时“补位”。市场不能做的，政府应当及时发挥作用。良好的制度环境对于推动科技成果转化以及经济发展不可或缺，政府应当通过适当的制度和规则设计，提供良好、有序和稳定的外部环境。其三，完善优化知识产权保护体系，从而降低创新过程中技术外溢的风险，保障创新企业的应有收益，缓解企业与融资方的信息不对称，进而促进科技成果转化。

参考文献

1. 蔡跃洲：《科技成果转化的内涵边界与统计测度》，载于《科学学研究》2015 年第 1 期。

2. 柴国荣、许崇美、闵宗陶：《科技成果转化评价指标体系设计及应用研究》，载于《软科学》2010 年第 2 期。

3. 陈柏强、黄婧涵：《政府创新补贴对区域科技成果转化的影响——基于市场竞争公平性的门槛效应》，载于《科技管理研究》2022 年第 8 期。

4. 杜勇、张欢、陈建英：《金融化对实体企业未来主业发展的影响：促进还是抑制》，载于《中国工业经济》2017 年第 12 期。

5. 郭冬梅、郭涛、李兵：《进口与企业科技成果转化：基于中国专利调查数据的研究》，载于《世界经济》2021 年第 5 期。

6. 贺德方：《对科技成果及科技成果转化若干基本概念的辨析与思考》，载于《中国软科学》2011 年第 11 期。

7. 胡恒强、范从来、杜晴：《融资结构、融资约束与企业创新投入》，载于《中国经济问题》2020 年第 1 期。

8. 滑冬玲、肖强：《制度与金融发展：基于转轨国家的面板数据分析》，载于《经济管理》2012 年第 9 期。

9. 黄伟强：《试论中国农业科技成果转化率问题》，载于《内蒙古农业科技》2008 年第 2 期。

10. 江飞涛、李晓萍：《直接干预市场与限制竞争：中国产业政策的取向与根本缺陷》，载于《中国工业经济》2010 年第 9 期。

11. 解维敏、方红星：《金融发展、融资约束与企业研发投入》，载于《金融研究》2011 年第 5 期。

12. 黎文靖、郑曼妮：《实质性创新还是策略性创新？——宏观产业政策对微观企业创新的影响》，载于《经济研究》2016 年第 4 期。

13. 李汇东、唐跃军、左晶晶：《用自己的钱还是用别人的钱创新？——基于中国上市公司融资结构与公司创新的研究》，载于《金融研究》2013 年第 2 期。

14. 林青宁、毛世平：《自主创新与企业科技成果转化：补助亦或政策》，载于《科学学研究》2022 年。

15. 林毅夫、孙希芳、姜烨：《经济发展中的最优金融结构理论初探》，载于《经济研究》2009 年第 8 期。

16. 凌江怀、李颖、王春超：《金融对科技创新的影响及其支持路径》，载于《江西社会科学》2009 年第 7 期。

17. 乔翠霞、宋彩霞、王晨光：《双边关系、制度质量与中国技术引进》，载于《中南财经政法大学学报》2021 年第 5 期。

18. 孙楚仁、王松、陈瑾：《国家制度、行业制度密集度与出口比较优势》，载于《国际贸易问题》2018 年第 2 期。

19. 孙早、肖利平：《融资结构与企业自主创新——来自中国战略性新兴产业 A 股上市公司的经验证据》，载于《经济理论与经济管理》2016 年第 3 期。

20. 田国强：《供给侧结构性改革的重点和难点——建立有效市场和维护服务型有限政府是关键》，载于《人民论坛·学术前沿》2016 年第 14 期。

21. 佟家栋、范龙飞：《知识产权保护与国内价值链网络深化升级》，载于《经济学动态》2022 年第 2 期。

22. 王翀：《股权激励创新成果转化的法律规制——以高校科研主体为例》，载于《江淮论坛》2022 年第 2 期。

23. 王华：《更严厉的知识产权保护制度有利于技术创新吗?》，载于《经济研究》2011 年第 S2 期。

24. 王欣、杜宝贵：《全面创新改革试验政策对科技成果转化的影响效应》，载于《科技进步与对策》2022 年。

25. 吴敬琏：《产业政策面临的问题：不是存废，而是转型》，载于《兰州大学学报（社会科学版）》2017 年第 6 期。

26. 项卫星、李宏瑾：《经济自由与经济增长：来自各国的证据》，载于《南开经济研究》2009 年第 5 期。

27. 肖仁桥、王宗军、钱丽：《我国不同性质企业技术创新效率及其影响因素研究：基于两阶段价值链的视角》，载于《管理工程学报》2015 年第 2 期。

28. 肖勇：《论“有限政府”》，载于《社会科学研究》2003 年第 2 期。

29. 熊彼特等：《经济发展理论》，商务印书馆 1990 年版。

30. 徐进亮、袁婷婷、常亮：《北京市政府绿色采购促进科技成果转化的实证》，载于《中国人口·资源与环境》2014 年第 11 期。

31. 徐苑琳、孟繁芸：《推进科技成果转化的技术预见研究》，载于《科学管理研究》2018 年第 5 期。

32. 杨娇辉、王伟、谭娜：《破解中国对外直接投资区位分布的“制度风

险偏好”之谜》，载于《世界经济》2016 年第 11 期

33. 杨可方、杨朝军：《金融结构演进与产业升级：美日的经验及启示》，载于《世界经济研究》2018 年第 4 期。

34. 易信、刘凤良：《金融发展、技术创新与产业结构转型——多部门内生增长理论分析框架》，载于《管理世界》2015 年第 10 期。

35. 尹志锋、叶静怡、黄阳华、秦雪征：《知识产权保护与企业创新：传导机制及其检验》，载于《世界经济》2013 年第 12 期。

36. 于洋、王宇：《知识产权保护与企业创新活动——基于 A 股上市公司创新“量”和“质”的研究》，载于《软科学》2021 年第 9 期。

37. 张朝、苑西恒、郝磊：《新常态下资本市场促进产业结构升级研究——中美的比较视角》，载于《技术经济与管理研究》2015 年第 12 期。

38. 张杰、芦哲、郑文平、陈志远：《融资约束、融资渠道与企业 R&D 投入》，载于《世界经济》2012 年第 10 期。

39. 张珺涵、罗守贵：《科技成果转化效率及企业规模与技术创新——基于高技术服务企业的实证研究》，载于《软科学》2018 年第 7 期。

40. 张一林、龚强、荣昭：《技术创新、股权融资与金融结构转型》，载于《管理世界》2016 年第 11 期。

41. 中国科学技术发展战略研究院：《国家创新指数报告（2020）》，科学技术文献出版社 2021 年版。

42. 钟腾、汪昌云：《金融发展与企业创新产出——基于不同融资模式对比视角》，载于《金融研究》2017 年第 12 期。

43. 朱勇、吴易风：《技术进步与经济的内生增长——新增长理论发展述评》，载于《中国社会科学》1999 年第 1 期。

44. Aghion P., Howitt P., Mayer - Foulkes D., 2005, “The Effect of Financial Development on Convergence: Theory and Evidence”, *The Quarterly Journal of Economics*, Vol. 120, No. 1, pp. 173 - 222.

45. Allen F., Qian J., Qian M., 2005, “Law, Finance, and Economic Growth in China”, *Journal of Financial Economics*, Vol. 77, No. 1, pp. 57 - 116.

46. Blackburn K., Hung V. T., 1998, “A Theory of Growth, Financial Development and Trade”, *Economica*, Vol. 65, No. 257, pp. 107 - 124.

47. Brown J. R., Fazzari S. M., Petersen B. C., 2009, “Financing Innovation and Growth: Cash flow, External Equity, and the 1990s R&D Boom”, *The Journal of Finance*, Vol. 64, No. 1, pp. 151 - 185.

48. Chong T. T., Lu L., Ongena S., 2013, “Does Banking Competition Alleviate or Worsen Credit Constraints Faced By Small-and Medium-sized Enterprises? Evidence From China”, *Journal of Banking & Finance*, Vol. 37, No. 9,

pp. 3412 – 3424.

49. Cornell B., Shapiro A. C., 1988, "Financing Corporate Growth", *Journal of Applied Corporate Finance*, Vol. 1, No. 2, pp. 6 – 22.

50. Grossman S., 1976, "On the Efficiency of Competitive Stock Markets Where Trades Have Diverse Information", *The Journal of Finance*, Vol. 31, No. 2, pp. 573 – 585.

51. Guan J., Chen K., 2010, "Measuring the Innovation Production Process: A Cross-region Empirical Study of China's High-tech Innovations", *Technovation*, Vol. 30, No. 5 – 6, pp. 348 – 358.

52. Hall B. H., 2003, "The Financing of Research and Development", *Finance.*

53. Henisz W. J., 2000, "The Institutional Environment for Multinational Investment", *The Journal of Law, Economics, and Organization*, Vol. 16, No. 2, pp. 334 – 364.

54. Himmelberg C. P., Petersen B. C., 1994, "R & D and Internal Finance: A Panel Study of Small Firms in High-tech Industries", *The Review of Economics and Statistics*, pp. 38 – 51.

55. Hsu P., Tian X., Xu Y., 2014, "Financial Development and Innovation: Cross-country Evidence", *Journal of Financial Economics*, Vol. 112, No. 1, pp. 116 – 135.

56. Levine R., 2005, "Finance and Growth: Theory and Evidence", *Handbook of Economic Growth*, Vol. 1, pp. 865 – 934.

57. Nordhaus W. D., 1970, "Invention, Growth and Welfare", *Economic Journal*, Vol. 80, No. 318, pp. 341 – 343.

58. Rajan R., Zingales L., 1998, "Financial Development and Growth", *American Economic Review*, Vol. 88, No. 3, pp. 559 – 586.

59. Romer P. M., 1990, "Endogenous Technological Change", *Journal of Political Economy*, Vol. 98, No. 5, Part 2, pp. S71 – S102.

60. Stiglitz J. E., 1985, "Credit Markets and the Control of Capital", *Journal of Money, Credit and Banking*, Vol. 17, No. 2, pp. 133 – 152.

61. Tong T. W., He W., He Z., Lu J., 2014, "Patent Regime Shift and Firm Innovation: Evidence From the Second Amendment to China's Patent Law". *Academy of Management Proceedings*, Vol. 2014, pp. 14174.

62. Ueda M., 2004, "Banks Versus Venture Capital: Project Evaluation, Screening, and Expropriation", *The Journal of Finance*, Vol. 59, No. 2, pp. 601 – 621.

Financial Development Mode, Institutional Quality and Transformation of Scientific and Technological Achievements

QIAO Cuixia　MA Yisen　WANG Chenguang

(School of Economics, Shandong Normal University, 250358)

[**Abstract**] The transformation of scientific and technological achievements is a key step to realize the market value, which determines the final value of scientific and technological innovation activities and its contribution to the economy and society. However, the low conversion rate of scientific and technological achievements in China not only leads to the inefficient waste of scientific research expenditure and the loss of technological innovation efficiency, but also limits the power of economic growth to a certain extent. Based on the panel data of 68 economies in the world from 2000 to 2018, the article examines the impact of different financial development models on the transformation of scientific and technological achievements. The research finds that the development of the stock market has significantly improved the transformation rate of scientific and technological achievements of the economy, but the development of the bank credit market has no significant impact on it. After a series of robustness tests, the above conclusion is still tenable. The analysis based on the quality of the system shows that the less direct government intervention in economic activities, the higher the level of government governance, and the higher the degree of intellectual property protection, the greater the role of the development of the stock market in promoting the transformation of scientific and technological achievements. The findings of this paper provide useful experience for policy departments to formulate scientific and technological innovation policies and improve the transformation rate of scientific and technological achievements.

[**Key Words**] Financial Development　Institutional Quality　Transformation of Technological Achievements　Stock Market　Bank Credit Market

JEL Classifications: G21　O31

信息不对称与民间票据中介的形成和治理

殷 然 刘颖超*

【摘 要】本文详细归纳了民间票据中介的五种主要运作模式及其票据流和资金流情况，分析了四个层面的信息不对称给票据中介造成跨地区、跨产品、跨信用主体、跨机构套利的机会，通过考量票据业务的各类参与方的利益诉求，多维度分析了民间票据中介产生和存在的原因，探讨了商业银行使用现有数据表示银行承兑汇票票据中介的特征的可行性，提出运用大数据分析和数据挖掘技术精准锁定民间票据中介的建议。

【关键词】**票据市场 民间票据中介 信息不对称 套利机会 大数据分析**

中图分类号：**F830** 文献标识码：**A**

一、引 言

票据是按照法律规定的特有形式制作而成，注明具有支付一定货币金额义务的证件。在我国，从广义上讲，票据指各类有价证券和凭证，包括股票、债券、国库券等；从狭义上讲，票据主要与某种商品或者服务的交易相关联，是出票人依法签发的，由本人或委托他人在见票时或者在票载日期，无条件向收款人或持票人支付一定金额的有价证券（王小能，2001），包括汇票、本票和支票。改革开放以来，票据业务在我国蓬勃发展，尤其是商业汇票已成为经济活动中不可或缺的结算工具和融资工具，促进了贸易的发展和商品的流通。

---

* 殷然，山东大学经济研究院博士生；地址：（250100）山东大学经济研究院；E－mail：18829935@qq. com。刘颖超，青岛科技大学化工学院。

票据中介是以经营票据为主要生存方式的中间商。在我国票据市场上的票据中介可以分为两类：一类是由各级政府或监管机关颁发经营执照的提供票据中介服务的公司，主要经营范围是提供金融信息数据处理、金融软件开发、企业管理咨询等服务，一般不使用自有资金进入票据交易的链条，也被称作正规票据中介；另一类是由具有票据市场从业经验的个人或者团伙注册的没有真实生产经营的壳公司，主要从事票据买卖活动赚取折现利率、贴现利率、转贴现利率等之间的差价，或者通过票据交易结构流程的设计进行套利活动，也被称作民间票据中介。民间票据中介的活动大多违反了《中华人民共和国票据法》中关于“票据的签发、取得和转让，应当遵守诚实信用的原则，具有真实的交易关系和债权债务关系”的规定。民间票据中介寄生于票据市场，主要依靠商业汇票的买卖差价获利，扰乱了票据市场的正常秩序，部分民间票据中介甚至为了获取暴利，从事违法犯罪活动，引发了金额巨大的金融案件。

二、相关文献综述

国内外的票据制度有着较大的区别，美国、欧洲、日本等西方经济体大多以票据无因性原则作为建立票据制度的基础，即票据行为的效力是独立存在的，持票人行使票据权利时，不负责证明票据的基础关系（含票据原因关系、票据预约关系和票据资金关系等）。而我国以真实票据理论作为票据制度的基础，即要求票据的签发、转让和贴现都必须有真实的贸易背景。美国的票据中介一般是证券公司、银行持股公司的子公司等金融机构，既协助工商企业发行商业票据，还参与票据的交易，通过低买高卖赚取差价。欧洲的票据中介主要是安排人，一般是证券公司或者投资银行，负责票据发行便利的组织工作，也可以直接担任票据的承销人。英国通过贴现事务所办理贴现和再贴现业务，贴现事务所是专门经营票据贴现业务的金融机构，是票据市场的核心参与者。日本票据市场上的中介机构主要是短资公司，短资公司接受商业银行等金融机构的委托，从市场上买入商业汇票和本票，并转卖给金融机构。由于我国与西方国家有着不同的票据制度，我国的民间票据中介的一项重要生存基础就是帮助企业、银行等市场参与者绕开关于真实贸易背景的法律规定，所以民间票据中介的出现和发展是我国票据市场所特有的现象。本文主要介绍我国学者对票据中介的研究成果，主要包括民间票据中介的成因分析、案件及案例分析，以及解决民间票据中介问题的方法等。

现有的对民间票据中介的研究重点关注了民间票据中介的成因及其影响，其中只有少数研究认为民间票据中介有正面积极的作用，大部分的研究都认为民间票据中介对票据市场的负面作用更大。黄祥正（2013）通过研究票据中介的发展历程及现状，认为票据中介（含正规票据中介和民间票据中介）的主要成因是提供了市场交易信息和企业与银行之间的撮合交易服务、贴现业务和转贴现业务服务、信息处理服务、投资咨询服务、经营决策服务等，票据中介便利了银行和企业间的信息交流、改变了企业和银行的业务运作模式、降低了票据融资成本。施净岚（2015）认为民间票据中介产生的原因是民间有现实需求、银行有利益驱动、监管有客观困难等，但民间票据中介游离于政府职能部门的监管之外，在利益额驱使下，极易诱发经济犯罪。钟俊、罗俊（2015）认为民间票据中介存在的原因主要有票据市场上的场外交易方式、准入门槛高和价格歧视、量大从优的交易规则等，由于缺乏监管，民间票据中介严重影响了正常的经济金融秩序，极易引发局部金融风险。王宗祥、边永平、王丽娟（2016）认为票据中介生存发展的原因主要有企业降低融资成本和票据变现的需求、商业银行揽储和增收的动力、票据中介缺乏监管主体、真实贸易背景缺乏有效监控手段等。朱颖（2017）认为票据中介常用的“代理贴现”模式存在重大理论缺陷和现实风险，包括票据权利人不明、委托代理关系不明等。陈亚楠（2018）将票据中介生存的原因总结为市场价格因素、信贷规模因素、交易便捷因素、银行产品因素，并指出票据中介催化银行票据业务泡沫、阻碍信贷资金流向实体、拉长影子银行风险链条、引诱银行员工道德风险。任娜和廖华汶（2017）认为票据中介游离于监管之外的“灰色地带”，由于缺乏有效的监管和统一规范的流转平台，造成大量业务在地下运行，使得票据交易链复杂化，风险被不断放大。郭言石和王羽涵（2021）认为当前中小企业的票据贴现存在制度性障碍，银行不得跨省开展票据贴现业务，另外企业之间的票据买卖缺乏法律规制，给票据中介以生存空间，但如果放开民间票据买卖，又将衍生出贿赂和洗钱风险并影响货币信用。

部分研究通过对票据中介引发的金融案件的案例解析，指出商业银行在对票据中介风险管理上的不足。谭保罗（2016）分析了2个涉及票据的重大案件，认为票据的融资功能大行其道，已成为中国企业融资或金融机构资金融通的重要手段，但凡金融市场“有利可图”的地方，一定有票据中介的介入，但是所有的风险依然留在了中国的银行体系内。王燕云（2020）分析了商业银行近年发生的部分重大票据案件，认为票据业务风险的成因有商业银行内部控制存在重大缺陷、员工内部欺诈以及票据中介违规操作等，需要从优化银行内部控制结构体系、加强员工职业道德素养、做好同业间的互相监督等方面予以防范。

对于如何解决民间票据问题，部分研究文献中提出了有建设性的方法和思路，但其效果有待实践检验。姜弘毅（2016）提出建立统一的全国票据交易平台、完善银行内控制度、规范异地同业账户使用、改进监管机制以疏导和引导票据中介健康发展、加速发展推广电子票据等建议。任娜和廖华汶（2017）提出应通过加强商业银行票据业务监管、促进票据中介业务转型和完善电票业务等方式防范风险，促进中国票据市场的长远健康发展。朱佳金（2017）认为商业银行应正确定位票据业务、注重票据业务发展的可持续性、中介参与业务的有效识别等，政府部门应开放票据转贴现市场、引入广义信贷监管等。陈亚楠（2018）提出推进票据利率定价制度改革、督促银行坚守合规经营、建立健全票据业务的制度约束与程序监控机制等政策建议。郭言石和王羽涵（2021）建议设立专营受让银行承兑汇票的非银行金融机构，构建票据中介的分类监管框架，对票据自营中介予以高压打击，对票据信息撮合中介进行备案管理。罗健梅（2021）认为区块链技术有去中心化、安全性高、自动化、开放性和透明度高等特点，可以将票据业务与区块链技术结合，降低与票据中介相关的操作风险、合规风险和市场风险等。

现有的研究虽然对票据中介的运作方式和形成原因方面取得了进展，但是其深度和广度还有提升的空间。本文一是从民间票据中介的风险管理实践出发，结合票据市场实际和票据中介的现状，深入剖析了民间票据中介的五种主要运作模式，并揭示了各种模式的票据流和资金流；二是提出了四个层面的信息不对称给票据中介造成跨地区、跨产品、跨信用主体、跨机构套利的机会，并从企业与票据中介、商业银行总行与分支机构、商业银行与监管机构三个维度出发，考量各方利益诉求，分析民间票据中介产生和存在的原因。另外，现有的对票据中介的管理建议大多是在完善制度、加强监管等政策性措施方面，本文提出了运用大数据分析和数据挖掘技术精准锁定民间票据中介的建议，并探讨了使用现有数据积累表示银行承兑汇票票据中介的特征的可行性。

三、民间票据中介的运作模式

由于民间票据中介在数量和从事的票据业务的规模上远多于正规票据中介，所以在票据行业的日常语境中，票据中介一词多指民间票据中介，且大多带有贬义，俗称“票贩子”或者“票据掮客”。本文的研究重点是民间票据中介，为表述方便，在没有特别说明的情况下，下面的“票据中介”特指民间票据中介。票据中介经过多年的发展，形成了一些固定的运作模式。

（一）以自有资金参与票据买卖的自营模式

票据中介首先注册没有实际经营的壳公司作为持有票据的平台，壳公司大部分以贸易型企业、小型制造业企业的形式进行工商注册。然后，票据中介由负责“购买”票据的人员与持有银行承兑汇票或者商业承兑汇票的企业取得联系，以价格优惠、无须贸易背景证明材料等条件吸引企业将票据“出售”，即由企业将银行承兑汇票或者商业承兑汇票背书转让给壳公司。在取得一定量的票据后，由票据中介组织中负责与银行联络的人员向银行询价票据贴现的利率，并与银行达成贴现意向。票据中介组织中还会有专人负责准备向银行申请贴现的贸易背景证明材料，如以壳公司为商品或服务购买方的商业合同、增值税发票等①。随后，票据中介操控壳公司将购买来的票据向银行申请贴现，获得银行贴现资金，再使用贴现资金作为下一次“购买票据”的资金。由于近年来商业银行对贴现资金流向的监控越来越严格，部分票据中介还会派专人负责壳公司的贴现资金的划转，由关联企业配合，经过多次复杂的转账操作，将资金的划转伪装成正常的贸易资金流动，规避监管机关和商业银行的信贷资金检查。由于向企业“购买”票据的利率高于向银行申请贴现的利率，票据中介从银行贴现获得的资金多于“购买”票据付出的资金，其中的差价就是票据中介的收益。有时候，票据中介也会先向银行询价，获得银行给予优惠贴现利率的承诺，再向持有票据的企业报价“购买”银行承兑汇票或者商业承兑汇票（见图1）。

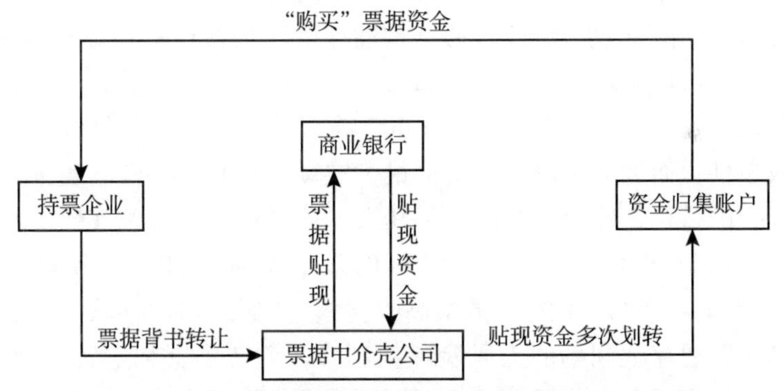

图1　以自有资金参与票据买卖的自营模式的票据和资金流

（二）循环开立银行承兑汇票并贴现模式

部分票据中介在存款利率和贴现利率倒挂的时期，利用开立银行承兑汇

① 贸易合同只需要贸易双方签章即可，比较容易准备，而增值税发票涉及到税务部门，相对难以获取。部分票据中介使用伪造的增值税发票，方法是将小额增值税发票用图片编辑软件修改金额成大金额的增值税发票，由于部分银行审核贸易背景时不够严格，仅需要增值税发票的复印件，票据中介得以蒙混过关。

票并贴现方式进行套利。票据中介通过“壳公司”将自有资金存入银行作为保证金（一般是半年期限的定期存单）开出银行承兑汇票，收款人一般是票据中介控制的另一个“壳公司”，通过伪造贸易背景，将银行承兑汇票在银行进行贴现，获得的贴现资金经过多次转账，隐藏资金路径后，再次用作保证金，在银行开立银行承兑汇票，如此循环往复。如果贴现利率低于存款利率，每一个循环都能获得套利收入。这样来回进行倒转，形成票据业务空转，从而虚胀了票据市场（巴曙松，2005）。如 2008 年美国金融危机波及全球，我国国内 6 个月银行承兑汇票贴现利率低于了 6 个月定期存款率，大量票据中介便利用此机会直接进行套利活动或者协助其他企业进行套利活动。

当然，市场上出现存款利率和贴现利率倒挂的时期是很少的。部分票据中介又利用“假结构性存款”与银行承兑汇票相结合的方式进行套利。结构性存款是指商业银行吸收的嵌入金融衍生产品的存款，通过与利率、汇率、指数等的波动挂钩或者与某实体的信用情况挂钩，使存款人在承担一定风险的基础上获得相应的收益。结构性存款期限灵活，利率随挂钩标的变化波动，具有对冲利率、汇率等金融市场风险的属性，大部分结构性存款保证本金收益，提供了普通存款之外的一种存款选择，满足了企业和个人的存款需求。2017 年以来，结构性存款快速增长，增速远高于人民币各项存款平均增速，其中很大一部分原因是商业银行在吸收存款的经营压力下，设计了大量“假结构性存款”，用以吸引储户。“假结构性存款”的特点是收益挂钩波动区间设置大幅偏离市场实际波动范围。如某 3 个月期结构性存款，挂钩伦敦金价格，以伦敦金价不触碰“期初金价 ±400 美元”为获得结构性存款最高收益率的行权条件，而近 1 年伦敦金价格最大波动幅度仅为 123.5 美元，波动幅度达到设置的行权条件的可能性微乎其微，此类结构性存款实际上是设置了不可能执行的行权条件，产品并未与伦敦金价真实挂钩，客户几乎可以 100% 确定性地获得结构性存款的最高收益率。“假结构性存款”为企业提供了明显高于普通存款利率的无风险存款利率，创造了资金空转套利的机会。当“假结构性存款”的实际利率高于同期限票据贴现利率时，票据中介以自有资金在商业银行办理结构性存款后，以结构性存款质押从商业银行开出银行承兑汇票，并用前述方式从银行获取贴现资金，就完成了一次套利操作。套利收益是“假结构性存款”的实际利息扣除贴现利息和银行承兑汇票的手续费。如 2018 年下半年，“假结构性存款”的实际利率为 4.5% 左右，贴现利率为 3.5% 左右，银行承兑汇票的开票手续费为 0.1% 左右，票据中介可获得年化 0.9% 的收益率，若“假结构性存款”和银行承兑汇票的期限都为 1 年，则套利企业每 1 亿元资金可获得 90 万元的套利收益。票据中介回收的贴现资金，又可以作为下一轮套利的启动资金，再次办理结构性存款、银行承兑汇票、贴现业务，如此循环往复，获取巨大的套利收益。部分商业银行为了完成结构性存款销售、承兑、贴现等指标，故意放松对贸易背景的审核，甚至配合套利企业伪造贸易背景，使得上述套利行为有发展的空间（见图2）。

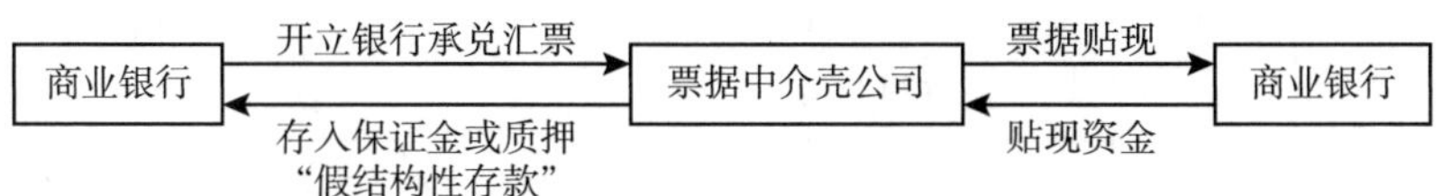

图2　循环开立银行承兑汇票并贴现模式的票据和资金流

（三）票据池质押票据获取银行授信模式

部分商业银行为满足企业的票据综合服务需求，开办了票据池业务。票据池业务是商业银行向企业（含单一客户、集团公司及子公司等）提供的票据托管、委托收款、授信等一揽子管理、结算、融资服务。企业可以将合格票据质押给商业银行，作为企业授信或第三方企业授信的担保，获得票据池授信额度。部分票据中介发现了上述商业银行票据池业务的套利机会，并实施套利操作。票据中介首先利用“壳公司”从持票人手中“购买”银行承兑汇票，并将其中承兑人是农商行、城商行等中小型金融机构的银行承兑汇票交予开办票据池业务的商业银行（一般是国有银行、大型股份制银行），将票据入池，再将入池的票据质押给商业银行获得票据授信额度，在此额度下办理大额的银行承兑汇票，票据的收款人是票据中介控制的另一个“壳公司”，随后将银行承兑汇票在银行办理贴现，获取贴现资金。由于信用评级的不同，农商行、城商行等小型金融机构与国有银行、大型股份制银行等大型金融机构承兑的银行承兑汇票在贴现时的利率存在差距，一般在30个基点以上。如果票据中介直接将“购买”的银行承兑汇票向商业银行申请贴现，其贴现利率比较高，能获得的贴现资金也比较少。通过上述票据池质押开票的步骤，票据中介将小型金融机构承兑的银行承兑汇票转换成大型金融机构承兑的银行承兑汇票，在贴现时就可以享受比较低的利率，即获得较多的贴现资金。票据中介通过这种承兑人信用转换方式，从商业银行系统中获得了套利（见图3）。

（四）利用“壳银行”的直贴转贴相结合模式

银行间的转贴现利率一般会低于企业向银行直贴票据利率（其中的利率差类似于批发价和零售价的区别），部分票据中介为了获利，涉足银行间的转贴现领域。由于只有银行类金融机构才有参与转贴现市场的资格，所以票据中介一般会找到规模较小的农商行或者农信社等机构进行合作，被称为“壳银行”。这些“壳银行”持有正规合法的金融牌照，有与其他银行类金融

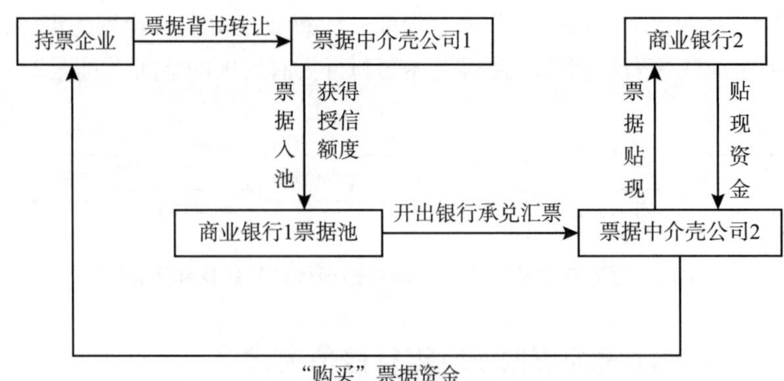

图3　票据池质押票据获取银行授信模式的票据和资金流

机构开展转贴现票据的资格，但是由于经营区域限制，信息渠道较为闭塞，且缺乏专业人才，难以大规模开展票据业务。另外，这些"壳银行"的内部控制体系相对不够健全，在直贴环节中对贸易背景真实性审核的标准往往较低，同时监管机关投入的监管力量也相对较少，给了部分票据中介可乘之机。票据中介会协助"壳银行"在异地的银行开立同业账户（主要目的是躲避当地监管机关的管理），并实际控制这些同业账户。票据中介会将"购买"的票据直贴给"壳银行"，并在当天或者提前联系到愿意通过转贴现方式买入票据的银行（实际出资银行）完成转贴现，通过上述异地同业账户收到转贴现资金。由于全部操作在一天之内完成，没有隔日，票据中介和被控制同业的"壳银行"实际并没有出资。这种操作方式的单笔利差可能不大，但是资金流转率极高，通过频繁进行直贴和转贴现操作，票据中介可以获得较高的收益（见图4）。

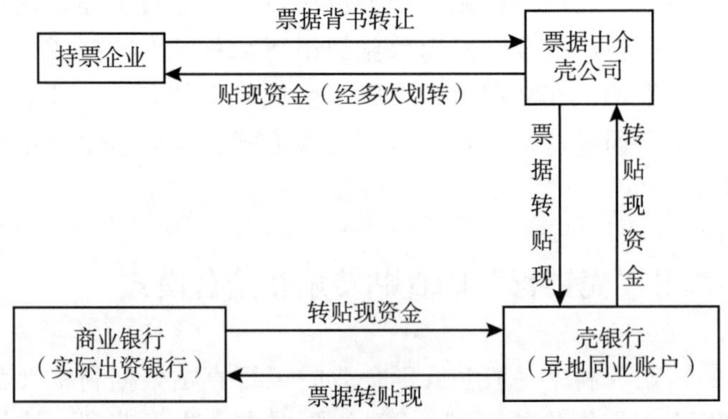

图4　利用"壳银行"的直贴转贴相结合模式的票据和资金流

（五）回购式转贴现重复卖出模式

在前述利用“壳银行”的直贴转贴相结合模式中，部分“壳银行”与实际出资银行间的转贴现是回购式的，即“壳银行”先将银行承兑汇票或商业承兑汇票卖出给实际出资银行，双方约定在未来票据到期日之前，由“壳银行”再买回银行承兑汇票或商业承兑汇票。在这一过程中，票据要先交割给实际出资银行，到期时再交还给“壳银行”。在纸质票据时代，为了减少操作环节，部分合作时间较长的“壳银行”与实际出资银行会签订协议，由“壳银行”代实际出资银行持有票据，免除票据的交割，即采用“不见票”的交割方式。部分票据中介利用这一不交割票据的漏洞，将同一批票据转贴现给两家甚至多家实际出资银行，获取两倍甚至多倍的贴现款，并挪用资金于其他用途领域。在回购式转贴现交易到期前，票据中介再将挪用的资金转回，用于票据的回购。这一模式存在巨大的风险隐患，一旦资金被挪用后发生了投资亏损等情况，无法及时足额转回，资金漏洞无法弥补，就会引发票据案件的发生（见图5）。

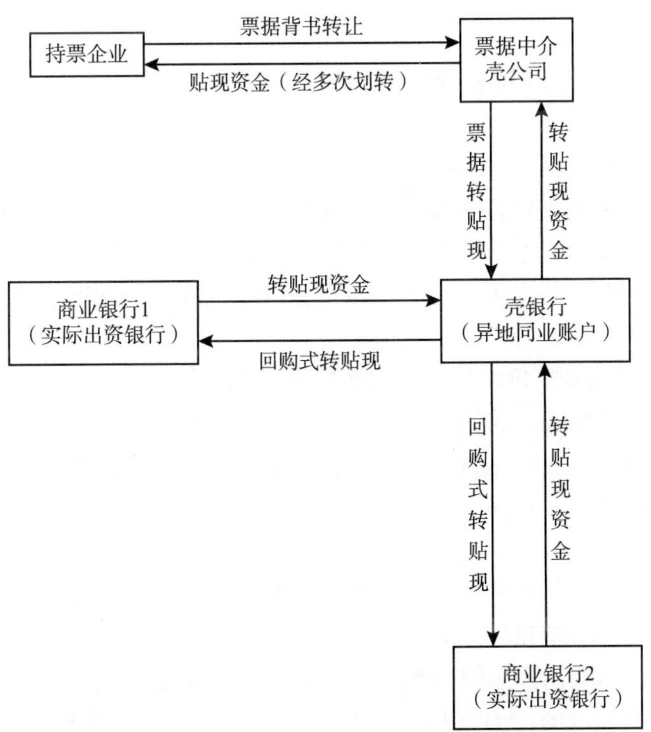

图5　回购式转贴现重复卖出模式的票据和资金流

票据中介的上述运作模式的共同特点是伪造贸易背景，从持票企业手中“低买高卖”票据，实际上是使用不正当手段从票据市场中攫取利润，“雁过拔毛”式地抢占了本应属于企业的利益，影响了实体企业获得低利率贴现资金的能力。在市场出现存款利率和贴现利率倒挂时，票据中介循环开立银行承兑汇票并贴现，形成了票据业务的泡沫，造成商业银行由于票据贴现规模的激增而产生的信贷规模的大幅上升，进而造成全社会货币供应量的增加，但是这些货币并没有投入到实体经济，只是在金融机构间空转，成为票据中介牟利的工具。更重要的是，这一做法干扰了货币政策制定者掌握真实的社会融资规模和货币供应量，可能造其成对经济金融形势的误判，影响国家宏观调控政策的实施。部分票据中介为了获得高额利润，拉拢、贿赂银行工作人员，使其参与到违法犯罪活动中，严重破坏了商业银行中票据业务的内部控制的有效性，造成大量的金融案件，对涉案商业银行的声誉也造成了恶劣的影响。

四、多层面信息不对称与民间票据中介的产生

（一）信息不对称造成套利机会

票据市场的贴现利率存在多个层面的信息不对称，票据中介深耕票据市场多年，可以从多个渠道掌握票据的贴现价格、业务品种、信用评级、参与主体等信息，相比其他市场参与者拥有更完全的信息，处于信息的优势地位。票据中介利用这种信息不对称和信息优势地位，进行跨地区、跨产品、跨信用主体、跨机构的套利活动。

1. 利用票据直贴价格信息不对称进行跨地区套利

在票据直贴市场，我国目前没有统一的票据直贴报价平台，贴现利率的决定过程一般是企业向银行询价、银行向企业报价、企业与银行商定最终价格。然而，贴现利率在同一时间的不同地区、同一地区的不同时间都会有差别，甚至同一家银行在不同地区的分支机构由于内部管理和内部考核的需要，都会向企业报出不同的贴现利率（因为部分商业银行给地方分支机构一定的授权，可以在一定价格区间内，自主决定直贴利率）。企业如果想获得优惠的贴现利率，需要向多家银行询价，一般大型企业建立了专业的财务人员队伍，拥有多方询价的能力（但大型企业获取信息渠道也逊于票据中介），但中小企业一般不具备这样的人力物力。而票据中介建立了自己的信息网络，有的与银行内部人员建立了密切的联系，能够在第一时间掌握各地区的贴现

利率情况，甚至有能力刺探各银行的分支机构获得授权的贴现利率底线，个别票据中介还采取贿赂银行工作人员、利益输送等手段，影响商业银行的利率报价。这样，票据中介就可以从企业以较高的利率“购买”票据，然后寻找当时市场上的各地区、各银行最低贴现利率报价，进行跨地区套利。在前文所述的“以自有资金参与票据买卖的自营模式”中，票据中介即多采用这种方式套利。

2. 利用多种金融产品利率信息不对称进行跨产品套利

银行承兑汇票承兑、银行承兑汇票贴现、一般性存款、结构性存款、理财产品等都是商业银行等金融机构向企业或个人提供的金融产品。这些产品中涉及的贴现利率、一般存款利率、结构性存款利率、理财产品收益率虽然都受到央行存款基准利率、银行间同业拆借利率、贷款市场报价利率等市场利率的影响，但是又各自有独立的利率形成机制。如银行承兑汇票的直贴利率主要受到银行承兑汇票转贴现利率的影响，而转贴现利率受到商业银行对未来市场流动性是否宽松、自身资金头寸管理策略等的影响，经常出现大幅波动；一般性存款利率在存款基本利率的指导下波动不大；结构性存款利率和理财产品收益率受到各商业银行和其理财子公司产品设计和产品策略的影响。一般来说，银行承兑汇票贴现利率应该高于一般性存款、结构性存款、理财产品等的利率或收益率，但是由于不同产品利率形成机制的不同，在部分时段，市场上会出现利率的“倒挂”，票据中介就可以利用这一机会，质押一般性存款、结构性存款、理财产品等产品获取银行授信额度，开立银行承兑汇票并贴现，获取跨产品的套利收益。在前文所述的“循环开立银行承兑汇票并贴现模式”中，票据中介即多采用此种方式套利。

3. 利用商业银行信用评级信息不对称进行跨信用主体套利

由于不同商业银行的信用评级不同，其承兑的银行承兑汇票在贴现时存在信用利差。票据中介会利用这一机会，将信用评级较低的商业银行开出的银行承兑汇票质押给信用评级较高的商业银行，在获取授信后，开出以信用评级较高的商业银行为承兑人的银行承兑汇票，再将这些银行承兑汇票进行贴现，能够获得比原有银行承兑汇票更低的贴现利率，即获得更多的贴现资金。在商业承兑汇票领域，也有类似操作，一般银行承兑汇票的贴现利率低于商业承兑汇票（个别大型央企开出的商业承兑汇票除外），部分企业在商业银行有授信额度，商业银行可以接受其开出的商业承兑汇票作为押品办理银行承兑汇票的承兑等授信业务，票据中介就可以将商业承兑汇票转换为银行承兑汇票，并获取更低的贴现利率和更多的贴现资金。票据中介利用商业银行的票据质押授信就完成了跨信用主体的套利。在前文所述的“票据池质押票据获取银行授信模式”中，票据中介即多采用此种方式套利。

4. 利用转贴现价格信息不对称进行跨机构套利

票据的转贴现市场的参与者是各家商业银行，与直贴市场类似，票据的转贴现市场也没有形成全国统一的报价平台。各家商业银行的票据经营机构一对一接触，协商确定转贴现价格。票据中介同样利用在多家银行的人脉等优势，了解各银行的转贴现利率底价，并借助“壳银行”“过桥银行”的协助，将银行承兑汇票或商业承兑汇票从利率较高的银行转贴现到利率较低的银行（通常是从中小银行转贴现到大型银行），进行跨机构套利。利差收益一般留存在票据中介操控的“壳银行”的异地同业账户中，票据中介再通过不规范操作，将收益转移到其个人账户或其控制的公司账户中。这一过程由于有银行内部人员的深度参与，常常伴随着较高的道德风险隐患。在前文所述的“利用‘壳银行’的直贴转贴相结合模式”中，票据中介即多采用此种方式套利。

（二）企业与票据中介的合作

企业与票据中介合作的动机有政策原因和价格原因，虽然票据中介客观上攫取了一部分本应属于企业（或商业银行）的利益，但是对部分企业来说，选择与票据中介合作是在现有条件下的最优策略。企业与票据中介存在有约束力的联盟关系，其整体收益大于各自单独行动的收益之和，能够获得比不加入联盟时更多的收益，合作的结局存在净收益，即企业与票据中介形成了合作。

在政策方面，《中华人民共和国票据法》规定“票据活动应当遵守法律、行政法规”，我国的各项法律、行政法规、监管机关的通知要求，以及各商业银行的内部管理规定等对于票据的出票、承兑和贴现等有着详细、具体和较为复杂的规定，特别是对于资金、贸易背景等的规范更为严格。如银行承兑汇票的保证金须为承兑申请人自有的合法资金，承兑申请人不得以贷款资金或贴现资金缴存承兑保证金；贴现资金不得回流至出票人、前手背书人或其关联企业；贴现资金不得投资于房地产市场、股票市场、期货市场等禁止或限定性领域；如果贴现资金用于购买理财产品或结构性存款等，可能被监管机关认定为“资金空转套利”；开立银行承兑汇票要有真实的贸易背景，企业需要向商业银行提供合同、发票等证明资料；企业向商业银行申请银行承兑汇票和商业承兑汇票的直贴也要有真实的贸易背景和提供上述证明资料等。在办理票据业务前后的尽职调查、审核审批、贷后检查等环节，商业银行的信贷人员会对资金来源和流向、贸易背景的真实性等进行审核和检查，如果发现企业有上述行为，将停止与企业的票据业务合作，管理严格的商业银行甚至会要求企业销户。银保监会等监管机关也会不定期对商业银行的履职情况进行检查。出台这些法律、法规虽然客观上造成了企业在使用银行承兑汇票和商业承兑汇票进行贸易结算或者贴现时的手续较为烦琐、银行在办理票据业务时增加了调查核实的工作量和人力成本，但是促使银行业金融机构审慎经营，保障了票据市场的稳定和贸易活动的公平。上述要求限制了部分企业对票据的使用：有的企业开立银行承兑汇票的本意是出于融资目的，而不是基于真实的商品或服务的交易需要，无法提供贸易背景证明材料；有的企业开立银行承兑汇票的保证金来源恰恰是贷款资金或者贴现资金，不是自有资金；有的企业办理贴现获取的资金主要用于房地产、股票、期货等限制或禁止性领域；甚至有的企业因为不符合反洗钱等合规要求，无法在大中型银行开立结算账户，只能在部分管理不严格的小型金融机构开立结算账户，但在这些小型金融机构的贴现利率较高，企业又无法享受大中型银行较为优惠的贴现利率。在价格方面，部分金融机构对中小企业的贴现需求存在价格歧视。一般来说，大型企业向商业银行申请贴现的银行承兑汇票和商业承兑汇票的数量和金额较大，商业银行因为降低了单位业务的操作成本，或者为了与大型企业维护良好关系的原因，给大型企业较为优惠的贴现利率。而中小企业往往持有的银行承兑汇票和商业承兑汇票的数量和金额较小，没有大型企业的上述优势，商业银行往往给其较高的贴现利率。甚至部分商业银行出于成本考虑，不接受小金额、零散的银行承兑汇票和商业承兑汇票的贴现。

票据中介正是发现了部分企业的上述痛点，迎合了其需求。在政策方面，票据中介“购买”持票企业持有的银行承兑汇票和商业承兑汇票后，直接由其控制的“壳公司”将资金转账给持票企业（或者通过多家“壳公司”和关联企业的多次转账将资金划转给持票企业，目的是逃避商业银行和监管机构的资金流向合规检查）。只要持票企业获得的资金表面上来自商业买卖活动，而不是银行贴现，就可以将资金用于房地产市场、股票市场、期货市场等禁止或限定性领域，或者用于再次开立银行承兑汇票的保证金，或者用于购买结构性存款、理财产品进行资金空转套利。同时，持票企业向票据中介“出售”银行承兑汇票和商业承兑汇票，无须提供贸易背景证明材料（如增值税发票等），逃避了本应缴纳的税收支出，或者掩盖了其非法或违规取得票据的行为。在价格方面，部分中小企业将银行承兑汇票和商业承兑汇票“出售”给票据中介，获得了比直接在商业银行贴现更低的利率，即获得了更多的贴现资金。而票据中介伪造贸易背景，将购买的大量票据向商业银行集中申请贴现，一般会要求商业银行给予其与大型企业相类似的贴现利率，甚至有时为了获得更低的利率，贿赂银行内部工作人员。

（三）商业银行总行对分支机构的考核与经营目标的错配

部分商业银行的总行对分支机构的内部考核强调存贷款规模、中间业务收入和经济资本占用等考核指标。部分商业银行的分支机构在其总行强大的考核压力下，选择违规与票据中介合作，通过票据业务完成考核指标，成为其最优策略。而总行即使发现了分支机构与票据中介的合作行为，也难以通过改变考核指标的方法引导分行中止与票据中介的合作。

如在“循环开立银行承兑汇票并贴现模式”中，票据中介开立银行承兑汇票，经过“壳公司”贴现后，将贴现资金作为保证金，再次开立银行承兑汇票。首先，商业银行的分支机构在这一过程中获得了大量的保证金存款，计入存款规模增量考核指标；其次，每次开立银行承兑汇票时，商业银行分支机构还能向票据中介收取承兑手续费，计入中间业务收入的考核指标；再次，每次票据贴现时，贴现利息计入信贷业务收入的考核指标，若贴现利率高于总行给予分支机构的内部资金利率成本，分支机构还能将贴现款与资金成本的差额计入经营利润考核指标。商业银行的分支机构通过与票据中介的合作，完成了多项考核任务，并可以从总行获得丰厚的奖金汇报，票据中介也获得了可观的套利收益，这时可以说票据中介与商业银行的分支机构成了一个利益共同体，与其相对的是商业银行的总行作为一个利益单元，双方在进行零和博弈，即资金在整个过程中没有增减，只是在不同的利益共同体和利益单元之间进行重新分配。如果这一模式是票据中介在同一家银行内完成的，虽然分支机构在内部考核中获利，但对这家商业银行从整体上计算损益时，实际上是被票据中介套了利，业务的全流程对于商业银行来说是亏损的。如果这一模式是票据中介在多家银行完成的（比如在一家银行存入保证金开立银行承兑汇票，在另一家银行贴现），则由此多家商业银行组成的银行体系被票据中介套了利。

究其原因，是在此特定场景下，商业银行的总行对分支机构下达或分解的考核指标与商业银行的经营目标发生了错配。但是，不可否认的是，商业银行总行在设计考核指标时，要考虑到分支机构的多种类的金融产品、多维度的经营成效，难以完美的适合每一个特定的业务场景，现有考核指标体系也是根据多年的经营经验、经过多次调整的较为理想的方案。简单为了票据中介的套利场景修改考核指标体系，又可能会出现其他方面的管理漏洞。解决这一问题的有效方法还是要商业银行的风险管理人员加强对贸易背景真实性的审核，以及通过有效手段排查和清退票据中介。

（四）商业银行通过票据业务调整或美化重要经营指标

信贷规模是商业银行的重要经营指标，各家银行都会在年初制定当年信贷规模的增长计划，人民银行也会给予“窗口指导”。除了各类贷款外，银行承兑汇票和商业承兑汇票的直贴和转贴现买入也计入信贷规模。受到经济波动和自身经营能力的影响，部分商业银行不能在正常经营中按计划实现信贷规模的增长，就给了票据中介做大规模的发展空间。如在实体经济有效信贷需求不足时，商业银行不能有效投放信贷资金，出现了“资产荒”的现象。部分商业银行就会与票据中介合作，由票据中介从市场上大量“购买”银行承兑汇票和商业承兑汇票，并在本行贴现；或者与票据中介配合循环开立银行承兑汇票并贴现，增加票据直贴业务量，即增加了信贷规模。尤其对于负债规模较大，而资产组织能力较弱的中小农村商业银行、农信社等，通过票据中介增大资产规模的需求更为迫切。

资本充足率是商业银行的资本总额对其风险加权资产的比率，反映了商业银行应对非预期风险的能力，监管机构对资本充足率指标有着明确的底线要求。由于票据业务有贸易背景作为支撑，违约概率较低，并且其期限较短，有一定的保证金作为抵押，监管规定在计算风险加权资产时，票据业务的风险权重较低。为了在不降低资产规模的情况下提高资本充足率，部分商业银行有意愿与票据中介合作，增大银行承兑汇票和商业承兑汇票的业务量。

不良贷款率是金融机构不良贷款占总贷款余额的比重，反映了商业银行的信用风险状况和风险管理能力。部分银行经营不善，不良贷款生成过快，为了降低不良贷款率，除了降低计算不良贷款率的分子外，就要增加计算不良贷款率的分母，即增加总贷款余额。而银行承兑汇票和商业承兑汇票的直贴和转贴现余额是计入总贷款余额的。为此，有的银行与票据中介合作，增加直贴和转贴现的余额，达到美化不良贷款率的目的。

五、对民间票据中介的治理：采用数据分析技术侦测的建议

民间票据中介行为具有很强的隐蔽性，其各类交易往往隐藏在海量的正常贸易活动中。我国的法律和行政法规对票据中介行为有着严格的规定，公安机关、检察院、人民法院主要对票据中介的违法、犯罪行为予以打击和审判；商业银行对于票据业务的贸易背景、资金来源和流向的严格审核是防范票据中介行为的重要手段。中国人民银行、银保监会等监管机关以此为抓手，对商业银行在管理票据业务风险的过程中的履职情况予以监督，对违规行为予以处罚。

传统上，商业银行的前台业务人员或风险管理人员通过内部人举报、金融案件发生后的回检等方法发现票据中介的违法犯罪行为，难以做到事前防范和预警。当前解决民间票据中介问题的根本方法是借鉴国外侦测金融欺诈的数据技术，运用大数据分析和数据挖掘技术降低票据中介和商业银行之间

信息不对称，精准锁定民间票据中介，并采取中止业务往来等管理措施。

近年来，商业银行与票据中介行为相关的数据积累取得了长足的进步，尤其是票交所电子票据系统的上线，使得银行承兑汇票的背书转让的全流程实现了电子化、线上化，商业银行同时也积累了银行承兑汇票的出票人信息（含企业名称、组织机构代码证等）、收款人信息、承兑人信息、保证人信息、背书人信息（整个背书链条上的全部背书人和被背书人的企业名称、组织机构代码证等）、票据金额、出票日期、票据到期日等关键信息，存储在数据库中。同时，商业银行也在日常业务过程中积累了企业的资金流向、交易日志等信息。通过外部数据供应商还可以取得企业的工商注册信息（包括企业股东、关联企业、注册地址、注册资本等）。通过深入分析票据中介的行为特征，从工商、财务、账户、行为、关系、资金六个维度对民间票据中介全面画像，下面总结了能够使用现有数据表示银行承兑汇票票据中介的七个特征：

一是多个在银行办理贴现的企业之间存在关联关系。银行承兑汇票的票据中介团伙内部的多个企业受到少数自然人的操控，企业之间存在多项关联关系，它们可能有相同的股东、法定代表人、董事、监事、高管、支付联系人、网上银行使用人和开立银行账户联系人等，这些数据或者可以在各类工商信息查询系统上获取（部分商业银行会向专业信息提供机构购买），或者存储于商业银行的数据库中。

二是多个在银行办理贴现的企业的成立时间相近。银行承兑汇票的票据中介团伙中的多个企业注册成立的目的就是进行票据中介活动，没有从事真实的生产经营和贸易活动，大部分企业是由实际操控人在某一时间段内集中向工商行政管理部门申请注册成立的，表现为注册成立时间相近，甚至为同一天。工商注册信息数据可以在各类工商信息查询系统上获取。

三是贴现金额与企业的注册资本、销售收入不匹配。银行承兑汇票的票据中介团伙中的企业大量从工商企业“购买”银行承兑汇票并向商业银行贴现获取资金，其贴现金额远远超过企业的注册资本、销售收入等的数额，明显不符合正常的商业逻辑。企业贴现金额已经存储于商业银行的数据库中，企业的注册资本同样可以从各类工商信息查询系统上获取，而企业的销售收入数据，部分可以从工商信息查询系统中获取（但不完全），部分存储于商业银行的数据库中（部分商业银行要求企业办理贴现业务时提供财务报表），当然，也有少量企业的销售收入数据缺失。

四是多个在银行办理贴现的企业使用的网上银行的 MAC 地址或 IP 地址相同。在使用网上银行或者手机银行等电子渠道工具进行转账、查询等账户操作时，银行承兑汇票票据中介团伙的成员企业的实际操控者会使用同一台电脑或手机操作多个企业的网上银行。网上银行的操作日志中记录了电脑或手机等终端的MAC和IP地址。

五是多个在银行办理贴现的企业的银行承兑汇票来自分散的不同行业及不同的出票人。根据一般的商业行为逻辑，在使用银行承兑汇票工具进行结算时，支付银行承兑汇票的企业（即背书人）应该是收取银行承兑汇票的企业（被背书人）的下游经销商或商品、服务的使用方，背书人与被背书人应该处于同一产业链中，即银行承兑汇票的背书人应集中于某一个或某几个行业中。同时，由于大部分成熟企业的销售对象较为固定，背书人一般也集中于不太分散的企业。而银行承兑汇票票据中介团伙从工商企业“购买”银行承兑汇票，没有真实的贸易背景，背书人体现出极为分散的特点，既不集中于一个或几个行业，也不集中于数量不多的企业。银行承兑汇票的背书人信息（包括企业名称、组织机构代码证号等）可以从票据交易所系统中获取，背书人的行业可以从工商信息查询系统中获取。

六是从银行获取的贴现资金迅速转账到较为固定的收款人。银行承兑汇票票据中介团伙企业受到少数自然人的操控，虽然其“购买”票据的行为经伪装后呈现出分散的特点，但是其向商业银行申请贴现后获得的贴现资金却呈现出集中的特点，即团伙中负责贴现的企业会将贴现资金转给一个或几个企业或自然人的账户，便于集中统筹使用资金再次“购买”票据，或者分配非法所得。企业贴现资金的转账数据已经存储在商业银行的数据库中。

七是部分企业曾被列为洗钱高风险客户。绝大部分商业银行都已建立了自己的反洗钱侦测系统，而银行承兑汇票的票据中介团伙由于长期、大量从事票据的“购买”活动，资金往来频繁且金额巨大，经常被商业银行的反洗钱侦测系统发现，并被列为反洗钱高风险客户。反洗钱高风险客户的名单已经存储于商业银行的数据库中。

基于以上七个特征，商业银行就可以运用大数据分析和数据挖掘技术（如“孤立森林算法”“关联团算法”等），快速、高效地发现民间票据中介的行为线索，提前采取管理措施，清退民间票据中介，“未雨绸缪”地减少涉及民间票据中介的金融案件的发生。

参考文献

1. 巴曙松、贾蓓：《发展票据市场若干问题研究》，载于《财会月刊》2005年第5期。

2. 巴曙松：《从金融结构角度看票据市场风险及其监管》，载于《中国审计》2004年第6期。

3. 巴曙松：《票据市场国际经验与中国的路径选择》，载于《西部论丛》2005年第4期。

4. 边维刚：《国外票据市场模式比较及中国的现实选择》，载于《南方金融》2000 年第 8 期。

5. 陈立新:《票据在中国的起源和形成》，载于《金融与经济》1989 年第 7 期。

6. 陈鑫、王溪岚:《票据中介存在的合理性分析及规范发展的路径选择》，载于《武汉金融》2016 年第 5 期。

7. 陈亚楠:《警惕票据中介业务诱发金融乱象回潮》，载于《银行家》2018 年第 11 期。

8. 郭言石、王羽涵:《票据市场建设与中介监管》，载于《中国金融》2021 年第 9 期。

9. 韩冰:《中小商业银行票据业务风险与防范》，载于《中国金融》2005 年第 7 期。

10. 何利辉:《借鉴西方经验　发展我国票据市场》，载于《财会月刊》2003 年第 2 期。

11. 洪葭管、张继凤:《近代上海金融市场》，上海人民出版社 1989 年版。

12. 侯双梅:《借鉴国际经验完善我国电子票据法律制度》，载于《南方金融》2010 年第 5 期。

13. 胡改导、王东方:《我国商业信用票据化和结算票据化研究》，载于《金融研究》1997 年第 8 期。

14. 胡晋芳:《改革开放 30 年来中国票据市场发展历程回顾》，载于《中国货币市场》2008 年第 12 期。

15. 胡松:《国际商业票据市场监管方式最新变化及启示》，载于《证券市场导报》2007 年第 11 期。

16. 黄祥正:《票据中介的发展及商业银行的对策》，载于《金融经济》2013 年第 24 期。

17. 姜弘毅:《票据中介的典型运作模式、潜在风险及治理建议》，载于《中国商论》2016 年第 13 期。

18. 孔繁:《浅析我国票据制度的理论选择问题》，载于《金融会计》2005 年第 5 期。

19. 李东荣、边维刚:《中国票据市场发展阶段评价及其矛盾分析》，载于《金融研究》2000 年第 8 期。

20. 李健男:《论国际票据法律制度的统一及其对我国的启示》，载于《南方金融》2004 年第 10 期。

21. 刘朝达、曾敬香:《做好票据承兑贴现工作》，载于《金融会计》1996 年第 5 期。

22. 刘东鑫:《美国商业票据市场的发展特点及启示》，载于《中国货币市场》2010 年第 1 期。

23. 陆雄文：《管理学大辞典》，上海辞书出版社 2013 年版。

24. 路宏梅：《商业银行票据业务：发展动因、存在的问题及对策》，载于《经济师》2008 年第 8 期。

25. 罗健梅、李婷媛：《区块链技术对票据风险的防范研》，载于《中国集体经济》2021 年第 17 期。

26. 乔青峰：《中外票据业务经营模式的比较与启示》，载于《金融会计》2007 年第 2 期。

27. 秦池江：《论票据融资的经济功能与市场地位》，载于《金融研究》2002 年第 1 期。

28. 任安军：《运用区块链改造我国票据市场的思考》，载于《南方金融》2016 年第 3 期。

29. 任娜：《追本溯源探究票据市场风险》，载于《金融市场研究》2017 年第 9 期。

30. 施净岚：《民间票据中介相关犯罪问题探析》，载于《犯罪研究》2015 年第 5 期。

31. 汤莹玮：《信用制度变迁下的票据市场功能演进与中小企业融资模式选择》，载于《金融研究》2018 年第 5 期。

32. 汤莹玮：《信用制度变迁下的票据市场功能演进与中小企业融资模式选择》，载于《金融研究》2018 年第 5 期。

33. 万立明：《近代中国票据市场的制度变迁研究》，上海远东出版社 2014 年版。

34. 汪娟：《抽丝剥茧巧解票据中介迷局》，载于《中国内部审计》2021 年第 3 期。

35. 王爱霞、赵战云、陈镜宇：《谈加强商业银行票据业务内部控制建设》，载于《财会月刊》2010 年第 6 期。

36. 王小能：《票据法教程》，北京大学出版社 2001 年版。

37. 王燕云：《基于案例分析的商业银行票据业务风险防范研究》，载于《会计师》2020 年第 6 期。

38. 王宗祥、边永平、王丽娟：《票据中介违法违规业务模式及对策建议》，载于《甘肃金融》2016 年第 7 期。

39. 肖小和、张蕾、王亮：《新常态下票据业务全面风险发展趋势与管理》，载于《上海金融》2015 年第 6 期。

40. 肖小和、邹江、汪办兴：《全国性票据市场建设方案与路径研究》，载于《金融论坛》2012 年第 6 期。

41. 肖小和：《中国票据市场四十周年回顾与展望》，载于《金融与经济》2018 年第 11 期。

42. 徐新华：《商业银行票据业务风险管理探讨》，载于《合作经济与科技》2016 年第 12 期。

43. 许茜茜、汪欣：《中美票据市场发展中的风险比较》，载于《经济管理》2012 年第 2 期。

44. 严文兵、夏洪涛、阙方平：《我国票据市场发展的新制度经济学分析》，载于《金融研究》2001 年第 8 期。

45. 赵慈拉：《我国票据市场现状、问题与发展方向》，载于《中国金融》2007 年第 16 期。

46. 赵亚蕊：《商业银行票据业务风险分析及对策研究》，载于《西南金融》2016 年第 9 期。

47. 钟俊、罗俊：《我国民间票据中介研究：模式与争论》，载于《新金融》2015 年第 10 期。

48. 周荣芳：《美国票据市场发展及其对中国的借鉴》，载于《中国货币市场》2005 年第 3 期。

49. 周荣芳：《美国商业票据市场的实践及其启示》，载于《南方金融》2005 年第 5 期。

Information Asymmetry and the Formation and Governance of Private Bill Intermediary

YIN Ran

(The Center for Economic Research, Shandong University, 250100)

LIU Yingchao

(Qingdao University of Science and Technology, 266061)

[**Abstract**] This paper summarizes in detail the five main operation modes of private bill intermediaries and their bill flow and capital flow, analyzes the opportunities of cross region, cross product, cross credit subject and cross institution arbitrage caused by information asymmetry at four levels, and analyzes the reasons for the emergence and existence of private bill intermediaries from multiple dimensions by considering the interest demands of various participants in the bill business, This paper discusses the feasibility of commercial banks using existing data to express the characteristics of bank acceptance bill intermediaries, and puts forward suggestions on using big data analysis and data mining technology to accurately target private bill intermediaries.

[**Key Words**] Bill Market Private Bill Intermediary Information Asymmetry Arbitrage Opportunity Big Data Analysis

JEL Classifications: G21

语言经济学专栏

编者按

为推动语言经济学发展，支持相关研究者及对该主题感兴趣者相互交流，《制度经济学研究》2022年第4期（总第78辑）特设置“语言经济学专栏”，精选5篇论文集中发表，以飨读者。

文字起源于会计：一种假说

——兼论文字和语言的二元起源论

黄少安　厚　鑫*

【摘　要】制度经济学关注作为人类元制度的语言文字的起源。根据考古分析以及相关知识和经验总结，本文提出：文字起源于人与物的关系，即人对物的记录和管理的需要，语言起源于人与人的关系，即人与人情感表达和信息传递的需要；文字起源于会计；文字更具有可构建性，语言更具有演化性。这些理论有助于进一步理解会计起源和现代会计制度在人类文明进程中的作用和现代经济管理中的地位。

【关键词】**文字起源　会计　演化与构建**

中图分类号：**F069**　文献标识码：**A**

一、引　言

人们相信，人类有语言的历史不过十万年左右，有文字的历史更短，不

* 黄少安，山东大学讲席教授、经济研究院院长、长江学者。地址：（250100）山东省济南市山大南路27号；E-mail：shaoanhuang@ sdu. edu. cn。厚鑫，山东大学经济研究院博士生；E-mail：xinhou@ mail. sdu. edu. cn。

过一万年左右而已。那么，语言文字作为人类的元制度即约定人们如何说话和写字的制度（黄少安，2011），是如何起源的？

人类最初的宗教和神话普遍认为语言和文字是神创造并授予人类的。例如，古印度婆罗门教经典《摩奴法典·创造》记载："无上主创造了……语言"。18 世纪中叶以后，语言起源问题成为欧洲学界关注的焦点。1769 年，柏林普鲁士皇家科学院甚至决定设立专奖，以征求有关语言起源问题的最佳解答。这一时期，随着文艺复兴、宗教改革和启蒙运动的兴起，以孔狄亚克、卢梭、赫尔德等为代表的一些有头脑的学者开始怀疑神授说，转而以人类为主体用世俗的眼光看待语言的起源问题，他们分别在《人类知识起源论》、《论人类不平等的起源和基础》、《论语言的起源》等著作中系统表达了自己的观点，并由此派生出了许多不同的语言起源论。值得一提的是，当时经济学之父亚当·斯密也写过文章参与这个问题的讨论。到了 19 世纪，随着自然科学的发展尤其是进化论的产生和广泛传播，"语言学者之中，谁也不再认为语言是有人故意创造出来的，而是慢慢地、不自觉地、通过了许多步骤发展起来的。"[①] 然而，这些语言起源假说多属思辨，无法给出可靠的证据。随着实证主义精神的激发，自 1866 年巴黎语言学会宣布不接受任何关于语言起源的报告后，一个多世纪内鲜有学者讨论语言的起源问题。当时的语言学家们普遍认为"语言起源的问题并不象人们一般认为的那么重要。它甚至不是一个值得提出的问题"[②]。第二次世界大战后，随着人类学、考古学、解剖学、生物学、心理学等科学的迅速发展，人们逐渐开始有能力对语言起源的假说给出一些客观证据。1983 年，在加拿大温哥华成立了国际性的语言起源学会，会员来自各个学科领域，力图对语言起源和演化的过程作综合的、系统的研究，语言起源的研究由此得到复兴。当前，以"本质主义"和将现代综合进化论应用于语言领域的"语言进化论"两种方法论为指导的语言起源研究分庭抗礼。就经济学把语言看作一种制度，把语言起源看作一种制度起源的思考方式来看，这两种声音大致可与制度经济学中的制度构建论和制度演化论相对照。

人们对文字起源问题的关注点略有不同。无论是中国古代从八卦到结绳记事再到文字的说法，还是西方近代以来盛行的图画文字说、陶铸说等文字起源理论，主要关注某种文字本身是从何产生演变的，而鲜有系统理论阐述文字作为一种制度为何会产生。这一方面是因为文字与口头语言不同，有大量可勘年代的考古资料遗存，因此其研究也更偏重现象和实证性；另一方面也与人们长期以来只把文字看作语言的表现形式有关。因此，在制度起源的一般化理论中，文字基本以语言附庸的形式进行讨论。

① 达尔文：《人类的由来》，商务印书馆 1997 年版，第 128 页。

② 索绪尔：《普通语言学教程》，商务印书馆 1999 年版，第 108 页。

在总结各种文字起源假说的基础上，结合已有的考古发现、相关的知识和经验，进行理论抽象后，本文明确提出语言文字起源的一般化的理论假说：文字起源于人与物的关系即人对物的记录和管理的需要，而语言起源于人与人的关系，即人与人情感表达和信息传递的需要；文字起源于会计；文字更具有可构建性，语言更具有演化性。

二、文字起源于会计

广义的语言包含口头语（即说话）和书面语（即写字），从发生学的意义上探讨语言文字的起源问题，有必要把口头语（狭义的语言）和书面语（文字）区别开来，因为二者的起源确实是有差异的。

（一）文字起源于人与物的关系

文字是文明开始的标志之一。“文明社会始于标音字母的发明和文字的使用”①。从古至今，从思辨到实证，人们对文字的起源一直保持着浓厚的兴趣。即使不考虑各种宗教神话的神创说，人们对文字起源的看法也是众口不一的。按照文字起源的具体形式，有结绳说、图画说和陶铸说等假说。文字起源于结绳记事是中国古代学者很相信的一种假说。先秦典籍《易·系辞下》记载：“上古结绳而治，后世圣人易之以书契。”其结绳记事的方法为：“事大，大结其绳；事小，小结其绳，结之多少，随物众寡”（《易九家言》），即根据事件的性质、规模或所涉数量的不同结系出不同的绳结。美洲印加帝国的“奇普”结绳记事系统已经发展到相当严密复杂的程度，直到西班牙人入侵前，这种系统还一直在使用。摩尔根在《古代社会》中生动地记载了美洲印第安人的结绳记事：“他们把紫贝珠串和白贝珠串合股编成一条绳，或者用各种颜色不同的贝珠织成有图案的带子，其运用的原则就是把某一件特殊的事情同某一串特殊的贝珠或某一个特殊的图案联系起来；这样，就能对事件作出有系统的排列，也能记得准确了。”② 这些证据是文字起源于结绳记事假说的印证。图画说则认为文字起源于画图或刻图，即用画图或者刻画表达一些物的形状和数量，应该是最早的形意文字或象形文字。这种假说滥觞于瓦尔博顿（Warburton W.）18 世纪提出的“图画而文字”的进化论观点。图画文字说自出现以来风靡百余年，然而，近年来产生的文字起源于陶铸说有力地挑战了其地位。对于目前已知最早的文字系统——苏美尔人的

---

① 摩尔根：《古代社会》（上册），商务印书馆 1981 年版，第 12 页。

② 摩尔根：《古代社会》（上册），商务印书馆 1981 年版，第 138 页。

楔形文字，人们曾经普遍认为：楔形文字起源于图画，然而美国学者丹尼丝·施曼特－贝瑟拉（Schmandt－Besserat D.）通过研究古代西亚116个遗址出土的近万个陶筹，得出结论：楔形文字不是起源于图画，而是直接由三维的计数陶铸演变来的。这一结论已经渐渐为学术界所广泛接受。按照文字起源的具体原因，有古代帝王记录功绩说、百姓记录劳动说以及借贷依据说等假说。古代帝王记录功绩假说认为帝王或部落首领需要用画图、结绳或其他方式，把战利品和其他功绩记录下来，于是产生了文字；百姓记录劳动说认为文字起源于百姓日常劳动及其成果记录的需要——百姓劳动成果或财产数量和分类，需要记载，于是产生文字；借贷依据说认为文字起源于对借贷关系的客观依据的需要。

战利品、劳动成果、财产、借贷款，这些都是物；而结绳、图画、陶铸等到后来的成熟文字则都是记录物的性质和数量关系的具体形式。人们最初记录并欲长期保存的信息不是情感和思绪，而是现实地所接触和改造的客观事物，而且首先应该是粮食、牲畜、人口等与生产和消费活动相关的经济范畴。为了记录和分配物的需要，人们开始借助各种可以长期保存的媒介如绳、骨、石、泥板、陶器等，通过打结、刻划、塑形等各种方式进行计数，这些计数手段逐渐发展为各种类文字符号，并最终形成成熟的文字系统。因此，以上的假说虽然众说纷纭，但都可以总结为：文字起源于人与物的关系——人对物的记录和分配。

（二）原始会计与文字前身

长期以来，人们对会计的定义或本质主要持两种主要观点：一是认为会计的本质是一个信息系统，只是客观地记录各种经济活动的信息；二是认为会计的本质是经济管理，会计是一个管理系统。我们更认可“会计是一个基于客观信息系统的经济管理系统”。这样的定义既符合古代又符合现代的会计实际，因为信息系统是基础和手段，依靠信息系统对经济活动进行有效管理才是目的。会计应该是人类最早的经济管理活动（与生产活动相对而言）。有了这样的概念认知，再回过头来重新审视各种文字起源假说：最早的结绳记事是在不同根数的绳子上结出不同数量的结，楔形文字的前身陶铸本身就是计数品，可以看出，最早的类文字符号记录的重点是“数量”关系；而首领记录战利品或百姓记录劳动成果数量，古代伊拉克人刻画契约记载借贷数量和期限等，这些都与经济活动有关（“国之大事，在祀与戎”，战争本质上也是一种计算成本收益的生产活动，祭祀则可以看成一种公共消费）。用结绳、刻画、陶铸等方式记录财富和管理财富，这完全符合现代会计的本质属性，最早的人类文字的前身就是会计符号。文字的起源是人类的需要催生出来的或逼出来的——对经济活动和财富的记录和管理是当时人类的迫切需要，并且只有这种刚性的、基本的、持续稳定的需要而非偶然的情感表达催生出来的符号才能成为系统化文字的起源。

“文字起源于会计”不仅符合“人与物的关系”的界定，也是历史的真实写照。人类的第一段文字不是诗歌和哲学而是会计账目。“文字的发明，并不是为的要作为一种发表的媒介物，而是为的职司管理的那些团体的实际需要。”① 考古学和文字学发现，最早的苏美尔文本只是宫廷和寺庙官员所记的一些毫无感情的账目。在已知最早的乌鲁克城②苏美尔档案中，约九成的刻写板上都是对采购货物、工人配给和农产品分配等事项的记录。在克诺索斯③宫殿出土的全部 B 类线形文字刻写板中，有 1/3 是关于绵羊和羊毛的账目，而在派洛斯④宫殿发现的极大部分文字记录的都是亚麻。

作为文字前身的各种符号与原始会计一道产生，这也许与原始的公有制有关。原始公有制下，大家一起劳动，需要分配的产品和任务比较多，仅靠大脑记忆不够，更需要符号来记载。郭道扬曾指出原始会计思想及符号的产生来源于原始公有制条件下部落首领对过冬储备的筹划和分配需要。“起初，部落主事人的筹划是在头脑中进行的，后来随着筹划事项趋于繁杂，当主事人在头脑中的筹划已不胜其烦的时候，便迫使他们不得不在头脑之外寻求帮助进行筹划的载体，于是，在旧石器时代中晚期，人类最早的刻划符号或画图便产生了。”（郭道扬，2009）考古学家曾发现一根距今 2 万～3 万年前的长约 18 厘米的幼年狼胫骨，其上深刻着两组被一根线条间隔开来的痕迹，共计 55 道，据专家推断，这也许是对猎物数目的记录。处于旧石器时代晚期的中国北京周口店龙骨山的山顶洞人，从他们在一根鹿角棒上刻下的那些弯曲或平行的浅纹道来看，其部落主事人已能借助记录载体来筹划安排部落的生活。这一时期，产品种类较为单一，人与物之间的关系基本上也只有分配关系，故人们使用的符号也相对简单，以单线条反复使用和直观绘图为特征。随着人类生产能力提高，生产、生活范围扩大，可见、可控、可用的物的数量尤其是种类也随之增加；同时，人与物的经济关系也不仅仅局限于分配，交换、借贷等复杂关系也开始出现。这使得经济记载的需要随之增大，记录的重点遂从偏重数量逐渐向性质和数量兼备的方向转变，简单的刻画符号已无法满足这种需要，系统化抽象化的文字就逐渐在这个基础上发展起来。近万年前，新月沃地的一些农业村舍的人用黏土做成的各种简单形状的记号来计数，如记下羊的头数和谷物的数量。在公元 3000 年前的最后几百年中，

① 柴尔德：《远古文化史》，群联出版社 1954 年版，第 176 页。

② 今伊拉克境内。

③ 今希腊克里特岛境内，公元前 2000 年左右米诺斯文化中心。

④ 今希腊伯罗奔尼撒半岛境内，米诺斯文化的后继者迈锡尼文化的摇篮。

记账技术、格式和符号的发展导致了第一个书写系统——苏美尔楔形文字的产生。“一个苏末[①]的庙宇，拥有了许许多多的产业、羊群牛群和庞大的收入等……管理那种收入的祭司，必须把他们处理神的财产的情形，向他们的神明主人报告，且须保证他那些产业可以保全并增加。……神的执事，必须记录下来：他垫付出去了几瓮种子，是什么样的性质；他交付了好多头绵羊给一个牧人，是什么样的品种。而记录这些事项，必须用一种这么的办法：即不仅要为一个祭司所能解释，而且还须为凡任祭司之职的都能解释，并且，还要能得到神的满意。一言以蔽之，社会公认为一种记事制度的文字，在使寺庙账目保管得圆满一点上，是很重要的。”[②]

三、语言和文字的二元起源论

（一）语言起源于人与人的关系

语言的产生同样源于人们的需要。“语言是一种实践的、既为别人存在因而也为我自身存在的、现实的意识。语言也和意识一样，只是由于需要，由于和他人交往的迫切需要才产生的。”[③] 这种需要首先表现为情感表达的需要。由于痛苦、愤怒、欣慰、欢乐或其他感情，人们本能地发出声音，为语言的形成奠定了基础。王安石在进《字说》表中写道：“物生而有情，情发而为声……人声为言，述以为字。”卢梭认为语言起源于“精神的需要，亦即激情”，“逼迫着人类说出第一个词的不是饥渴，而是爱、憎、怜悯、愤怒。”[④] 情感表达的需要可能是语言需求最早的表现形式，激情的发声是语言产生的条件之一。

需要的形式随后表现为信息传递的需要。人是群居动物，是社会动物，由于个人力量的有限，人类需要协作，需要共同劳动和互相帮助来共同应对自然和天敌的严峻挑战，维持自身的生存和繁衍。因此，同类、同群间的信息传递是必不可少的。人们对来自外界的客观非情感的信息传递的需要大概来自分工。设想这么一群原始人，他们的作息和行动轨迹完全一致，那么他们对外界信息的接收也一致，这样他们可能只需要交流“感受”，而不必分享“信息”。而如果有的人在其他人熟睡时需要昼夜不眠以随时警惕野兽，

① 即苏美尔。

② 柴尔德：《远古文化史》，群联出版社 1954 年版，第 170 页。

③ 马克思、恩格斯：《马克思恩格斯全集》（第三卷），人民出版社 1960 年版，第 34 页。

④ 卢梭：《论语言的起源》，上海人民出版社 2003 年版，第 14 ~ 15 页。

有的人在其他人留驻营地时需要跋山涉险以寻找新的水源，那么他们一定需要将野兽来临或水源距离的信息传递给其他人。分工的发展从而人们从事不同的活动导致了私人信息的产生，在原始公有制的条件下，生存和生产活动需要各种信息的汇总，因此人们之间就需要互相传递个人所得到的信息（在现代的条件下，人们则把私人信息明码标价在市场上交换）。恩格斯说："劳动的发展必然促使社会成员更紧密地互相结合起来，因为劳动的发展使互相支持和共同协作的场合增多了，并且使每个人都清楚地意识到这种共同协作的好处。一句话，这些正在生成中的人，已经达到彼此间不得不说些什么的地步了。"① 既然信息传递成了必要，那么在原始人类那里，这个功能的主要承担者为什么是语言系统而不是其他的什么系统呢？人们选择发展语言系统来进行信息传递，一定是因为与其他可运用的系统相比，语言系统有着成本较低而效率较高的比较优势。"心灵感应"也是一种信息传递的方式，但它不可运用；表情也是一种信息传递的方式，但与语言相比，其丰富多变性不足，从而所能指代的对象和传达的信息要少得多；手势或肢体语言同样是一种信息传递的方式，但它比发音系统所消耗的能量要更多。因此，语言的产生和运用是初民在约束条件下寻求最优的结果。

对处于社会网络中的个人来说，情感表达本质上也是一种信息传递，是将个人自身的感受信息传达给别人的过程，而且往往也是为了寻求自身效用最大化。一个人可以独自黯然神伤或欣喜若狂，但这种情感表露绝对无须借助语言的形式进行。人们在交往时的情感表达在广义上都带有一定的目的，例如，在因为某事获益时通过表达喜悦来激励对方再次为之；在受到挑衅时通过表达愤怒来传递威胁而使对手不敢继续造次等。处于社会交往中的情感表达可能是信息传递的最初内容。随着智力的不断提高，对自然的适应以及社会交往的范围不断扩大，人们所进行的活动和所接触到的事物逐渐增多，信息的传递便不仅局限于情感表达，而朝着更加丰富、客观的方向发展。孔狄亚克指出，"激情迸发时所发出的呼喊声""自然而然地引起动作言语"，在这个过程中"促进了心灵活动的发展"，使人们"养成了把某些观念连结到人为信号上去的习惯"，"他们发出了新的声音，同时，不断重复着那些声音，伴以某种指明他们想要使人注意的东西的姿势，他们就这样养成了习惯，即把名称加给事物"。② 卢梭总结道，"人类最初的语言……就是自然的呼声……它的用途不过是在大的危险中求人救助、或在剧烈疼痛中希望减轻痛苦……当人类的观念逐渐扩展和增多时，并且在人们之间建立起更密切的来往时，他们便想制定更多的符号和一种更广泛的语言。"③

① 《马克思恩格斯全集》（第二十六卷），人民出版社 2014 年版，第 762 页。

② 孔狄亚克：《人类知识起源论》，商务印书馆 1997 年版，第 137 页。

③ 卢梭：《论人类不平等的起源和基础》，商务印书馆 1962 年版，第 91 页。

（二）文字起源与语言起源的不同和联系

长期以来，人们一直将文字仅仅视为语言的表现形式，现代语言学之父索绪尔说道："语言和文字……后者唯一的存在理由是在于表现前者。"① 索绪尔把语言看作观念的符号，那么文字就是"符号的符号"。然而，从发生学的角度，我们已经看到，文字起源于人与物的关系——人对物的记录和分配的需要，而语言起源于人与人的关系——人与人情感表达和信息传递的需要。这种二元的起源关系使得从最初的产生看来，语言和文字好像并不存在从属关系，二者之间也不是一一对应的，而是保持着某种并列——即同样作为信息表达的工具，但是满足不同方面的需要。研究表明，最早的苏美尔文字是由不表音的语标构成的。就是说，它不是以苏美尔语言的特有发音为基础的，它可以用完全不同的发音来表示任何其他语言中的同一个意思。

在行为主义的语言学框架下，语言不过是一个随时准备在刺激下做出反应的行为倾向系统。从这个意义上说，动物的交流系统和人类的语言并无本质区别，只不过人类语言稍显复杂些而已。卢克莱修说："人能发展语言，这绝不是值得奇怪的事，因为甚至动物也用不同的声音来表达它们不同的情感。"② 波普尔曾提出"从动物语言到人类语言的进化"③，他认为，人类语言起源于动物语言，二者都是一种交际系统，并且在某些功能上是一致的。"人类语言和动物语言共同具有两种较低级的语言功能：（1）自我表达；（2）发出信号。"④ 动物也有自己的"语言"，这是它们表达喜怒哀乐等情感和向同类传递各种信息的客观需要。以大象为例，科学家发现大象每天用 70 多种声音语言相互交流。大象的声音语言具有表达情感的作用，如高兴、同情、性交要求、玩耍以及其他一些情绪要求等。除此之外，大象发出的吼声有各种各样的信息传递的目的和用途，如向伙伴发出危险警告、协调组织行动、调解纠纷、吸引异性、加强家庭联系、宣布它们的需要和愿望等。既然动物出于情感表达和信息传递的需要可以发展出一套用以表情达意的声音系统，那么，早期人类也应该有类似的声音系统或语言。赫尔德说："当人还是动物的时候，就已经有了语言。他的肉体的所有最强烈的、痛苦的感受，他的心灵的所有激昂的热情，都直接通过喊叫、声调、粗野而含糊的声音表达出

① 索绪尔：《普通语言学教程》，商务印书馆 1999 年版，第 47 页。

② 卢克莱修：《物性论》，商务印书馆 1981 年版，第 327 ~ 328 页。

③ 波普尔：《客观知识》，上海译文出版社 1987 年版，第 246 页。

④ 波普尔：《客观知识》，上海译文出版社 1987 年版，第 128 页。

来。”[①] 如果仅以“自我表达”和“发送信号”两种较低级的功能来定义“语言”，那么人类语言起源可能早于十万年。类人猿应该有语言，北京猿人和元谋猿人等早期人类更应该有语言。没有语言，他们肯定会憋死——开心了要笑，发怒了要吼，伤心了要哭，求爱了要呢喃，遇到危险或找到食物了要通报给同伙，等等，这种情感表达和信息传递的强烈需要催生了语言。

然而，许多动物都有自己的语言，但只有人类发展出了文字。这是因为情感表达和信息传递的需要为包括人在内的一切社会性动物所共有，而记录和管理财富的需要是生产力发展到一定水平的人类所独有的。从这一点也能看出，语言的需要并不一定导致文字的产生，二者更像两条分别发源的溪流，在历史的某个节点最终汇聚起来，并自此一直相伴而行。那么二元起源的语言和文字什么时候完成了合流呢？也许整个文字史上最重要的一步是开始借助发音相同而又可以画出来的名词的符号来书写抽象名词。例如，要用一个可以识别的图形画出“弓”很容易的，但想要画出“生命”就困难了，但两者的发音在苏美尔语里恰好相同，因此一张弓的图形的意思或者是“弓”，或者是“生命”，解决歧义的方法是加上一个叫作义符的无声符号，用来表示对象所属的名词类别；再例如，要对“跳舞”这个动作进行象形是容易的，但是对于“没有”这个抽象概念进行象形是难以做到的，但是在中国先民的语言中，“跳舞”和“没有”恰好是同音的，因此人们就用表示舞蹈的“無”字来同时指代这两种意象，后来为了避免歧义，又重新构造了“舞”字。可以说，到了这个阶段，文字才开始发挥其表现语言的功能。后来，过于简化的字母文字几乎完全丧失了其表意性，因此对文字的“研究将仅限于表音体系”的索绪尔才会毫无顾虑地给出上述论断。但索绪尔明确指出：“对汉人来说，表意字和口说的词都是观念的符号；在他们看来，文字就是第二语言。”[②] 也就是说，在表意系统中，文字并不仅仅是“符号的符号”，而是同语音一样的观念的符号，二者的地位不说是平等的，起码没有逻辑上的先后之分。哈里斯（Harris R.）（2000）旗帜鲜明地主张文字与语言是两种并行的符号系统，文字并不只是为了记录语言。由此看来，文字可以表现语言并非文字只是为了表现语言而产生，二者的现状是紧密联系的，但起源是二元的，相对独立的。文字的全部内容既不仅仅来源于口头语言，也不仅仅来源于各种原始会计记录，它是二者的结合，但从历史和逻辑的起点来看，后者应该先于前者而发生。

① 赫尔德：《论语言的起源》，商务印书馆 1998 年版，第 2 页。

② 索绪尔：《普通语言学教程》，商务印书馆 1999 年版，第 51 页。

四、再论文字的构建性和语言的演化性

汉民族自古有“仓颉造字”的说法，《吕氏春秋·君守》和《淮南子·本经训》均有“仓颉作书”的记载，许慎在《说文解字》中写道：“黄帝之史仓颉见鸟兽蹄迒之迹，知分理之可相别异也，初造书契……仓颉之初作书，盖依类象形，故谓之文，其后形声相益，即谓之字①。”无论是西方早期的语言文字神授说还是中国古代的仓颉造字说，均是一种基于权威主义的制度构建说，即认为语言文字有明确的“制造主体”，需要依靠精英和权威进行设计和施加影响。与此针锋相对的还有另一种语言文字进化或演化论。这种观点认为语言文字制度是由长期的无意识演化选择产生的，对语言文字的创生和选择很可能是行为互动、试错选择和优胜劣汰的进化过程。

我们的一贯看法是，语言是演化的，文字基本上是基于权威主义的构建（黄少安等，2011）。从语言和文字的起源中，我们能更清晰地看出这一点。语言起源于人与人之间的关系，是交际的工具，“为了产生语言或交流，不仅必需发出信号的有机体即‘发话者’，而且也需要一个发生反应的有机体即‘受话者’。”② 因此，语言的产生一开始就是多主体互动的结果，因为语言的本质是“传递信息”，这种传递只能发生在横向主体之间，因为语音是即时的，不可储存的（当然现代录音技术的发展打破了这个限制）。文字却不然。文字的本质是“储存并再现信息”，这种功能不仅可以发生在同时的多主体之间，也能纵向发生于单个主体的不同时点。回想那个需要对过冬储备进行筹划和分配的部落首领，她自行设计的与产品种类数量一一对应的类文字符号，只需要她自己能够理解，能够在数月后按照数月前所写下的东西还原当时的信息即可。这种功能的实现不依赖于别人的同意。当她想让其他人知道她所创造的这套符号的意义时，她只需要教给他们就好了。因此，从逻辑上说，文字的发明本身不需要依赖多主体的互动。此外，从历史上看，和语言不同，文字的使用一开始就限于权威，限于小部分人，直到后来其使用才慢慢下移。早期的文字知识只有国王或寺庙雇用的专职抄写员才掌握。根据笔迹识别，研究发现克诺索斯和派洛斯宫殿保存下来的用 B 类线形文字抄写的文件分别出自仅仅 75 个和 40 个抄写员之手。这种情况与文字最初发挥的是会计功能而不是表情达意功能的现实密切相关。古代苏美尔的国王和祭司们希望文字由专职的抄写员用来记录应完税交纳的羊的头数，而不是由平民大众用来写诗和图谋不轨，非专职人员使用文字只是很久以后的事。因

① 许慎：《说文解字》，中华书局 1963 年版。

② 波普尔：《客观知识》，上海译文出版社 1987 年版，第 247 页。

此，无论是从本质还是历史来看，文字都比语言更具构建性。当然，从长期来看，文字也是演化的，文字的构建也要遵循人们的习惯和对方便的要求。演化和构建对语言文字而言，是共同发生作用的，任何建构都可以看作长期演化过程中的某一个驻点。

五、文字演变的趋简性——效率的提高和交易成本的节约

语言文字在其发挥信息载体和传播工具作用的意义上，整体的演变方向是趋简。所谓趋简，是指“越来越能清晰而准确地表达相对更多的意思或承载更多的信息，而同时又越来越便于学习和使用以及进行信息化处理——即越来越便于读好、写好、用好、存好”（黄少安等，2011）。关于语言的趋同趋简，前述备矣［见黄少安等（2011）；张卫国（2011）；黄少安（2015）］，文字的趋简道理一致。为什么我们约定“这样”写而不“那样”写？是因为“这样”写“性价比”最高，即能在耗费最少的情况下最大限度地储存和传递最合适的信息。经济学中的效率原则，语言学中的齐普夫定律，汉字从小篆到隶书再到简体字的历史现实，都使我们很容易理解信息意义上的文字趋简。从会计学角度看，会计作为信息记录、储存、传递的系统，是要考虑信息成本的，所以，会计既要求信息丰富准确，也同样要求简明扼要，以尽可能简单的文字符号数据、尽可能多而准确地表达信息。

在新古典制度经济学的理论框架中，制度存在的意义在于协调人与人之间的关系，节约交易成本，制度的效率评价或比较选择以交易成本的高低为依据，制度的变迁或演化也是以交易成本最小化为方向。签约成本是交易成本的重要组成，而要订立和记录买卖、借贷合同，文字是必不可少的。过分复杂的文字符号增加了记录的时间和难度，消耗了更多的记录材料，增加了记录错误的风险（想想中国古代的通假字），这些都直接增加了交易成本。因此，从节约交易成本的意义上说，人们之间的经济关系越密切复杂，交换、借贷等经济往来越多，从而需要应用文字进行会计记录的场合越多，文字也应该越趋于简化。从历史上看，越崇尚商业的民族的文字似乎越趋于简化。例如，字母文字就产生于古代中东地区崇尚商业的民族——腓尼基人，现在的英文 26 个字母的源头就是腓尼基人创造的表音文字的 22 个字母，他们的表音文字就是在古埃及人的象形文字和苏美尔人的楔形文字的基础上变通、简化而创造的；古印度人创造的阿拉伯数字能够被普及，也与善于经商的古阿拉伯人密切相关。反之，在自给自足的自然经济中，人们之间少有密切复

杂的经济往来，文字制度的经济作用没有充分发挥的空间，文字趋简的动力就可能不足，进程可能就相对比较缓慢。

当然，文字的趋简并不等同于文字的笔划越来越少、符号越来越简单。如果一种文字元素太少，所产生的语句组合不能清晰表达意思，这种简化就违背了语言的演化规律。我们可以想象，如果这篇文章的全部文字全部用字符“一”写成，那么它可以说达到了最简，但是很明显会让人不知所云，产生巨大的歧义。一个现实的例子是不成功的第二次汉字简化方案。文字的趋简在最简符号和最小歧义的权衡取舍之间存在着某种均衡，这种均衡对于作为信息载体和传播工具的文字来说是一种最优状态。

六、总　　结

制度对于人类社会的秩序稳定和经济发展具有重大的影响。研究制度的起源，可以从深层次上对制度有更全面的理解。语言文字作为人类的元制度即“制度的制度”，对其起源进行理论的分析是重要的。“文字起源于会计”，“文字起源于人与物的关系即人对物的记录和管理的需要，语言起源于人与人的关系即人与人情感表达和信息传递的需要”，这些理论假说有助于我们进一步理解会计起源和现代会计制度在人类文明进程中的作用和现代经济管理中的地位，更加准确地认识和理解语言和文字之间的关系，更加深刻地洞悉语言文字的本质和发展的客观趋势，从而促使我们谨慎地构建制度，并且敬畏演化而成的制度，遵循制度演化的规律，更好地解决诸如汉字的繁简之争、普通话推广与方言和少数民族语言保护之间的碰撞等现实问题，充分发挥语言文字制度服务人民生产生活，提高社会福利的积极作用。

参考文献

1. 波普尔：《客观知识》，上海译文出版社 1987 年版。

2. 柴尔德：《远古文化史》，群联出版社 1954 年版。

3. 达尔文：《人类的由来》，商务印书馆 1997 年版。

4. 甘世安、杨嵘：《从信号到符号——认知语言学对人类语言起源的诠释》，载于《西北大学学报（哲学社会科学版）》2005 年第 4 期。

5. 郭道扬：《论会计职能》，载于《中南财经大学学报》1997 年第 3 期。

6. 郭道扬：《人类会计思想演进的历史起点》，载于《会计研究》2009 年第 8 期。

7. 何丹：《论“图画文字说”的原始版》，载于《浙江大学学报（人文社会科学版)》2004 年第 5 期。

8. 赫尔德:《论语言的起源》，商务印书馆 1998 年版。

9. 黄少安:《制度经济学中六个基本理论问题新解》，载于《学术月刊》2007 年第 1 期。

10. 黄少安:《制度经济学》，高等教育出版社 2008 年版。

11. 黄少安:《交易成本节约与民族语言多样化需求的矛盾及其化解》，载于《天津社会科学》2015 年第 1 期。

12. 黄少安、苏剑:《语言经济学的几个基本命题》，载于《学术月刊》2011 年第 9 期。

13. 孔狄亚克:《人类知识起源论》，商务印书馆 1997 年版。

14. 刘小涛、何朝安:《从动物语言到人类语言的进化?》，载于《哲学动态》2010 年第 6 期。

15. 卢克莱修:《物性论》，商务印书馆 1981 年版。

16. 卢梭:《论人类不平等的起源和基础》，商务印书馆 1962 年版。

17. 卢梭:《论语言的起源》，上海人民出版社 2003 年版。

18. 马克思、恩格斯:《马克思恩格斯全集》（第三卷），人民出版社 1960 年版。

19. 马克思、恩格斯:《马克思恩格斯全集》（第二十六卷），人民出版社 2014 年版。

20. 摩尔根:《古代社会》(上册)，商务印书馆 1981 年版。

21. 潘文国:《“字本位”理论的哲学思考》，载于《语言教学与研究》2006 年第 3 期。

22. 斯密:《亚当·斯密全集》(第 5 卷)，商务印书馆 2014 年版。

23. 索绪尔:《普通语言学教程》，商务印书馆 1999 年版。

24. 许慎:《说文解字》，中华书局 1963 年版。

25. 张卫国:《语言，及其起源与变迁：一种制度经济学的解释》，载于《制度经济学研究》2011 年第 4 期。

26. Aitchison J. , 1996, *The Seeds of Speech*: *Language Origin and Evolution*, Cambridge: Cambridge University Press.

27. Diamond J. , 1997, *Guns*, *Germs*, *and Steel*: *The Fates of Human Societies*, Scranton: W. W. Norton & Company, Inc.

28. Gelb I. J. , 1963, *A Study of Writing*, Chicago: University of Chicago Press.

29. Harris R. , 2000, *Rethinking Writing*, London: Athlone Press.

30. Jespersen O. , 2010, *Language*; *Its Nature*, *Development*, *and Origin*, New York: General Books.

31. Schmandt – Besserat D. , 1992, *Before Writing*, Texas: University of Texas Press.

32. Warburton W. , 2010, *The Divine Legation of Moses Demonstrated*, New York: General Books.

The Hypothesis that Writing Originated from Accounting: On the Dual Origin Theory of Writing and Language

HUANG Shaoan HOU Xin

(The Center For Economic Research, Shangdong University, 250100)

[**Abstract**] Institutional economics focuses on the origin of language as a human meta-institution. According to archaeological analysis and the summarization of relevant knowledge and experience, this paper proposes that writing originated from the relationship between people and things, that is, the need for people to record and manage things, while language originated from the relationship between people, that is, the need for emotional expression and information transmission between people; writing originated from accounting; writing is more constructible, while language is more evolutionary. These theories help to further understand the origin of accounting and the role of modern accounting system in the process of human civilization as wellas its position in modern economic management.

[**Key Words**] The Origin of Writing　Accounting　Evolution and Construction

JEL Classifications: B52

“雪中送炭”还是“锦上添花”？

——语言能力与教育对劳动者收入影响的交互关系研究*

▶李晓文　张卫国**◀

【摘　要】大量研究表明，语言能力是影响劳动力市场就业及劳动者收入的重要因素之一。然而，对于不同教育程度的劳动者而言，语言能力的工资效应是“雪中送炭”还是“锦上添花”，这个问题目前尚没有得到充分的研究和考察。基于 2010 年和 2017 年中国综合社会调查（CGSS）数据，运用 OLS 回归、条件分位数回归、广义分位数回归以及工具变量法，对普通话能力的经济回报与教育人力资本的互动关系进行实证分析。研究表明：(1) 无论是整体劳动力市场，还是不同群体，普通话能力对劳动力收入具有显著的正向效应；(2) 普通话对初中及以上学历劳动者的经济回报明显低于小学及以下学历的劳动者；(3) 受教育年限在普通话能力产生工资效应的过程中起到了中介效应；(4) 我国劳动力的普通话能力回报率在低、中低、中高、高分位点上均出现差异。本文的研究结果对于理解劳动力市场上语言能力和教育之间的互动具有积极的意义。

【关键词】**语言能力　普通话　工资收入　教育扶贫**

中图分类号：**F249.24**　文献标识码：**A**

一、问题的提出

收入分配差距是世界各国普遍存在并致力于解决的一个重要社会问题。

* 基金项目：国家语委重大科研项目“语言扶贫的经验成效及相关理论问题研究”（编号：ZDA135－9）。

** 作者简介：李晓文，山东大学经济研究院博士研究生。张卫国（通讯作者），经济学博士，山东大学经济研究院教授，博士生导师，sduzwg@126.com（山东济南 250100）。

经济学研究表明，人力资本是影响居民收入差距的重要因素；人力资本投资不同会导致收入不同，进而产生收入差距，并且人力资本投资具有阶层固化效应与回报率马太效应（张车伟，2006）。教育和培训是人力资本投资的主要方式（Becker，1962），要改善居民的人力资本构成进而提高劳动收入，教育是关键。的确，随着我国经济社会和教育事业的快速发展，特别是随着《国家中长期教育改革和发展规划纲要（2010—2020年)》的颁布和实施，我国基础教育均衡发展取得了重大进展（翟博和孙百才，2012），普及初等教育和义务教育在缩小收入差距问题中发挥了重要的作用（张驰和叶光，2016）。

在收入分配研究中，语言因素是一个较为新颖的切入点，且它与教育密切相关。首先，语言是教学的媒介，没有任何一种教育不需要语言就可以完成；其次，劳动者通过语言学习获得语言能力也是人力资本投资的一种具体体现（张卫国，2008）。因此，近年来国内有关语言与收入的研究陆续出现，发现普通话能力对于收入、就业和扶贫等均有显著影响（赵颖，2016；张书赫、王成军、沈政，2020；张卫国，2020）。也有研究发现，普通话、教育及其他人力资本因素如工作经验、劳动力流动等形成互补而影响劳动力收入（王兆萍和马小雪，2019）。然而，普通话能力的工资效应对于不同学历的劳动者而言，是“雪中送炭”还是“锦上添花”？这个问题尚未有定论。特别是，自《义务教育法》实施至今，我国整体劳动力受教育年限得到极大地提升（翟博，2010），其部分上得益于推普政策的实施。2020年，全国普通话普及率已达到80.72%，初步消除了各民族之间语言上的交际障碍（陈丽湘，2021）。在这样一个背景之下，考察普通话能力的经济回报及其与教育的互动，是非常有必要的。这对精准推普、巩固语言扶贫效果、缩小收入差距等都有着理论和现实意义。

本文利用2010年和2017年中国综合社会调查（CGSS）的数据，估计了普通话能力对我国劳动者工资收入的影响，并重点考察了初中及以上学历与普通话能力在工资效应中的交互作用。研究发现：无论是整体劳动力市场，还是不同群体，普通话能力对劳动力收入具有显著的正向效应；而普通话对初中及以上学历劳动者的工资效应，明显低于小学及以下学历的劳动者。这表明，在近年我国劳动力市场上普通话能力成为低学历劳动者提高收入的重要工具。本文机制分析发现，受教育年限在普通话能力产生工资效应的过程中起到了中介效应。而进一步研究发现，我国劳动力的普通话能力回报率在低、中低、中高、高分位点上均出现差异。

与以往研究相比，本文可能具有（且不限于）以下方面的边际贡献：一是将是否具有初中及以上学历作为分界点，探究不同学历劳动者的普通话回报率差异以及在各收入分位点呈现的态势区别；二是验证了普通话能力通过受教育年限对劳动者的工资收入产生正向影响这一机制；三是从研究视角上丰富了现有关于中国教育研究以及普通话能力回报的文献。

二、相关文献回顾

（一）普通话能力与劳动力收入相关研究

目前，有关语言能力与劳动力收入研究的文献为数不少。本文主要围绕普通话能力对不同学历劳动者的工资效应及其差异开展研究，该话题与下列研究线索密切相关：

一是普通话能力对于普通劳动者的影响。语言能力是一种人力资本（Chiswick and Miller，1995），一系列研究发现，语言能力可以有效提高劳动者求职和工作效率，进而提高劳动者经济地位（Chiswick and Miller，2003，2010）。在我国劳动力市场上，普通话能力也不例外。普通话能力之所以能对劳动者工资收入产生影响，关键在于语言能力作为人力资本是稀缺的（张卫国，2008）。现有证据表明，普通话能力对劳动者收入具有积极的正向影响（赵颖，2016；雷昊、王善高、姜海，2020），并且普通话能力在官话方言区的工资效应明显低于非官话方言区（张卫国和李晓文，2021）。

二是普通话能力对农民工以及西部地区和少数民族地区劳动者的影响。高和史密斯（Gao and Smyth，2010）较早地对普通话能力对农民工的就业和收入展开研究，发现普通话熟练的农民工在其他同等条件下较单纯掌握方言的农民工能更好地把握就业机会。程虹和王岚（2019）利用“中国企业—劳动力匹配调查”（CEES）数据对普通话能力与农民工工资关系进行了检验，发现和普通话能力较低的农民工群体相比，普通话能力中等和较高的农民工其工资收入分别要高19.4%～21.0%和30.3%～34.9%。张书赫等（2020）、陈虹等（2021）也发现，普通话能力对于非农就业具有提质效果，显著地影响农民工的外出务工收入。而王兆萍和马小雪（2019）发现，普通话能力尤其是口语能力，相比教育而言其对少数民族劳动力职业收入有更明显的提升作用，且在中低收入层次劳动力中体现得更加显著。类似地，蔡文伯（2021）的研究发现，普通话单项口语能力和听力能力均极大程度地影响了西部地区劳动力的收入情况。唐曼萍和李后建（2019）发现普通话技能（口语沟通能力和中文读写能力）在西部民族地区对农户具有减贫效应。王海兰等（2019）认为在“三区三州”地区开展推普脱贫，需要发挥学校在推普中的基础性作用，，将语言扶贫嵌入教育扶贫，以助力精准扶贫。

（二）教育与劳动力收入相关研究

现有关于中国教育回报率的文献多样而丰富，但关于教育回报率的研究在未来一段时期仍然是教育经济学、劳动经济学的一个重要研究主题，它对于认识中国劳动力市场具有理论价值。本文话题与下列研究线索密切相关：

一是教育与收入不平等的关系。国外一系列关于收入分配的人力资本研究指出，人口总体的平均受教育程度和教育分布状况都会对收入分配状况产生影响（Scultz，1960；Becker，1964；Mincer，1974）。与国外多数研究的结论相同，中国教育的不平等程度和收入不平等程度正相关（白雪梅，2004）。姚先国和张海峰（2004）从收入不平等现象出发，认为教育回报率之间的差异是目前城乡收入差距拉大的另一个重要原因。然而教育不平等的改善并没有促进收入不平等的改善，收入不平等的降低将会显著地改善教育不平等（杨俊等，2008）。徐舒（2010）将教育的总效应分解为要素回报效应和要素结构效应，发现前者拉大了收入不平等，而后者降低了收入不平等，但总效应仍然是收入不平等的扩大。除外在天生能力之外，子女接受的后天教育是导致我国代际内收入差距扩大和代际间收入流动性减弱的一个重要因素（杨娟等，2015）。刘生龙等（2016）发现，高收入群体的教育回报率高于低收入群体，表明教育在一定程度上具有导致城镇居民收入差距扩大的“马太效应”。收入不平等的扩大强化了家庭的地位关注动机，并进一步推高了家庭教育支出的整体水平（闫新华和杭斌，2017），且这一作用随着家庭收入地位的上升而下降（吴玲萍等，2018）。

二是义务教育相关研究。《义务教育法》的实施，显著提高了受影响人群的受教育年限，以及对个人收入产生显著的正向影响（刘生龙等，2016）。黄斌和钟晓琳（2012）发现，农村地区后义务教育收益率远高于义务教育收益率，而普通教育收益率显著低于职业教育与培训收益率。义务教育阶段的家庭教育负担要明显小于非义务教育阶段的家庭教育负担（迟巍等，2012）。汪德华等（2019）评估了20世纪90年代中期二片地区“国家贫困地区义务教育工程”的政策效果，发现中国的“扶教育之贫”政策，能够有效促进贫困地区基础教育发展。

综上所述，既有文献大多考察了普通话能力对全体或部分劳动者收入的影响，或研究了教育与收入不平等之间的关系。然而，鲜有文献聚焦于劳动力市场上语言和教育之间的互动。本文正是针对这一问题进行一系列探究。

三、数据来源与模型构建

（一）数据来源

本文数据选取自 2010 年和 2017 年中国综合社会调查（CGSS）。中国综合社会调查是中国人民大学联合全国各地的学术机构共同执行的大量数据库项目，其数据已为大量的实证研究服务。本文采用的是该项目调查中的居民问卷，样本量分别是 11 785 份和 12 582 份。针对计量模型的设定，我们筛选出可供研究的样本（处于工作状态、年收入在 1 000 ~ 1 000 000 元之间、男性 17 ~ 60 岁或女性 17 ~ 55 岁的个体），最后本文所使用的 2010 年及 2017 年有效样本分别为 5 477 个和 5 142 个观测值。

（二）变量选择

本文主要研究普通话能力的工资效应，因此计量模型的选取是基于标准的明瑟半对数收入方程。

$$\mathrm{lnsalary}_{it} = \alpha_0 + \alpha_1 \mathrm{mandarin}_{it} + \sum \alpha_j \mathrm{control}_{it} + \varepsilon_{it} \tag{1}$$

$$\begin{aligned}\mathrm{lnsalary}_{it} = {} & \alpha_0 + \alpha_1 \mathrm{mandarin}_{it} + \alpha_2 \mathrm{junior}_{it} \times \mathrm{mandarin}_{it} \\ & + \sum \alpha_j \mathrm{control}_{it} + \varepsilon_{it}\end{aligned} \tag{2}$$

其中，下标 i 指个体，t 指年份，ε_{it}是扰动项。上式中的被解释变量 lnsalary 为年工资收入的对数，选取年收入是为了符合城镇劳动力的计薪习惯并更好地将年终奖等职业收入包括进去。mandarin 是核心解释变量，表示受访者自评的普通话能力水平；本文选取了普通话的口语表达能力（下称“普通话能力”）为研究对象，自评“很好”为 5，“比较好”为 4，“一般”为 3，“比较差”为 2，“完全不会说”为 1。

control 为一系列控制变量，包括如下若干个影响收入水平的变量：age 是受访者的年龄，age2 为 age 的平方项；gen 是性别虚拟变量，男性为 1，女性为 0；edu 是受访者的受教育年限；health 是受访者自评的健康状况，自评很健康为 5，比较健康为 4，一般为 3，比较不健康为 2，很不健康为 1；hukou 是受访者是否拥有城镇户口的虚拟变量；job_type 代表受访者当前是否从事非农工作；partner 是受访者有否伴侣的虚拟变量，初婚及再婚状态有配偶的与同居状态的为 1，未婚、分居、丧偶以及分居状态的为 0；english 是受访者自评的英语能力水平（听力与口语两者选取较大值）；junior 为受访者是否拥有初中及以上学历的虚拟变量。模型（2）中加入 juma（ = junior × mandarin），以针对初中及以上学历对普通话工资效应产生的交互效应进行考察。

（三）描述性统计

表 1 列出本文 CGSS2010 和 CGSS2017 数据变量的描述性统计。可以发现，受访者普通话能力（mandarin）均值随着时间推移有所提高。而受访者的学历（edu）均值从 9.72 年提高到 10.81 年，符合近年劳动者受教育水平提高的事实；gen 的均值保持稳定；job_type 的均值提高，说明越来越多劳动者从事非农类型的职业；partner 的均值减小，亦符合当前结婚率下滑同时离婚率逐年上升的社会现实。以上描述性统计结果，均与实际情况相吻合，在此不多赘述。

表 1　　主要变量描述性统计

变量	2010 年				2017 年			
	均值	标准差	最小值	最大值	均值	标准差	最小值	最大值
被解释变量								
lnsalary	9.40	1.09	6.91	13.82	10.33	1.12	6.91	13.82
核心解释变量								
mandarin	3.19	1.20	1.00	5.00	3.44	1.12	1.00	5.00
其他变量								
gen	0.58	0.49	0.00	1.00	0.57	0.50	0.00	1.00
age	39.73	10.00	17.00	60.00	40.27	10.41	17.00	60.00
age2	1 679	794.30	289	3 600	1 730	831.50	289	3 600
edu	9.72	4.22	0.00	19.00	10.81	4.20	0.00	19.00
health	3.90	1.01	1.00	5.00	3.82	0.96	1.00	5.00
hukou	0.44	0.50	0.00	1.00	0.37	0.48	0.00	1.00
job_type	0.69	0.46	0.00	1.00	0.79	0.41	0.00	1.00
partner	0.87	0.34	0.00	1.00	0.82	0.38	0.00	1.00
english	1.55	0.84	1.00	5.00	1.72	0.93	1.00	5.00

表 2 列出受访者普通话能力与受教育年限交叉描述性统计结果。本文发现：一方面，初中及以上学历的受访者比例有所提高；另一方面，普通话能力处于中上水平（mandarin = 3/4/5）的受访者比例同样呈现增长趋势。

表 2　　普通话能力与学历交叉描述性统计

变量	2010 年		2017 年	
mandarin	junior = 0	junior = 1	junior = 0	junior = 1
1	7.61%	2.56%	3.09%	1.91%
2	7.76%	9.02%	6.22%	8.09%
3	7.80%	26.02%	6.59%	26.41%
4	2.61%	19.99%	3.05%	23.98%
5	1.06%	15.57%	0.93%	19.72%
合计	26.84%	73.16%	19.88%	80.11%

表 3 列出本文 CGSS2010 及 CGSS2017 普通话能力的分组描述性统计。按工作性质分组，务农的受访者普通话能力显著低于非农工作性质的受访者，而且前者基尼系数均较后者大；按性别分组，女性受访者在 2010 年均值较男性低，但前者在 2017 年超越了后者，而且前者基尼系数较大；按学历分组，较高学历受访者在 2010 年和 2017 年普通话能力均高于中低学历受访者，前者基尼系数较小。

表 3　　普通话能力分组描述性统计

组别	分组说明	2010 年		2017 年	
		均值	基尼系数	均值	基尼系数
按工作性质分组					
务农	job_type = 0	2.48	0.26	2.60	0.23
非农	job_type = 1	3.51	0.17	3.67	0.15
按性别分组					
女性	gen = 0	3.17	0.23	3.51	0.18
男性	gen = 1	3.20	0.20	3.39	0.18
按学历分组					
小学及以下学历	junior = 0	2.32	0.26	2.62	0.22
初中及以上学历	junior = 1	3.51	0.17	3.64	0.16
按区域分组					
胡焕庸线以东	京、津、冀、豫、鲁、晋、苏、浙、沪、皖、闽、粤、琼、桂、湘、鄂、赣、黔、黑、吉、辽、渝、陕	3.35	0.19	3.55	0.17

续表

组别	分组说明	2010 年		2017 年	
		均值	基尼系数	均值	基尼系数
按区域分组					
胡焕庸线以西	川、滇、甘、蒙、宁、青、新、藏	2.35	0.28	2.64	0.23

著名地理学家胡焕庸（1935）曾提出中国人口地理的重要分界线（简称“胡焕庸线”），是中国地理学发展的重要成果（陆大道等，2016），被广泛认可和引用。本文在区域分组部分采用胡焕庸线为划分界线，其中胡焕庸线穿过的部分大部分归入该线以西区域（黑龙江省与陕西省归于以东区域）。在该分组中，胡焕庸线以东区域受访者普通话能力均值明显较以西区域高，而基尼系数则较低。

观察上述描述性统计结果，发现：第一，受访者的普通话能力水平整体得到提高并逐渐缩小高低差距；第二，受访者的普通话能力水平存在群体差异和区域差异；第三，受访者的受教育年限水平近年在群体和区域中均得到提高。

四、实证结果：普通话能力与教育人力资本的互动关系

（一）基准回归分析

OLS 的初步实证结果显示，普通话能力对劳动者工资产生显著的正向效应（见表4），说明在近年我国劳动力市场上，普通话作为工作语言发挥了重要的影响。在加入交互项前（见表4 第2 及第6 列），2010 年和2017 年普通话能力的回报率分别为8.6% 和6.1%，呈下降趋势。

表4　　普通话能力的经济回报

变量	2010 年				2017 年			
	模型1	模型1	模型1	模型2	模型1	模型1	模型1	模型2
	全样本	junior = 0	junior = 1	全样本	全样本	junior = 0	junior = 1	全样本
mandarin	0.086*** (0.012)	0.132*** (0.023)	0.070*** (0.014)	0.119*** (0.015)	0.061*** (0.013)	0.168*** (0.031)	0.026* (0.014)	0.114*** (0.016)

续表

变量	2010 年				2017 年			
	模型 1	模型 1	模型 1	模型 2	模型 1	模型 1	模型 1	模型 2
	全样本	junior = 0	junior = 1	全样本	全样本	junior = 0	junior = 1	全样本
juma	— —	— —	— —	-0.045 *** (0.011)	— —	— —	— —	-0.066 *** (0.013)
edu	0.051 *** (0.004)	0.013 (0.008)	0.090 *** (0.006)	0.061 *** (0.004)	0.054 *** (0.004)	0.001 (0.011)	0.085 *** (0.005)	0.068 *** (0.005)
gen	0.347 *** (0.021)	0.358 *** (0.044)	0.359 *** (0.024)	0.346 *** (0.021)	0.375 *** (0.022)	0.547 *** (0.055)	0.347 *** (0.024)	0.381 *** (0.022)
age	0.052 *** (0.008)	0.050 *** (0.017)	0.057 *** (0.009)	0.050 *** (0.008)	0.079 *** (0.009)	0.089 *** (0.029)	0.080 *** (0.009)	0.076 *** (0.009)
age2	-0.001 *** (0.000)	-0.001 *** (0.000)	-0.001 *** (0.000)	-0.001 *** (0.000)	-0.001 *** (0.000)	-0.001 *** (0.000)	-0.001 *** (0.000)	-0.001 *** (0.000)
health	0.082 *** (0.011)	0.104 *** (0.019)	0.072 *** (0.013)	0.082 *** (0.011)	0.097 *** (0.012)	0.133 *** (0.026)	0.087 *** (0.014)	0.099 *** (0.012)
hukou	0.088 *** (0.029)	0.026 (0.076)	0.029 (0.032)	0.089 *** (0.028)	0.113 *** (0.027)	0.173 (0.107)	0.079 *** (0.028)	0.108 *** (0.027)
job_type	0.608 *** (0.030)	0.609 *** (0.053)	0.649 *** (0.038)	0.615 *** (0.030)	0.685 *** (0.033)	0.674 *** (0.065)	0.654 *** (0.041)	0.697 *** (0.033)
partner	0.124 *** (0.033)	0.194 *** (0.071)	0.121 *** (0.037)	0.125 *** (0.033)	0.183 *** (0.032)	0.246 *** (0.087)	0.187 *** (0.034)	0.189 *** (0.032)
english	0.122 *** (0.016)	0.023 (0.102)	0.074 *** (0.017)	0.120 *** (0.016)	0.128 *** (0.016)	0.221 *** (0.080)	0.093 *** (0.016)	0.120 *** (0.016)
province	控制	控制	控制	控制	控制	控制	控制	控制
R - squared	0.5386	0.3754	0.4837	0.5399	0.5430	0.4711	0.4781	0.5454
Obs.	5 477	1 470	4 007	5 477	5 142	1 023	4 119	5 142

注：括号内为标准误；* 表示 P < 0.1，** 表示 P < 0.05，*** 表示 P < 0.01。

表中其他变量的回归系数，如男性、健康水平、城镇户口、非农工作性质、有伴侣、英语能力等因素，均与工资收入呈正相关关系；年龄的平方项显著为负，说明年龄与工资收入之间则存在倒 U 型曲线关系。这一系列结果与以往同类研究基本一致，此处不再赘述。

此处就模型1作学历分组处理（见表4第3、第4、第7及第8列），结果发现：获得初中及以上学历劳动者普通话能力的工资效应明显低于同期小学及以下学历的劳动者。考虑到交互项juma，本文依据上面建立的模型2进行OLS回归（结果见表4第5及第9列）。可以看出，CGSS2010和CGSS2017中普通话能力的工资效应（mandarin’ = mandarin + juma）实际上应为7.4%和4.8%，较同期未加入交互项有明显下降；而交互项juma系数始终显著为负且呈现下降趋势，说明劳动者获得初中及以上学历会降低其普通话能力的工资效应。

在CGSS2010及CGSS2017中，教育回报率（edu）系数基本为正（且初中及以上学历分样本回归系数显著），与大部分教育回报相关研究的结论相符。值得注意的是，模型1中mandarin与edu的系数之和为13.7%和11.5%，而同期模型2中mandarin、juma与edu的系数之和为13.5%和11.6%，基本上是相当的。同时，初中及以上学历分组中edu系数较小学及以下学历的高且显著。

由表4可知，普通话能力对劳动收入的贡献度近年具有一定幅度的变化。本文对这一现象的解释有以下方面：一是普通话能力作为人力资本虽然存在稀缺性，但受推普的影响该稀缺性会随着劳动者的整体普通话水平提高而减小，其收入贡献率也会出现相应的波动。不过推普政策对劳动力市场的影响可能是缓慢的。二是随着收入变化。普通话能力回报率可能会随着人群阶层收入分布状况而变化（蔡文伯，2021）。三是随着我国义务教育法推进实施，低学历劳动者在人口中占比逐渐缩小。

关于普通话能力为不同学历的劳动者带来的影响是雪中送炭，还是锦上添花？初步的结果显示：对于小学及以下学历的劳动者而言，每提高一单位的普通话能力能使其获得高于初中及以上学历劳动者的回报。因此，普通话能力的工资效应对于低学历劳动者来说显然是“雪中送炭”。

（二）教育人力资本的中介效应

通过基准回归分析，我们发现：拥有初中及以上学历使得劳动者的普通话工资效应下降。接下来，本文将进一步探讨内在机制。

语言是影响学生学业成就的关键因素（向祖强等，2015）。周兢等（2013）根据对学生学业的作用将语言分为“学业语言”与“非学业语言”，认为学业语言就是“教育语言”，是学生在学校学习科学取得学业成功的核心能力。郑磊等（2019）发现，在家使用方言交流与学生的认知能力之间具有显著的负相关关系。本文认为，普通话能力很可能通过影响个人的学业成绩乃至受教育年限而对劳动者产生工资效应。

考虑到基准回归结果，本文从受教育年限着手，参考温忠麟和叶宝娟（2014）的做法构建以下中介效应模型，进一步实证探究普通话回报率在不同学历劳动力之间存在差异的传导机制：

$$edu_{1it} = \beta_0 + \beta_1 mandarin_{1it} + \beta_2 control_{1it} + \varepsilon_{1it} \quad (3)$$

$$lnsalary_{it} = \chi_0 + \chi_1 mandarin_{it} + \chi_2 edu_{it} + \chi_3 control_{it} + \varepsilon_{it} \quad (4)$$

表5第2、第5列报告了以受教育年限为中介变量、普通话能力对劳动力收入有正向影响的全样本回归结果，显示：mandarin 系数与 edu 系数均在1%水平上显著为正。经过对系数值的换算，对于全体劳动力样本，中介效应占比（Indirect effect/Total effect）在 CGSS2010 和 CGSS2017 中分别为 30.6% 和 35.8%。第3、第4、第6、第7列分别报告了分组的回归结果，显示：当劳动者仅具有小学及以下学历（junior = 0）时，edu 的中介效应极小且并不显著；当劳动者具有初中及以上学历（junior = 1）时，edu 的中介效应明显且在1%水平上显著为正。为稳健起见，本文采用 Bootstrap 法检验，全样本以及 junior = 1 的样本结果拒绝原假设，这表明中介效应显著，即：当劳动者拥有初中及以上学历，普通话能力可以通过受教育年限显著提高劳动力的工资收入。这也解释了基准回归分析中，edu 系数与 mandarin 系数反向变化的现象。

表5　　教育人力资本的中介效应

变量	2010年			2017年		
	全样本	junior = 0	junior = 1	全样本	junior = 0	junior = 1
核心变量						
mandarin	0.086*** (0.012)	0.132*** (0.023)	0.070*** (0.014)	0.061*** (0.013)	0.168*** (0.031)	0.026* (0.014)
中介变量						
edu	0.051*** (0.004)	0.013 (0.008)	0.090*** (0.006)	0.054*** (0.004)	0.001 (0.011)	0.085*** (0.005)
Indirect effect	0.038*** (0.003)	0.005 (0.004)	0.026*** (0.004)	0.034*** (0.003)	0.000 (0.003)	0.030*** (0.004)
Direct effect	0.086*** (0.012)	0.132*** (0.024)	0.070*** (0.014)	0.061*** (0.014)	0.168*** (0.036)	0.026* (0.015)
Total effect	0.124*** (0.012)	0.138*** (0.023)	0.095*** (0.014)	0.095*** (0.013)	0.168*** (0.031)	0.056*** (0.014)
其他变量	控制	控制	控制	控制	控制	控制

续表

变量	2010 年			2017 年		
	全样本	junior = 0	junior = 1	全样本	junior = 0	junior = 1
R – squared	0. 5386	0. 3754	0. 4837	0. 5433	0. 4711	0. 4781
Obs.	5 477	1 470	4 007	5 142	1 023	4 119

注：（1）括号内为标准误；* 表示 P < 0. 1，** 表示 P < 0. 05，*** 表示 P < 0. 01；（2）本表上部分内容以基准回归分析中的模型 1 为参照。

结合本文基准回归分析结果，普通话工资效应在不同学历的差异可部分归因于受教育年限的中介效应：对于小学及以下学历的劳动者而言，受教育年限较低中介效应不明显，普通话能力的工资效应较为突出，此时 mandarin 系数较高（显著）而 edu 系数较低且不显著；对于初中及以上学历的劳动者而言，普通话能力的工资效应一部分通过受教育年限体现在工资收入上，此时 mandarin 系数较低而 edu 系数更高（两者均显著）。

五、异质性分析：普通话能力和教育对不同收入人群的影响

（一）条件分位数回归（CQR）

本文在基准回归分析和中介效应分析中测算了普通话能力在劳动者身上发挥的工资效应，同时证明了这种效应在不同学历的劳动者之间存在差异。但普通最小二乘法所刻画的均值效应无法剖析普通话能力工资效应在各收入分位点上存在的异质性。为了进一步探究这种异质性，本文进一步采用条件分位数回归的研究方法，其中 0. 1、0. 3、0. 7 和 0. 9 分位点分别表示劳动者在低、中低、中高和高分位点上收入的表现，表 6 报告了条件分位数回归的估计结果。

表 6　　条件分位数回归（CQR）

变量	2010 年				2017 年			
	0. 1	0. 3	0. 7	0. 9	0. 1	0. 3	0. 7	0. 9
mandarin	0. 048 ** (0. 021)	0. 051 ** (0. 020)	0. 093 *** (0. 016)	0. 097 *** (0. 022)	0. 069 *** (0. 019)	0. 059 *** (0. 018)	0. 053 *** (0. 013)	0. 053 * (0. 032)

续表

变量	2010 年				2017 年			
	0.1	0.3	0.7	0.9	0.1	0.3	0.7	0.9
edu	0.055 *** (0.007)	0.061 *** (0.005)	0.054 *** (0.005)	0.048 *** (0.007)	0.061 *** (0.009)	0.063 *** (0.005)	0.056 *** (0.003)	0.045 *** (0.005)
其他变量	控制	控制	控制	控制	控制	控制	控制	控制
Obs.	5 477	5 477	5 477	5 477	5 142	5 142	5 142	5 142
R - squared	0.3530	0.3707	0.3279	0.2957	0.4041	0.3663	0.3000	0.2611
加入交互项								
mandarin	0.071 ** (0.031)	0.105 *** (0.021)	0.125 *** (0.027)	0.122 *** (0.032)	0.151 *** (0.023)	0.108 *** (0.025)	0.113 *** (0.022)	0.066 *** (0.024)
juma	-0.033 (0.024)	-0.062 *** (0.016)	-0.043 ** (0.018)	-0.037 (0.027)	-0.108 *** (0.021)	-0.063 *** (0.019)	-0.073 *** (0.019)	-0.025 (0.023)
edu	0.063 *** (0.007)	0.074 *** (0.006)	0.061 *** (0.005)	0.054 *** (0.006)	0.083 *** (0.010)	0.076 *** (0.004)	0.069 *** (0.005)	0.051 *** (0.008)
其他变量	控制	控制	控制	控制	控制	控制	控制	控制
Obs.	5 477	5 477	5 477	5 477	5 142	5 142	5 142	5 142
R - squared	0.3442	0.3613	0.3232	0.2945	0.4069	0.3679	0.3025	0.2614

注：括号内为标准误；* 表示 P<0.1，** 表示 P<0.05，*** 表示 P<0.01。

从回归结果上看，无论是 mandarin 还是其与 junior 的交互项，估计系数在各分位点基本上通过了不同水平的显著性检验，这说明：一是普通话能力的工资效应在各收入分位点上均为正向显著的；二是这一工资效应在不同收入分位点的差异的确存在（见图 1）。

在 CGSS2010 中，普通话能力的工资效应基本随收入分位点提高而上升，说明此时收入越高的劳动者工资收入中普通话能力贡献度越高。与此同时，交互项的绝对值随收入分位点呈“W”形波动。而在 CGSS2017 中，情况发生了变化：普通话能力的工资效应无论是在加入交互项前后，均随收入分位点提高而小幅下降，说明此时收入越高的劳动者工资收入中来自其普通话能力的贡献越低。通过比较 CGSS2010 与 CGSS2017 回归结果，本文发现：无论是否考虑交互项，CGSS2010 中普通话能力的工资效应在各收入分位点上变化幅度明显大于 CGSS2017（见图 2）。

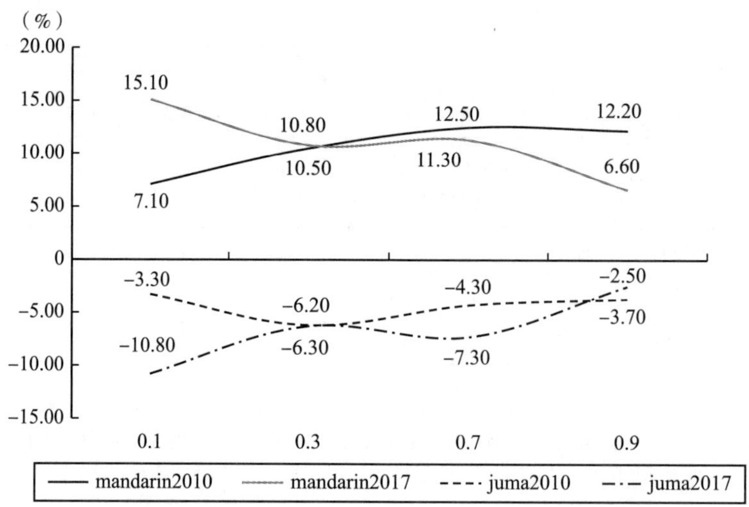

图1 2010年及2017年mandarin与juma系数比较（CQR）

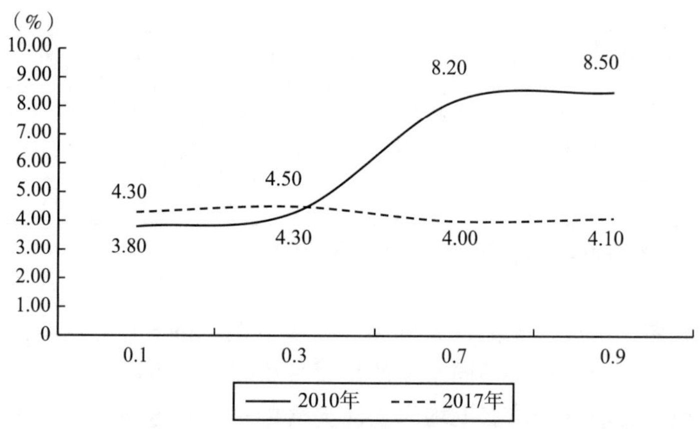

图2 2010年及2017年普通话经济回报之比较（CQR）

（二）广义分位数回归（GQR）

条件分位数回归的估计结果只能对于具有相同可观测特征的劳动者具有解释效力。然而这一假设对于学术研究来说过于严格，本文更为关心的是放宽对劳动者可观测特征的条件后普通话能力工资效应受到初中及以上学历的影响。这里我们进一步运用广义分位数回归，结合MC－MC优化求解法，估计普通话能力工资效应以及初中以上学历对不同收入人群的异质性影响，结果如表7所示。

表 7　　广义分位数回归（GQR）

变量	2010 年				2017 年			
	0. 1	0. 3	0. 7	0. 9	0. 1	0. 3	0. 7	0. 9
mandarin	0. 044 *** (0. 002)	0. 051 *** (0. 004)	0. 094 *** (0. 004)	0. 099 *** (0. 002)	0. 070 *** (0. 002)	0. 059 *** (0. 004)	0. 054 *** (0. 004)	0. 054 *** (0. 001)
edu	0. 056 *** (0. 000)	0. 061 *** (0. 001)	0. 055 *** (0. 001)	0. 048 *** (0. 001)	0. 061 *** (0. 001)	0. 062 *** (0. 001)	0. 056 *** (0. 001)	0. 044 *** (0. 000)
其他变量	控制	控制	控制	控制	控制	控制	控制	控制
Mean acceptance rate	0. 579	0. 495	0. 539	0. 683	0. 594	0. 434	0. 553	0. 714
Obs.	5 477	5 477	5 477	5 477	5 142	5 142	5 142	5 142
加入交互项								
mandarin	0. 067 *** (0. 003)	0. 105 *** (0. 005)	0. 124 *** (0. 006)	0. 129 *** (0. 004)	0. 148 *** (0. 003)	0. 106 *** (0. 006)	0. 115 *** (0. 004)	0. 063 *** (0. 003)
juma	−0. 032 *** (0. 001)	−0. 062 *** (0. 003)	−0. 044 *** (0. 004)	−0. 040 *** (0. 002)	−0. 107 *** (0. 002)	−0. 061 *** (0. 005)	−0. 075 *** (0. 004)	−0. 023 *** (0. 002)
edu	0. 063 *** (0. 000)	0. 075 *** (0. 002)	0. 062 *** (0. 002)	0. 057 *** (0. 001)	0. 083 *** (0. 001)	0. 075 *** (0. 002)	0. 069 *** (0. 002)	0. 051 *** (0. 001)
其他变量	控制	控制	控制	控制	控制	控制	控制	控制
Mean acceptance rate	0. 708	0. 465	0. 446	0. 634	0. 641	0. 446	0. 453	0. 566
Obs.	5 477	5 477	5 477	5 477	5 142	5 142	5 142	5 142

注：括号内为标准误；* 表示 P<0. 1，** 表示 P<0. 05，*** 表示 P<0. 01。

从估计结果上看，普通话能力工资效应和具有初中及以上学历与其的交互效应随收入分位点的变化趋势与 CQR 所刻画的基本相同，数值上差异较小，同时各系数均通过了 1% 水平上的显著性检验。这反映了本文估计结果在不同研究方法上的一致性，说明普通话能力及教育的互动对不同收入人群的影响具有一定的稳健性。

从数值上看，不考虑交互项的情况下，普通话能力每上升一单位值，将会使低和中低收入分位点上劳动者收入提高 4. 4% ~7. 0%（无论是 2010 年还是 2017 年）；而随着收入分位点上升，普通话能力每上升一个单位值，将会使中高和高收入分位点上劳动者收入提高 9. 4% ~9. 9%（2010 年）和

5.4%（2017 年）（见图 3）。

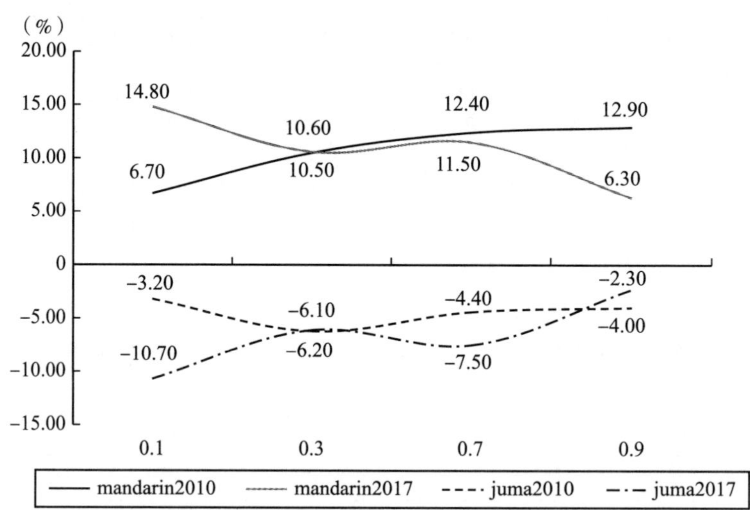

图 3　2010 年及 2017 年 mandarin 与 juma 系数比较（GQR）

当采用加入交互项的模型 2，本文发现：在 2010 年，普通话能力在中高和高收入分位点上的工资效应（8.0% ~8.9%）几乎是低和中低分位点上（3.5% ~4.3%）的两倍；在 2017 年，普通话能力的工资效应在各分位点上变化不大，在 4.1% ~4.5%（见图 4）。

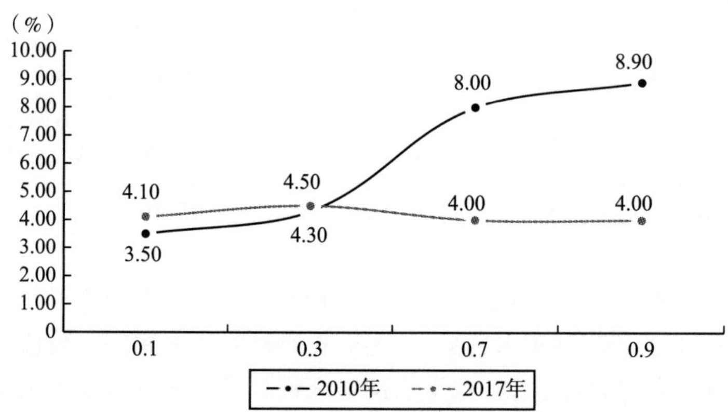

图 4　2010 年及 2017 年普通话经济回报之比较（GQR）

基于上述分析，我们发现，对于不同收入人群而言，普通话能力的工资效应也存在着雪中送炭抑或锦上添花的问题：在 2010 年，高收入劳动者比低收入者能获得来自普通话能力更高的工资效应，这无疑是锦上添花，与此同时也会扩大收入差距；而在最近的 CGSS2017 中，反而是低收入劳动者的普通话能力工资效应略高，此时收入差距能保持相对平稳。

六、稳健性检验

考虑到实证研究中不可避免地存在着测量误差、遗漏变量等问题，很可能导致普通话与工资收入之间存在着内生性，本文在此采取工具变量法来进行克服，进而对普通话能力的收入贡献度进行稳健性检验。本文选取了受访者的阅读频次、受访者 14 岁时母亲的工作性质作为工具变量，分别记为Ⅳ Ⅰ、Ⅳ Ⅱ。

阅读理解能力被认为是终生发展的低限制性技能，相当一部分口语词汇来自阅读过程中的伴随学习（回懿等，2018）。换言之，阅读并非与口语表达脱节，甚至是其重要的基础。结合 CGSS 调查问卷中的选项设置，本文将受访者阅读频次作为Ⅳ Ⅰ。

李珂（2016）认为，成人的语言输入是影响儿童语言学习的重要因素，家庭文化环境是另一重要的语言环境因素。在各类家庭环境因素中，家庭社会经济地位与儿童语言能力发展关系最为密切（吉晖，2019）；家庭社会经济地位主要由家庭经济收入、父母教育程度、父母职业地位等因素决定（任春荣，2010）。比起低社会经济地位家庭，高社会经济地位的家庭往往通过居住地语言环境、家庭语言环境和父母教养方式各方面对儿童的语言能力发展产生更有利的影响（尹静，2019）。考虑到本文模型 2 中使用的交互项与受教育相关，为避免在对含交互项的模型 2 进行工具变量回归过程中增加内生性问题，本文不使用父代教育程度作为工具变量，故将受访者 14 岁时母亲的工作性质作为Ⅳ Ⅱ。工具变量的回归结果见表 8。

表 8　　2SLS 工具变量回归（对应基准回归）

变量	2010 年				2017 年			
	模型 1		模型 2		模型 1		模型 2	
	OLS	2SLS	OLS	2SLS	OLS	2SLS	OLS	2SLS
mandarin	0.086*** (0.012)	0.650*** (0.131)	0.119*** (0.015)	0.724*** (0.139)	0.061*** (0.013)	0.516*** (0.178)	0.114*** (0.016)	0.517*** (0.159)
juma	— —	— —	-0.045*** (0.011)	-0.055** (0.024)	— —	— —	-0.066*** (0.013)	-0.060*** (0.020)
R - squared	0.5386	—	0.5399	—	0.5430	—	0.5454	—
Obs.	5 477	4 546	5 477	4 546	5 142	5 009	5 142	5 009

续表

变量	2010 年				2017 年			
	模型 1		模型 2		模型 1		模型 2	
	OLS	2SLS	OLS	2SLS	OLS	2SLS	OLS	2SLS
Sargan	—	0. 996007	—	3. 17145	—	2. 22569	—	3. 0949
chi2	—	p = 0. 3183	—	p = 0. 2048	—	p = 0. 1357	—	p = 0. 2128
一阶段 F 统计量								
mandarin	—	31. 4904	—	17. 176	—	16. 7645	—	10. 1093
juma	—	—	—	515. 127	—	—	—	536. 725

注：括号内为标准误；* 表示 P < 0. 1，** 表示 P < 0. 05，*** 表示 P < 0. 01。

引入工具变量后，2010 年以及 2017 年的回归结果中 mandarin 系数均出现不同程度的上升，但其正向影响仍然显著。按照近年的相关文献，在一定的情况下引入工具变量的估计结果会高于 OLS 估计结果。在高和史密斯（Gao and Smyth，2010）的研究中，OLS 估计结果与工具变量结果相差 8. 9 倍，原因可能在于：OLS 中一些无法克服的技术性误差造成的回归系数向下偏误可能比内生性造成的向上偏误还要严重（Bleakley and Chin，2004），因此当工具变量估计是一致性估计时，其系数便会上升。本文 2010 年以及 2017 年（模型 1 与模型 2）工具变量的估计结果分别是原 OLS 估计结果的 7. 6 倍、6. 1 倍、8. 5 倍和 4. 5 倍，均在可接受范围内，同时侧面说明了 OLS 模型中普通话能力的工资效应有可能被低估了。此外，上表中一阶段 F 值均大于 10，说明拒绝了弱工具变量假设；Sargan 统计量也拒绝了工具变量内生的原假设，说明本文所运用的工具变量均通过外生性检验。

最后，考虑到分位数回归在刻画普通话能力工资效应及其与初中以上学历形成的交互项在各收入分位点上的异质性时，同样可能受到内生性的干扰。为了克服分位数回归中的内生性问题，此处沿用方超和黄斌（2020）的内生性检验方法，在广义分位数回归模型之上进一步采用工具变量法，利用上文的Ⅳ Ⅰ和Ⅳ Ⅱ，即受访者的阅读频次和受访者 14 岁时母亲的工作性质作为普通话能力的工具变量，采用 MCMC 优化法，求解普通话能力工资效应的异质性影响，表 9 报告了含有工具变量的广义分位数回归估计结果。

表 9　　含Ⅳ Ⅰ、Ⅳ Ⅱ的广义分位数回归估计结果（Ⅳ-GQR）

变量	2010 年				2017 年			
	0.1	0.3	0.7	0.9	0.1	0.3	0.7	0.9
mandarin	0.064 *** (0.000)	0.052 *** (0.002)	0.087 *** (0.002)	0.119 *** (0.002)	0.059 *** (0.001)	0.046 *** (0.003)	0.051 *** (0.005)	0.054 *** (0.003)
其他变量	控制	控制	控制	控制	控制	控制	控制	控制
Mean acceptance rate	0.751	0.541	0.546	0.741	0.696	0.543	0.476	0.574
Obs.	4 546	4 546	4 546	4 546	4 201	4 201	4 201	4 201
加入交互项								
mandarin	0.083 *** (0.001)	0.093 *** (0.003)	0.102 *** (0.002)	0.175 *** (0.003)	0.144 *** (0.002)	0.100 *** (0.006)	0.121 *** (0.003)	0.073 *** (0.002)
juma	-0.034 *** (0.001)	-0.044 *** (0.001)	-0.022 *** (0.001)	-0.068 *** (0.002)	-0.106 *** (0.001)	-0.077 *** (0.004)	-0.078 *** (0.003)	-0.032 *** (0.001)
其他变量	控制	控制	控制	控制	控制	控制	控制	控制
Mean acceptance rate	0.570	0.551	0.574	0.483	0.631	0.486	0.544	0.695
Obs.	4 546	4 546	4 546	4 546	4 201	4 201	4 201	4 201

注：括号内为标准误；* 表示 $P<0.1$，** 表示 $P<0.05$，*** 表示 $P<0.01$。

从数值上看，以上含工具变量的广义分位数回归结果与前面条件分位数回归和不包含工具变量的广义分位数回归结果基本一致，且均通过 1% 水平的显著性检验，故能验证上文研究结论的稳健性。

七、结论与启示

（一）研究结论

本文利用 2010 年和 2017 年中国综合社会调查（CGSS）的数据，基于明瑟收入半对数方程，采用 OLS 回归、中介效应模型、条件分位数回归、广义分位数回归以及工具变量法，实证分析了普通话能力的工资效应以及教育对该效应的异质影响。

首先，本文发现小学及以下学历劳动者从每单位的普通话能力能够得到比学历较高者更好的经济回报，说明普通话能力在受教育程度较低的劳动者身上发挥较优的正向效应。在现实生活中，小学及以下学历的劳动者往往受到各种条件的限制，较少进行深造以提高教育方面的回报；通过业余培训等手段提高普通话明显是更优的选择，普通话能力的经济回报对于这部分劳动者来说显然是雪中送炭。

其次，本文通过建立以受教育年限为中介变量的中介效应模型对这一异质性进行了解释和检验，结果证明：在小学及以下学历的劳动者中，受教育年限的中介效应并不显著；而在初中及以上学历的劳动者中，普通话能力以受教育年限为中介变量对工资收入产生显著的正向影响。本文对此的解释是：受教育年限对劳动者普通话工资效应产生中介效应需要一定程度的积累。

此外，对于不同收入分位点的劳动者而言，情况有所不同。在 CGSS2010 中，高收入劳动者比起低收入者能获得来自单位普通话能力更高的工资效应，这无疑是锦上添花；而在 CGSS2017 中，反而是低收入劳动者的普通话能力工资效应略高，尤其对于“双低”（低收入且低学历）的劳动者而言，这是双重意义上的雪中送炭。

（二）政策启示

2021 年 9 月国务院新闻办公室发布的《中国的全面小康》白皮书指出，现阶段中国已全面建成小康社会，但是当前发展不平衡不充分问题仍然突出，城乡区域发展和收入分配差距还较大。缩小收入差距，重点在于提高低收入劳动者的收入。“扶贫必扶智，扶智先通语”，教育作为“开发式扶贫”的重要手段，能够从根源上对贫困家庭“赋能”以及提升其脱贫的内源性动力（贾玮等，2021），而语言作为脱贫攻坚的一大助力（陈丽湘，2020），与教育相结合，可以实现“真脱贫”“脱真贫”。

本文研究结果具有以下政策启示：第一，精准推普与教育结合实施应有的放矢，重点着眼于就业竞争能力较低（比如受教育程度较低、普通话水平较差）的人群，而非“一刀切”地全民推普。第二，政府应加大支持力度，联合各行业制定相应推普规章，鼓励和提倡低学历、低收入劳动者提高普通话能力，并为其创造先决准备以及有利条件，如进行地区性的语言能力调查、开办针对低普通话能力且低收入人群的免费语言培训班等。第三，考虑到普通话回报率的异质性，广大劳动者一方面要提高普通话能力；另一方面也要根据自身学历以及其他就业竞争能力等因素进行具体分析，旨在发挥个人长处、提升个人短板，提高语言与教育为自身带来的经济回报，最终实现共同富裕。

参考文献

1. 白雪梅:《教育与收入不平等:中国的经验研究》,载于《管理世界》2004年第6期。

2. 蔡文伯:《语言经济学视角下西部地区劳动力普通话能力对收入影响的研究》,载于《西南民族大学学报(人文科学报)》2021年第2期。

3. 陈虹、张泽、秦立建:《语言技能对农民工外出务工收入的影响分析》,载于《内蒙古农业大学学报(社会科学版)》2021年第5期。

4. 陈丽湘:《略论建立语言扶贫的长效机制》,载于《语言文字应用》2020年第4期。

5. 陈丽湘:《论新时代民族地区国家通用语言文字的推广普及》,载于《陕西师范大学学报(哲学社会科学版)》2021年第6期。

6. 程虹、王岚:《普通话能力与农民工工资——来自"中国企业—劳动力匹配调查"的实证解释》,载于《教育与经济》2019年第2期。

7. 迟巍、钱晓烨、吴斌珍:《我国城镇居民家庭教育负担研究》,载于《清华大学教育研究》2012年第3期。

8. 方超、黄斌:《马太效应还是公平效应:家庭教育支出与教育结果不平等的异质性检验》,载于《教育与经济》2020年第4期。

9. 胡焕庸:《中国人口之分布——附统计表与密度图》,载于《地理学报》1935年第2期。

10. 黄斌、钟晓琳:《中国农村地区教育与个人收入——基于三省六县入户调查数据的实证研究》,载于《教育研究》2012年第3期。

11. 回懿、周雪莲、李宜逊、德秀齐、李虹、刘翔平:《小学低年级汉语儿童语言能力的发展轨迹:认知能力的预测作用》,载于《心理发展与教育》2018年第1期。

12. 吉晖:《家庭社会经济地位对儿童语言能力发展的影响分析》,载于《语言文字应用》2019年第3期。

13. 贾玮、黄春杰、孙百才:《教育能够缓解农村相对贫困吗?——基于农村家庭多维相对贫困的测量和实证分析》,载于《教育与经济》2021年第5期。

14. 雷昊、王善高、姜海:《语言能力对劳动者收入的影响效应研究——基于外语、普通话和方言的实证分析》,载于《西北人口》2020年第6期。

15. 李珂:《儿童语言学习理论的发展及其影响因素与策略》,载于《学前教育研究》2016年第7期。

16. 刘生龙、周绍杰、胡鞍钢:《义务教育法与中国城镇教育回报率:基于断点回归设计》,载于《经济研究》2016年第2期。

17. 陆大道、王铮、封志明、曾刚、方创琳、董晓峰、刘盛和、贾绍凤、方一平、孟广文、邓祥征、叶超、曹广忠、杜宏茹、张华、马海涛、陈明星：《关于“胡焕庸线能否突破”的学术争鸣》，载于《地理研究》2016 年第 5 期。

18. 任春荣：《学生家庭社会经济地位（SES）的测量技术》，载于《教育学报》2010 年第 5 期。

19. 唐曼萍、李后建：《普通话技能的农户减贫效应研究——基于西部民族地区经济社会的调查》，载于《中国经济问题》2019 年第 2 期。

20. 汪德华、邹杰、毛中根：《“扶教育之贫”的增智和增收效应——对 20 世纪 90 年代“国家贫困地区义务教育工程”的评估》，载于《经济研究》2019 年第 9 期。

21. 王海兰、崔萌、尼玛次仁：《“三区三州”地区普通话能力的收入效应研究——以西藏自治区波密县的调查为例》，载于《云南师范大学学报(哲学社会科学版)》2019 年第 4 期。

22. 王兆萍、马小雪：《中国少数民族劳动力普通话能力的语言收入效应》，载于《西北人口》2019 年第 1 期。

23. 温忠麟、叶宝娟：《中介效应分析：方法和模型发展》，载于《心理科学进展》2014 年第 5 期。

24. 吴玲萍、徐超、曹阳：《收入不平等会扩大家庭教育消费吗？——基于 CFPS 2014 数据的实证分析》，载于《上海财经大学学报》2018 年第 5 期。

25. 向祖强、张积家、韩广义：《语言资本视野下的学生学习困难探析》，载于《教育理论与实践》2015 年第 29 期。

26. 徐舒：《技术进步、教育收益与收入不平等》，载于《经济研究》2010 年第 9 期。

27. 闫新华、杭斌：《收入不平等与家庭教育支出——基于地位关注的视角》，载于《山西财经大学学报》2017 年第 5 期。

28. 杨娟、赖德胜、邱牧远：《如何通过教育缓解收入不平等?》，载于《经济研究》2015 年第 9 期。

29. 杨俊、黄潇、李晓羽：《教育不平等与收入分配差距：中国的实证分析》，载于《管理世界》2008 年第 1 期。

30. 姚先国、张海峰：《中国教育回报率估计及其城乡差异分析——以浙江、广东、湖南、安徽等省的调查数据为基础》，载于《财经论丛（浙江财经学院学报)》2004 年第 6 期。

31. 尹静：《家庭社会经济地位对儿童语言发展的影响》，载于《学前教育研究》2019 年第 4 期。

32. 翟博：《均衡发展：我国义务教育发展的战略选择》，载于《教育研究》2010 年第 1 期。

33. 翟博、孙百才:《中国基础教育均衡发展实证研究报告》，载于《教育研究》2012 年第 5 期。

34. 张车伟:《人力资本回报率变化与收入差距:"马太效应"及其政策含义》，载于《经济研究》2006 年第 12 期。

35. 张驰、叶光:《中国教育回报率的分布特征与收入差距——基于分位数回归的经验证据》，载于《经济经纬》2016 年第 1 期。

36. 张书赫、王成军、沈政:《非农就业行为中普通话的提质效果及机制研究》，载于《教育与经济》2020 年第 6 期。

37. 张卫国:《作为人力资本、公共产品和制度的语言:语言经济学的一个基本分析框架》，载于《经济研究》2008 年第 2 期。

38. 张卫国:《普通话能力的减贫效应:基于经济、健康和精神维度的经验分析》，载于《语言文字应用》2020 年第 4 期。

39. 张卫国、李晓文:《语言能力与择地就业质量——基于普通话的工资效应及其地域差异的考察》，载于《宏观质量研究》2021 年第 5 期。

40. 赵颖:《语言能力对劳动者收入贡献的测度分析》，载于《经济学动态》2016 年第 1 期。

41. 郑磊、刘婕、孙志军:《在家说方言影响学生的认知发展吗? ——基于 CEPS 数据的研究》，载于《教育经济评论》2019 年第 6 期。

42. 周兢、陈思、Catherine Snow、Paola Uccelli:《学业语言:教育必须重视的学习者语言能力构建》，载于《全球教育展望》2013 年第 12 期。

43. Chiswick, Barry R. and Miller, Paul W., 1995, "The Endogeneity Between Language and Earnings: International Analyses", *Journal of Labor Economics*, Vol. 13, No. 2, pp. 246 – 288.

44. Chiswick, Barry R. and Miller, Paul W., 2003, "The Complementarity of Language and Other Human Capital: Immigrant Earnings in Canada", *Economics of Education Review*, Vol. 22, No. 5, pp. 469 – 480.

45. Chiswick, Barry R. and Miller, Paul W., 2010, "Occupational Language Requirements and the Value of English in the US Labor Market", *Journal of Population Economics*, Vol. 23, No. 1, pp. 353 – 372.

46. Becker, G. S., 1962, "Investment in Human Capital: A Theoretical Analysis", *Journal of Political Economy*, Vol. 70, No. 5, pp. 9 – 49.

47. Becker, G. S., 1964, "*Human Capital: A Theoretical and Empirical Analysis, With Special Reference to Education*", Chicago, University of Chicago Press.

48. Bleakley, H. and Chin, A., 2004, "Language Skills and Earnings: Evidence from Childhood Immigrants", *Review of Economics and Statistics*, LXXX-

VI, No. 2, pp. 481 –496.

49. Gao, Wenshu and Smyth, Russell, 2010, "Economic Returns to Speaking "standard Mandarin" Among Migrants in China's Urban Labour Market", *Economics of Education Review*, Vol. 30, No. 2, pp. 342 –352.

50. Mincer, J. A., 1974, "*Schooling, Experience, and Earnings*", New York: NBER Press.

51. Schultz, T. W., 1960, "Capital Formation by Education", *Journal of Political Economy*, Vol. 68, No. 12, pp. 571 –583.

Timely Help or Additional Assistance: Interaction between Language Ability and Education on Labor Earnings

LI Xiaowen ZHANG Weiguo

(Center for Economic Research, Shandong University 250100)

[**Abstract**] A large number of studies have shown that education and language ability are important factors affecting the employment and income of workers in the labor market. However, there are still some issues that have not been fully investigated, such as whether language ability is a boon or a blessing for workers with different educational backgrounds. Using the data from CGSS2010 and CGSS2017, this paper examines the discrepancy of the economic returns to Mandarin at different levels of education and its tendency. The results show that: 1) There is a positive association between Mandarin proficiency and earnings. 2) The return to Mandarin for workers who have finished junior middle school would be lower than who have not in CGSS2010 and CGSS2017. 3) Years of schooling work as mediator between Mandarin proficiency and labor salary. 4) The economic returns to Mandarin differ in low, lower-middle, higher-middle and high percentiles. The conclusion of this paper has reference significance for understanding the interaction between language and education in the labor market as well as the combination of targeted Mandarin popularization and poverty alleviation through education.

[**Key Words**] Language Ability Mandarin Labor Earnings Poverty Alleviation Through Education

JEL Classifications: A12 J24 Z00

数字服务贸易中共同语言促进效应式微的实证

白树强　肖　雯*

【摘　要】基于深度学习算法和大数据驱动的人工智能技术演化推动世界产业数字化转型升级，全球数字服务贸易逆势高速增长。神经机器翻译智能应用的全球共享显著提高了多语言转换效率，基于贸易成本理论和随机前沿引力模型实证研究发现，2005～2019 年共同语言对 50 国双边数字服务贸易的促进作用自 2009 年起逐年弱化，神经机器翻译技术的普及即时缓解了语言的工具性贸易障碍，但其对语言的文化性贸易障碍的缓解存在一定时滞性。数字鸿沟增加了南北国家对语言便利性技术获取的非均衡性和其数字服务贸易的国际市场份额差距。及时推广人工智能技术的产业规模化应用，加快培养人工智能复合专业型人才，有效依托人工智能提高双边文化交流效率将是推动中国数字服务贸易更高质量发展的政策参考。

【关键词】**人工智能　数字贸易　机器翻译　服务贸易**

中图分类号：**F753**　文献标识码：**A**

一、引　言

深度学习算法支持下的人工智能技术在近 10 年取得飞速发展，技术变革推动产业转型，数字贸易由此兴起并成为新冠肺炎疫情冲击下缓解各国政策不确定性，降低贸易保护主义倾向和进一步促进世界经济中期稳定增长的新一轮重要助力。信通院《数字贸易发展白皮书（2020）》指出，数字服务化是全球数字贸易的主要发展方向。2020 年全球数字服务出口规模为 31991 亿

* 白树强，对外经济贸易大学教授，博士生导师；肖雯（通讯作者），对外经济贸易大学博士生，通信地址：北京市朝阳区惠新东街 10 号对外经济贸易大学，Email：nd123465@163.com.

美元，占服务贸易总额的64.19%，占贸易总额的14.18%，2015~2020年均增速3.51%，高于同期GDP。促进数字服务贸易高质量增长既是我国“十四五”时期产业数字化转型的重要来源，也是持续扩大双循环国际市场合作规模的良好机遇（裴长洪和刘斌，2020；江小涓，2020；刘振中，2020）。

神经机器翻译是AI时代自然语言处理技术在语言服务中的智能应用，是继20世纪60年代基于“语法+词典”的规则机器翻译和80年代基于统计的计算机辅助翻译之后的第三代机器翻译（蔡基刚，2019）。数字语言服务既是数字服务贸易的直接构成部分，也是降低贸易沟通成本提高贸易便利化水平促进数字服务贸易增长的间接力量。语言兼具工具功能和文化功能（许钧，2005；张淳和田欣，2017），相同语言对双边货物和服务贸易的促进作用已经得到充分实证支持（Lohmann，2011；Melitz and Toubal，2014；Wang，De Graaff and Nijkamp，2016；孟夏，孙禄，王浩，2020），且对服务贸易的正向影响大于货物贸易（张卫国和孙涛，2018）。主动对外语言推广和专业翻译人才培养是各国缓解经贸合作语言障碍的主要手段，中国孔子学院、德国歌德学院、法国法语联盟、西班牙塞万提斯学院等在全球语言普及和文化交流中扮演着重要角色。相比于语言全球推广和专业翻译人才储备的漫长积累，大数据助力的神经机器翻译能够更快实现多语种的工具功能性交互与转换，因此共同语言的贸易促进作用在AI时代很可能发生转变。

一方面，现有对语言贸易效应的研究较多集中在静态分析上，对其动态演变特征的讨论较少；另一方面，国内外学者基于国际机器人联盟（IFR）数据，积极探讨以工业机器人为代理变量的各国人工智能发展水平对制造业生产率、劳动力就业率和收入差距的影响（Martens and Tolan，2018；Garcia-Murillo，MacInnes and Bauer，2018；李磊和徐大策，2020；吕越，谷玮，包群，2020），对人工智能有何直接贸易效应尤其是对数字服务贸易的影响研究尚待扩充（Lu and Zhou，2021）。其原因可能是智能服务机器人，例如物流机器人、财务机器人等，通常内嵌于制造业服务化转型（刘斌和潘彤，2020），通过提高企业生产率以降低产品贸易门槛，与服务业直接出口的关联度较低。相对于实体化的医疗机器人、智能家居服务机器人，机器翻译属于数字化技术，具有知识外部性（江兴，2018），可以近乎零边际成本地大规模被复制和迅速普及，相比于绝对数量统计，以技术出现与否的趋势来衡量它或许更合适。

本文的边际贡献主要有两个：一是基于2005~2019年重要经济体双边贸易面板数据，考察神经机器翻译技术的出现和普及态势是否导致共同语言的正向贸易效应式微，这既是对语言动态贸易效应的尝试拓展，也是对人工智能贸易效应的宏观略见。二是区别于产业协同和贸易自由化视角（钟晓君和丁绒，2020；彭羽，杨碧舟，沈玉良，2021），以双边语言和霍夫斯泰德文化六维度为代理变量，探讨非制度视角之一文化差异对各国数字服务贸易效率动态作用，也是对现有新业态贸易诸多影响因素的有益补充。

二、文献综述

近10年来，基于数据生产要素和深度学习算法的人工智能（Artificial Intelligence，AI）快速发展，这既是生产技术的颠覆性创新（欧春尧，刘贻新，戴海闻，张光宇，2021），也是人口结构转变、资源禀赋变迁下产业的自适应调整与转型升级（陈彦斌，林晨，陈小亮，2019）。当前人工智能尚处于技术演变阶段，其充满不确定性的经济效应引发学者广泛讨论。

一是AI对劳动力替代效应和创造效应的比较。基于对英国和挪威企业的质性研究，劳埃德和佩恩（Lloyd and Payne，2019）认为AI技术已造成较大就业负面冲击。AI的劳动替代效应和职业技能类型相关，技能型、分析型的职业被替代可能性高于直觉型、移情型职业（Huang and Rust，2018；Lu and Zhou，2019；Micco，2020）。基于中国数据分析显示AI的劳动创造效应更高。一方面，AI技术对我国劳动就业率和收入水平存在持续性正向冲击（闫雪凌，李雯欣，高然，2021）；另一方面，AI促进制造业和服务业劳动力结构调整，有效提高人力资本质量和工资收入（谭泓和张丽华，2021）。二是AI对贸易流通、贸易规模与贸易结构的优化。AI通过整合历史数据可开发新市场并预警市场潜在风险（Milgrom and Tadelis，2018）。通过提高物流仓储周转效率以降低企业出口固定成本，AI提升了发展中国家服务业产业竞争优势和贸易份额（田云华，周燕萍，邹浩，王凌峰，2020；Zhuo，Larbi and Addo，2021）。进出口银行借助AI技术更准确评估企业信用风险，优化贸易信贷结构和周期配置（Brownlee，Sommerfeld and Hansen，2020）。三是AI对贸易政策协调的影响。基于AI对经济增长的不确定性观望，各国政府试图将AI规制纳入区域贸易协定谈判（Goldfarb and Trefler，2017；Smirnov and Lukyanov，2019），但从全球范围看，美欧、亚太大型跨区域经贸合作框架对AI统一规制尚未取得有效进展（Jessica，2019）。

相比于国内外学者对AI经济和贸易宏观效应的充分讨论，学界对基于机器翻译技术演变从语言文化视角探讨AI对双边贸易尤其是服务贸易作用的实证研究则略显惜墨。20世纪末，特鲁希略（Trujillo，1999）就曾指出世界贸易规模的扩大将显著增加对机器翻译的需求。机器翻译技术对于提高语言沟通效率降低贸易沟通成本促进贸易增长的机制一直作为默认知识存续在学者观念中，近年来更是得到数据支持。布林约尔松（Brynjolfsson，2019）基于电商平台eBay2014年引入神经机器翻译事件，采用DID研究发现，升级版机器翻译有效缓解美国与拉丁美洲国家的语言障碍，可提升双边贸易额10.9%。泰（Tay，2021）发现随着更多语言纳入神经机器翻译，制造业双边贸易对相同语言的敏感度已降低，机器翻译应用提高了进出口商对不同语言的包容度和理解力。

针对现有文献对机器翻译与数字服务贸易的实证研究不足，借鉴布林约尔松（2019）和泰（2021）思路，基于经典贸易成本理论和随机前沿引力模型，以神经机器翻译出现为技术背景，实证分析人工智能大时代下双边共同语言对数字服务正向贸易效应的动态演变特征，为人工智能与经济效应讨论增加更多确定性。

三、研究设计

（一）理论假说

共同语言通过降低贸易信息沟通成本、提高消费者文化亲近消费偏好和社会网络效应，对双边贸易发挥显著拉动作用（Melitz and Toubal，2014；赵永亮和葛振宇，2019）。数字经济时代，人工智能和机器翻译技术的进步，不仅提升了人类处理多语言信息的即时性和准确率，其规模经济和技术外溢特征也大幅降低了跨语种翻译成本，尤其是对非通用语的语言服务成本。根据翻译自动化用户协会（TAUS）《人工智能的语言数据》报告，2006年美国谷歌、微软、俄罗斯Yandex、中国百度相继免费提供的大数据驱动机器翻译技术在2010～2015年快速普及，2015年机器学习技术的引入奠定了神经机器翻译的理论基础，更低成本、更多语种、更高质量、更多适用场景的数字语言服务由此诞生。2021年4月中国人工智能产业发展联盟和信通院联合发布《人工智能核心技术产业白皮书》预测，未来5～8年将是全球多语种翻译智能技术优化和应用规模化的红利期。不同于文学作品、法律文书等对专业知识要求较高的复杂性翻译（郭明阳等，2021），双边数字服务贸易交往中商务接洽、单证票据、通关文书的翻译通用性更强可复制性更高，据此提出假设1。

假设1：随着神经机器翻译的出现和普及，语言差异对数字服务贸易的阻碍作用将逐渐减弱。

相对于对一国文化的理解和认同，对一国语言的习得与转化将更便捷。随着智能机器翻译技术的全球普及，语言不通造成的双边贸易成本增加趋势被逐渐控制，但是隐身在语言差异中的文化观念差异却无法被人工智能同步消解。人机交互的智能机器翻译可即时实现商业合同、发票提单等内容的准确表达，却无法准确提示合作方对条款的真实理解是什么。现有研究发现，国家间文化距离相比政治距离具有更强劲的贸易抑制作用（张慧敏和刘洪钟，2020），本地化需求依然是线上交易和跨境服务交易的重要阻力（郭周明和裘莹，2020；温湖炜，舒斯哲，郑淑芳，2021），据此提出假设2。

假设2：相比于对语言工具性贸易障碍的即时缓解，AI对语言文化性贸易障碍的缓解存在滞后性。

（二）回归模型

基于对语言动态贸易效应的研究目的和AI技术具有全球化规模经济的特征，参考范鑫（2020）对数字贸易效率异质性随机前沿引力模型的研究方法，分别以时间交互项和分时段回归的形式，从核心变量系数的统计和经济双显著性考察语言人为阻力因素对数字服务贸易效率的时变影响，具体回归方程如下式（1）~式（4）。

$$lnexport_{ijt} = lnexport_{ijt}^{*} - u_{ijt} \tag{1}$$

$$lnexport_{ijt}^{*} = \beta_0 + \beta_1 lngdpi_t + \beta_2 lngdpj_t + \beta_3 lndistw_{ij} + v_{ijt} \tag{2}$$

$$u_{ijt} = \alpha_0 + \alpha_1 comlang_{ij} + \alpha_2 T_t + \alpha_3 comlangT_{ijt} + \alpha_4 Z_{ijt} \tag{3}$$

$$u_{ijt} = \alpha_0 + \alpha_{1t} comlang_{ij} + \alpha_{2t} Z_{ijt},\ for\ t = 2005,\ 2006 \cdots 2019 \tag{4}$$

其中，下标i，j，t分别表示出口国、进口国和年份。式（1）lnexport是出口国i在t期向目的国j的实际数字服务出口额的对数，lnexport*是理论出口额的对数，uijt为贸易无效率项，假设服从截断半正态分布。式（2）为经典引力模型，即双边贸易额与两国经济发展水平（lngdpi、lngdpj）成正比，与两国地理距离成反比（lndistw），并且受到随机误差项（vijt）的干扰，vijt与uijt相互独立。式（3）以时间交互项形式测度共同语言对贸易无效率项的动态影响，其核心解释变量为共同语言（comlang）、距基期年限（T）及二者交互项（comlangT）；Z为控制变量，包括两国共同边界（border）、共同殖民历史（comcolony）、共同宗教信仰（comreligion）、共同货币（comcurrency）、目的国服务业生产力水平（sevpercent）、服务业开放度（sopeness）和互联网络覆盖率（netdensity）。式（4）以逐年回归形式考察语言的动态贸易作用，核心解释变量为两国共同语言，控制变量同式（3）。

（三）指标构建与数据说明

核心解释变量是两国是否拥有相同语言（comlang），若两国官方语言相同则赋值为1，否则赋值为0，数据来源为法国国际经济研究中心引力模型地理特征数据库（CEPII－Gravity－GEO），此变量是贸易引力模型中语言变量的通用指标，根据贸易成本理论，系数 α_1 符号预期为正。考虑到各国语言多元化的可能，将共同语言测算范围拓展为使用人数占比超过4%的通用语言，构建共同语言的数值型变量 CSL 作为稳健性检验的替代变量，以两国任意两人使用相同语言的概率表示，取值范围为［0，1］，数据来源为梅利茨和图巴尔（Melitz and Toubal，2014）附录A。以2004年为基期，依据样本年份距基期时长构建数值型变量 T，取值范围为［1，15］。α_3 是共同语言与时长交互项的系数，若为正则共同语言的贸易促进作用逐渐增强，若为负则共同语言的贸易促进作用逐渐减弱。α_{1t}是共同语言逐年回归中的动态系数，可更直观地考察语言动态贸易效应的变动细节。

控制变量中四个双边因素即共同边界、共同殖民历史、共同货币为二元虚拟变量，共同宗教信仰为数值型变量，数据来源为法国国际经济研究中心 CEPII - Gravity 数据库。进口国单边因素中，服务业生产力水平以服务业增加值占 GDP 比重表示，服务业开放度以该国服务贸易进出口总额占 GDP 比重表示，互联网覆盖率测度一国数字基础设施水平以每百人网络使用比表示，三者均为数值型变量，数据来源是世界银行。

被解释变量是双边数字服务出口额，单位为百万美元。OECD 和 UNCTAD 作为全球贸易统计规制的重要制定者，现有对数字跨境传输服务的统计范畴尚未完全统一，因此参考周念利和陈寰琦（2020）的做法，选取两个机构的最大公约数，将扩大国际收支服务分类（EBOPS2010）下保险和退休金服务，金融服务，知识产权费用，电信、计算机和信息服务，个人、文化和娱乐服务，其他商业服务六项细分产业加总额纳入数字服务出口流量统计，这种做法也和商务部《中国数字服务贸易发展报告 2018》、信通院《数字贸易发展白皮书（2020）》统计一致。各国数字服务出口额数据来源是 OECD - BITS 数据库。

数字经济时代全球高度连通，数字服务贸易已脱离地理局限（江小涓，2017），因此需要突破中国贸易单一视角，基于全球更广泛样本考察共同语言的动态贸易效应。根据信通院《数字贸易发展白皮书（2020）》，美欧等发达经济体占据全球数字服务出口76%，超过其在货物贸易和服务贸易的占比。2019年中国数字服务贸易出口额1435亿美元，重要贸易伙伴即排名前49国家占比45.16%，同年度该50国的双边数字服务贸易总额达18653亿美元，占全球总额57.20%。据此以50个重要数字服务贸易经济体① 2005～2019年

① 50个重要经济体为 OECD38 国（包括澳大利亚、奥地利、比利时、加拿大、智利、哥伦比亚、哥斯达黎加、捷克、丹麦、爱沙尼亚、芬兰、法国、德国、希腊、匈牙利、冰岛、爱尔兰、以色列、意大利、日本、韩国、拉脱维亚、立陶宛、卢森堡、墨西哥、荷兰、新西兰、挪威、波兰、葡萄牙、斯洛伐克、斯诺文尼亚、西班牙、瑞典、瑞士、土耳其、英国、美国）、金砖5国（包括巴西、中国、印度、俄罗斯、南非）以及其他7国（包括阿根廷、印度尼西亚、哈萨克斯坦、马来西亚、秘鲁、沙特阿拉伯、泰国）。

贸易面板数据为全样本进行语言动态贸易效应的实证回归，模型主要变量的统计特征如表 1 所示。

表 1　　主要变量的描述性统计

变量	观测值	均值	标准差	最小值	最大值
lnexport	35 144	3. 351	3. 095	−12. 024	12. 611
comlang	35 144	0. 065	0. 246	0	1
T	35 144	7. 965	4. 293	1	15
comlangT	35 144	0. 511	2. 222	0	15
lngdpi	35 144	6. 046	1. 498	2. 578	9. 97
lngdpj	35 144	6. 04	1. 518	2. 578	9. 928
lndistw	35 144	8. 441	1. 033	5. 081	9. 88
border	35 144	0. 048	0. 214	0	1
comcolony	35 144	0. 008	0. 087	0	1
comcurency	35 144	0. 09	0. 286	0	1
comreligion	35 144	0. 211	0. 275	0	0. 98
sevpercentj	35 144	60. 276	8. 313	31. 126	79. 332
netdensityj	35 144	65. 751	23. 504	2. 388	99. 011
sopenessj	35 144	24. 307	35. 251	3. 943	304. 276
csl	35 144	0. 222	0. 266	0	1
cd	35 144	2. 006	1. 168	0. 023	6. 481

四、实证结果分析

（一）基准回归

1. 时间分段与时间交互项

根据方程（1）~方程（3），模型变量中已包含距基期年限 T，为避免估计重复选用时不变面板随机前沿引力模型，回归结果如表 2 所示，各方程 gamma 值接近于 1，表明贸易非效率项显著存在，随机前沿引力模型适用。列（1）为全样本共同语言静态数字服务贸易效应分析，comlang 系数在 1% 水平上显著为正，表明共同语言对双边数字服务贸易具有整体静态促进作用。列（2）和列（3）为以 2015 年神经机器翻译出现为契机考察语言静态贸易促进效应的分时段比较，从共同语言系数的经济和统计双显著性可知，2015年深度学习技术支持的机器翻译出现后，两国共同语言对数字服务出口的整体贸易促进作用减弱约62%，且统计显著性略有下降。列（4）为包含共同语言、距基期年限以及二者交互项的回归结果，其中共同语言系数在1%水平上显著为正，交互项（comlangT）系数在1%水平上显著为负，这表明随着机器翻译技术的进步与全球共享，共同语言对数字服务贸易效率的积极作用正在减弱。列（5）在列（4）基础上添加距基期年限的二次项（Tsq）及其与共同语言的交互项（comlangTsq）以考察语言动态非线性效应是否存在，其中共同语言系数显著为正，一次交互项系数为正不显著，二次交互项的系数显著为负，表明样本期内共同语言对数字服务贸易促进作用的式微特征是稳定的。基于各国机器翻译技术获取便利度差异，AI技术对语言工具性贸易障碍的即时缓解存在一定时间差异，这或许是一次交互项系数不显著的原因。综上以列（4）为基准回归，假设1得到支持。

表2　　AI时代共同语言对数字服务贸易的动态效应

变量	(1)	(2)	(3)	(4)	(5)
	全样本	2005～2014年	2015～2019年	一次交互项	二次交互项
comlang	0.591*** (0.153)	0.643*** (0.157)	0.294** (0.142)	0.662*** (0.154)	0.621*** (0.156)
T				0.038*** (0.001)	-0.031** (0.013)
comlangT				-0.009*** (0.002)	0.006 (0.008)
Tsq					0.004*** (0.001)
comlangTsq					-0.001* (0.001)
lngdpi	0.484*** (0.012)	0.467*** (0.014)	0.842*** (0.021)	0.485*** (0.012)	0.485*** (0.012)
lngdpj	0.329*** (0.014)	0.369*** (0.017)	0.287*** (0.048)	0.332*** (0.014)	0.332*** (0.014)
lndistw	-0.836*** (0.048)	-0.811*** (0.049)	-1.008*** (0.045)	-0.836*** (0.048)	-0.836*** (0.048)

续表

变量	(1)	(2)	(3)	(4)	(5)
	全样本	2005~2014 年	2015~2019 年	一次交互项	二次交互项
border	-0.043 (0.189)	0.013 (0.193)	-0.415 ** (0.175)	-0.044 (0.189)	-0.044 (0.189)
comcolony	-0.148 (0.420)	-0.174 (0.430)	0.344 (0.390)	-0.147 (0.420)	-0.146 (0.420)
comcurency	0.235 (0.153)	0.204 (0.156)	0.290 ** (0.141)	0.235 (0.152)	0.235 (0.152)
comreligion	-0.290 * (0.154)	-0.325 ** (0.157)	0.005 (0.143)	-0.288 * (0.153)	-0.288 * (0.153)
sevpercentj	0.003 *** (0.001)	-0.001 (0.002)	-0.009 ** (0.004)	0.003 *** (0.001)	0.003 *** (0.001)
netdensityj	0.003 *** (0.000)	-0.001 (0.000)	-0.001 (0.001)	0.003 *** (0.000)	0.003 *** (0.000)
sopenessj	0.002 *** (0.000)	0.002 *** (0.000)	0.004 *** (0.001)	0.002 *** (0.000)	0.002 *** (0.000)
_cons	10.401 *** (1.221)	10.582 *** (1.180)	11.568 *** (3.412)	10.346 *** (1.228)	10.411 *** (1.224)
mu	7.599 *** (1.085)	7.698 *** (1.028)	7.882 ** (3.358)	7.598 *** (1.094)	7.597 *** (1.089)
N	35 144	23 547	11 597	35 144	35 144
ll	-2.3e+04	-1.4e+04	-6.8e+03	-2.3e+04	-2.3e+04
gamma	0.954	0.967	0.975	0.954	0.954
p	0.000	0.000	0.000	0.000	0.000

注：括号内为标准误，*、**、*** 分别表示 10%、5%、1% 显著性水平；P 值为模型整体显著性；表中回归使用年份国家双向固定效应。

2. 逐年回归

根据方程（1）、方程（2）和方程（4），以全样本 2005~2019 年逐年回归测算共同语言动态贸易效应，结果如表 3 所示。经济显著性上，共同语言的各年度系数均为正，数值自起始年上升至 2008 年峰值后逐年下降；统计显著性上，2005~2013 年共同语言的系数在 1% 水平上显著，2014 年在 10% 水平上显著，2015~2019 年不显著。回顾机器翻译技术近 20 年发展历程，尽管存在国家差异和技术普及时滞，2006 年、2010 年、2015 年三次重要技术演变对多语言翻译成本的积极影响已辐射至全球数字服务贸易增长，假设1再次得到支持。

表3　　共同语言数字服务贸易效应逐年回归

变量	(1)	(2)	(3)	(4)	(5)	(6)	(7)	(8)
	2005年	2006年	2007年	2008年	2009年	2010年	2011年	2012年
comlang	0.480 *** (0.148)	0.518 *** (0.147)	0.508 *** (0.149)	0.569 *** (0.148)	0.509 *** (0.147)	0.487 *** (0.155)	0.487 *** (0.157)	0.463 *** (0.156)
控制变量Z	Yes	Yes	Yes	Yes	Yes	Yes	Yes	Yes
N	2 343	2 351	2 351	2 349	2 350	2 351	2 352	2 351
p	0.000	0.000	0.000	0.000	0.000	0.000	0.000	0.000

变量	(9)	(10)	(11)	(12)	(13)	(14)	(15)
	2013年	2014年	2015年	2016年	2017年	2018年	2019年
comlang	0.451 *** (0.157)	0.272 * (0.158)	0.225 (0.158)	0.224 (0.157)	0.171 (0.168)	0.134 (0.168)	0.039 (0.180)
控制变量Z	Yes	Yes	Yes	Yes	Yes	Yes	Yes
N	2 352	2 397	2 397	2 397	2 349	2 300	2 154
p	0.000	0.000	0.000	0.000	0.000	0.000	0.000

注：括号内为标准误，*、**、*** 分别表示10%、5%、1%显著性水平；P值为模型整体显著性。逐年回归下样本为截面数据，使用随机前沿引力模型，并假设贸易非效率项服从半正态分布，各回归使用国家单向固定效应。

（二）稳健性分析

为更细致分析共同语言动态贸易效应的演变特征，与包含时间交互项相比，我们倾向于全样本的逐年回归，但表3逐年回归会造成样本量锐减，估计量的一致性可能受到影响，因此我们以年段平滑方式在逐年回归中增加样本量，进一步检验回归结论的稳健性，如表4所示。年段平滑，即以样本年限前后各N年的估计量均值作为该年度的估计量。表4中A为3年平滑，即取前后各一年样本为该年度系数平滑均值，样本期15年可分为13年段。以列（1）2006年为例，基于2005～2007样本根据方程（1）、方程（2）和方程（4）选用时间国家双向固定面板随机前沿引力模型，各变量系数即为2006年回归结果，列（2）～列（13）以此类推。表4中B为5年平滑，即取前后各两年样本为该年度系数，样本期15年共分为11年段。从表4可知各年段平滑下，共同语言对数字服务贸易的促进作用在样本期内自2009年起逐年下降，统计显著性也略有下降。因此在扩充样本中，共同语言对数字服务贸易促进作用随着机器翻译技术进化而式微的结论是稳健的。

表 4　　共同语言数字服务贸易效应式微的样本稳健性

A	(1)	(2)	(3)	(4)	(5)	(6)	(7)
三年平滑	2006 年	2007 年	2008 年	2009 年	2010 年	2011 年	2012 年
comlang	0.558*** (0.147)	0.594*** (0.148)	0.623*** (0.149)	0.606*** (0.149)	0.576*** (0.148)	0.532*** (0.149)	0.487*** (0.148)
控制变量 Z	Yes	Yes	Yes	Yes	Yes	Yes	Yes
mu	7.821*** (2.966)	7.766*** (2.681)	7.957** (3.131)	7.918** (3.119)	7.795*** (2.783)	8.076* (4.135)	8.175 (4.988)
N	7 045	7 051	7 050	7 050	7 053	7 054	7 055
gamma	0.979	0.978	0.982	0.978	0.975	0.974	0.973
p	0.000	0.000	0.000	0.000	0.000	0.000	0.000

A	(8)	(9)	(10)	(11)	(12)	(13)
三年平滑	2013 年	2014 年	2015 年	2016 年	2017 年	2019 年
comlang	0.324** (0.145)	0.316** (0.144)	0.291** (0.143)	0.262* (0.143)	0.266* (0.143)	0.194 (0.148)
控制变量 Z	Yes	Yes	Yes	Yes	Yes	Yes
mu	8.212 (5.131)	8.132* (4.764)	8.110 (5.380)	8.125 (5.177)	8.039* (4.681)	7.915** (3.732)
N	7 100	7 146	7 191	7 143	7 046	6 803
gamma	0.974	0.971	0.971	0.975	0.978	0.984
p	0.000	0.000	0.000	0.000	0.000	0.000

B	(1)	(2)	(3)	(4)	(5)	(6)
五年平滑	2007 年	2008 年	2009 年	2010 年	2011 年	2012 年
comlang	0.660*** (0.150)	0.672*** (0.151)	0.698*** (0.153)	0.674*** (0.152)	0.621*** (0.150)	0.414*** (0.146)
控制变量 Z	Yes	Yes	Yes	Yes	Yes	Yes
mu	7.694*** (1.843)	7.577*** (1.469)	7.744*** (1.651)	7.820*** (1.974)	7.787*** (2.229)	7.973** (3.295)
N	11 744	11 752	11 753	11 753	11 756	11 803
gamma	0.976	0.976	0.976	0.974	0.969	0.968
p	0.000	0.000	0.000	0.000	0.000	0.000

续表

B	(7)	(8)	(9)	(10)	(11)
五年平滑	2013 年	2014 年	2015 年	2016 年	2017 年
comlang	0.378*** (0.145)	0.351** (0.144)	0.325** (0.143)	0.300** (0.142)	0.294** (0.142)
控制变量 Z	Yes	Yes	Yes	Yes	Yes
mu	8.020** (3.793)	8.005** (3.802)	8.043 (5.110)	8.018* (4.560)	7.882** (3.358)
N	11 849	11 894	11 892	11 840	11 597
gamma	0.967	0.965	0.963	0.965	0.975
p	0.000	0.000	0.000	0.000	0.000

注：括号内为标准误，*、**、*** 分别表示 10%、5%、1% 显著性水平；P 值为模型整体显著性；表中回归使用年份国家双向固定效应。

以通用语（CSL）作为共同语言的替代指标，回归结果如表 5 所示。和基准回归表 3 相比，扩大语言统计范畴后，共同语言对数字服务贸易的促进作用增大，这体现了多语言的贸易便利化优势。从系数动态特征上看，新指标测算的共同语言贸易促进作用在样本期内也呈现显著的峰值后弱化趋势。不同的是，新指标测算下语言的峰值为 2011 年，略晚于基准回归的 2008 年，这可能是因为官方语言在传统的人工翻译中积累了比通用语更强大的数据基础，而且官方语言的语法规则比通用语更系统化，因此依赖于大数据输入和深度学习技术的神经机器翻译对官方语的工具功能替代性比通用语强，所以对语言障碍的即时缓解比通用语提前。

表 5　　　　共同语言数字服务贸易效应式微的指标稳健性

变量	(1)	(2)	(3)	(4)	(5)	(6)	(7)	(8)
	2005 年	2006 年	2007 年	2008 年	2009 年	2010 年	2011 年	2012 年
csl	1.218*** (0.164)	1.260*** (0.162)	1.238*** (0.164)	1.383*** (0.167)	1.379*** (0.164)	1.406*** (0.170)	1.434*** (0.170)	1.417*** (0.171)
控制变量 Z	Yes	Yes	Yes	Yes	Yes	Yes	Yes	Yes
N	2 343	2 351	2 351	2 349	2 350	2 351	2 352	2 351
p	0.000	0.000	0.000	0.000	0.000	0.000	0.000	0.000

续表

变量	(9)	(10)	(11)	(12)	(13)	(14)	(15)
	2013 年	2014 年	2015 年	2016 年	2017 年	2018 年	2019 年
csl	1.414 *** (0.173)	1.241 *** (0.173)	1.158 *** (0.173)	1.164 *** (0.170)	1.137 *** (0.177)	1.035 *** (0.175)	0.775 *** (0.177)
控制变量 Z	Yes	Yes	Yes	Yes	Yes	Yes	Yes
N	2 352	2 397	2 397	2 397	2 349	2 300	2 154
p	0.000	0.000	0.000	0.000	0.000	0.000	0.000

注：括号内为标准误，*、**、*** 分别表示 10%、5%、1% 显著性水平；P 值为模型整体显著性；表中回归使用国家单向固定效应。

（三）基于细分产业和国家特征的异质性讨论

不同数字服务细分产业规模存在较大差异，按出口额占比由高到低依次为其他商业服务，电信、计算机和信息服务，金融服务，知识产权服务，保险和退休金服务，个人、文化和娱乐服务。表 6 为基于产业分样本测算的共同语言动态数字服务贸易效应，从交互项系数可知，神经机器翻译技术的普及显著降低了保险、ICT、文娱、IP、其他服务业的贸易沟通成本，且对前三个产业的贸易便利作用高于数字服务行业整体均值。与基准不同的是，共同语言对金融服务出口的促进作用逐渐增强，这可能是语言转化便利化降低了目的国市场准入成本，加剧目的国外国金融服务供给商的竞争从而不利于形成行业规模效应。

表 6　　产业异质性与共同语言动态贸易效应

变量	(1) 保险	(2) 金融	(3) IP	(4) ICT	(5) 其他	(6) 文娱
comlang	0.539 *** (0.191)	0.504 *** (0.192)	0.807 *** (0.232)	0.713 *** (0.172)	0.572 *** (0.152)	0.832 *** (0.183)
T	0.046 *** (0.003)	0.024 *** (0.002)	0.029 *** (0.003)	0.062 *** (0.002)	0.027 *** (0.002)	0.046 *** (0.003)
comlangT	-0.018 *** (0.004)	0.008 ** (0.004)	-0.008 * (0.004)	-0.015 *** (0.003)	-0.004 (0.002)	-0.014 *** (0.004)
控制变量 Z	Yes	Yes	Yes	Yes	Yes	Yes
mu	12.373 (15.608)	12.619 (23.677)	10.965 *** (1.454)	11.437 (12.614)	8.906 (6.720)	11.983 (20.566)
N	33 758	33 590	33 368	34 998	35 020	33 201

续表

变量	（1）保险	（2）金融	（3）IP	（4）ICT	（5）其他	（6）文娱
gamma	0.891	0.907	0.922	0.925	0.926	0.848
p	0.000	0.000	0.000	0.000	0.000	0.000

注：括号内为标准误，*、**、*** 分别表示 10%、5%、1% 显著性水平；P 值为模型整体显著性；表中回归使用年份国家双向固定效应。

50 个重要经济体根据 UNCTAD 标准可分为发达国家和发展中国家两种类型，在数字经济时代，南北“数字鸿沟”即数字基础设施和数字技术发展的差异是否对共同语言的动态贸易效益产生影响呢？从表 7 列（1）可知，同类型国家人工智能技术发展实力相当，机器翻译规模化应用即时降低了双边数字服务贸易的沟通成本，共同语言贸易促进作用逐渐减弱。列（2）为北南贸易，即发达国家对发展中国家的数字贸易出口，其语言的促进作用弱化趋势更强。列（3）为南北贸易，即发展中国家对发达国家的数字服务出口，其语言促进作用在样本期内保持稳定。因此“数字鸿沟”的存在进一步增大南北国家克服语言障碍的能力差异，甚至造成基于原有服务贸易比较优势的“马太效应”，即服务贸易占比较高的发达国家因其 AI 技术普及优势在服务贸易数字化趋势中将以更快的速度降低贸易成本，从而获得更高的国际市场份额。

（四）系统 GMM 缓解内生性

考虑到遗漏变量以及贸易增长对技术发展的反向因果对模型估计可能造成的内生性偏误，我们将被解释变量滞后项引入回归，其余解释变量以自身为工具变量，采用两步法系统 GMM 重新估算交互项下语言的动态贸易效应，结果如表 7 列（4），引入滞后项后，共同语言的贸易促进作用较基准变小，但其对数字服务贸易的促进作用同样随时间弱化，翻译技术演化有效缓解了语言差异对双边贸易的阻碍。

表 7　　　　国家异质性与共同语言动态贸易效应

变量	(1)	(2)	(3)	(4)
	同类型国家	发达对发展中国家	发展中对发达国家	系统 GMM
comlang	0.620 *** (0.181)	0.925 ** (0.361)	0.550 ** (0.250)	0.289 *** (0.084)

续表

变量	(1)	(2)	(3)	(4)
	同类型国家	发达对发展中国家	发展中对发达国家	系统 GMM
T	0.044 *** (0.002)	0.075 *** (0.005)	0.024 *** (0.003)	0.065 *** (0.020)
comlangT	-0.011 *** (0.002)	-0.032 *** (0.007)	0.005 (0.005)	-0.014 *** (0.004)
L. lnexport				0.547 *** (0.034)
控制变量 Z	Yes	Yes	Yes	Yes
mu	6.028 *** (0.609)	5.210 *** (0.598)	1.184 *** (0.271)	
N	17 872	7 864	8 496	32 734
gamma	0.962	0.904	0.966	
p	0.000	0.000	0.000	0.000

注：括号内为标准误，*、**、*** 分别表示 10%、5%、1% 显著性水平；P 值为模型整体显著性；表中回归使用年份国家双向固定效应。列（4）AR（1）、AR（2）对应 P 值分别为 0.000、0.750，即扰动项差分存在一阶序列相关，不存在二阶序列相关。Hansen 对应 P 值为 0.053，在 5% 水平不拒绝原假设，即不存在过度识别，工具变量适用。

五、拓展研究：语言的文化功能

在人工智能和机器翻译技术的辅助下，因语言差异而增加的数字服务贸易沟通成本即语言的工具性贸易障碍已得到缓解，那么隐身于不同语言的文化观念差异及其对贸易效率的影响是否也能被新技术同步消解呢？基于此，我们在式（4）基础上引入国家间文化距离（cd）作为语言文化性功能的代理变量，对全样本进行逐年回归。

霍夫斯泰德（Hofstede）文化 6D 理论是测算国家文化差异的代表性研究，基于各国在权力距离（PDI）、个人主义（IDV）、男性主义（MAS）、不确定性规避（UAI）、长期规划主义（LTO）、即时享乐主义（IVR）六维度指标相对值的综合差异，我们按照式（5）计算两国对称静态文化距离。

$$cd_{ij} = cd_{ji} = \frac{1}{6} \times \sum_{k=1}^{6} \frac{(I_{jk} - I_{ik})^2}{V_k}, \text{ for } i = 1, 2 \cdots 50, \text{ and } i \neq j \quad (5)$$

其中，下标 i、j、k 分别表示出口国、进口国、第 k 维度指标。I_{jk}、I_{ik} 分别表示 j 国在第 k 指标上的取值、i 国在第 k 指标上的取值。Vk 表示样本 50 国在第 k 个指标的方差，数据来源是 Hofstede 文化洞察力官网。

新的回归结果如表 8 所示，控制国家间文化距离后共同语言对双边数字服务贸易的促进作用在 2008 年达到峰值后逐年下降，且自 2014 年起统计上不再显著。值得注意的是，双边文化差异对数字服务贸易具有显著的抑制作用，且自 2005 年起抑制作用不断强化至 2013 年达到峰值，2014 年起抑制作用开始减弱。尽管样本期内共同语言和文化距离的系数均呈现先升后降的趋势，但两者的峰值年份有较大差异，因此人工智能和机器翻译技术的发展与共享对语言文化性贸易障碍的缓解速度显著低于对语言工具性贸易障碍的缓解，假设 2 得到支持。基于信任和消费偏好机制，进口国倾向于选择与本国文化同源的数字服务来源国。AI 技术变革对企业生产率、要素流动效率等相对客观条件的改善是符合经济学理性的，但是对政治互信、商业信用和消费偏好等相对主观条件的调节在短期内可能是非理性的。正如神经翻译机器技术能够即时便利语言的工具功能，却无法同步便利语言的文化功能，对于国家间文化观念的差异，循序渐进且持续的双边文化交流和文明互鉴或许比单一的 AI 技术普及的缓解作用更大。

表 8　　　　引入文化距离的共同语言数字服务贸易效应

变量	(1)	(2)	(3)	(4)	(5)	(6)	(7)	(8)
	2005 年	2006 年	2007 年	2008 年	2009 年	2010 年	2011 年	2012 年
comlang	0. 392 ** (0. 152)	0. 431 *** (0. 151)	0. 437 *** (0. 153)	0. 495 *** (0. 153)	0. 441 *** (0. 151)	0. 402 ** (0. 159)	0. 394 ** (0. 160)	0. 353 ** (0. 159)
cd	−0. 086 ** (0. 035)	−0. 086 ** (0. 034)	−0. 069 ** (0. 034)	−0. 073 ** (0. 035)	−0. 066 * (0. 034)	−0. 084 ** (0. 035)	−0. 092 *** (0. 035)	−0. 108 *** (0. 035)
控制变量 Z	Yes	Yes	Yes	Yes	Yes	Yes	Yes	Yes
N	2 343	2 351	2 351	2 349	2 350	2 351	2 352	2 351
p	0. 000	0. 000	0. 000	0. 000	0. 000	0. 000	0. 000	0. 000

变量	(9)	(10)	(11)	(12)	(13)	(14)	(15)
	2013 年	2014 年	2015 年	2016 年	2017 年	2018 年	2019 年
comlang	0. 340 ** (0. 161)	0. 163 (0. 161)	0. 121 (0. 160)	0. 121 (0. 159)	0. 070 (0. 170)	0. 064 (0. 171)	−0. 009 (0. 182)
cd	−0. 109 *** (0. 036)	−0. 110 *** (0. 035)	−0. 106 *** (0. 035)	−0. 104 *** (0. 034)	−0. 103 *** (0. 035)	−0. 076 ** (0. 034)	−0. 054 (0. 035)
控制变量 Z	Yes	Yes	Yes	Yes	Yes	Yes	Yes
N	2 352	2 397	2 397	2 397	2 349	2 300	2 154
p	0. 000	0. 000	0. 000	0. 000	0. 000	0. 000	0. 000

注：括号内为标准误，*、**、*** 分别表示 10%、5%、1% 显著性水平；P 值为模型整体显著性；表中回归使用国家单向固定效应。

六、研究结论与政策启示

在以人工智能为代表的新一代信息技术演化和普及下，全球数字服务贸易快速增长，成为破局世界经济低迷增长的新动力。以基于大数据驱动和深度学习算法的神经机器翻译技术的出现为契机，通过贸易成本理论和随机前沿引力模型分析 AI 时代背景下文化因素之一共同语言对新业态贸易的动态效应。研究发现，随着机器翻译技术的进步与全球规模化共享，共同语言对双边数字服务贸易的促进作用逐渐弱化，即语言的工具性贸易障碍得到 AI 技术的即时缓解，但 AI 技术对语言的文化性贸易障碍缓解存在一定时滞性。共同语言贸易促进效应的式微特征在保险、ICT 和个人文娱服务业更明显，对金融服务的促进效应却在增强。对国家异质性分析发现，"数字鸿沟"将拉大发达经济体和发展中经济体对语言便利性的非均衡性获取从而加大南北国家在全球数字服务贸易中的市场份额差距。

基于上述结论，基于共同语言视角，对人工智能背景下促进中国数字服务贸易高质量发展提出三点启示：

一是及时推广人工智能技术的产业规模化应用。从贸易便利化视角，神经机器翻译技术的普及和应用，将显著缓解伙伴国语言差异对中国数字服务贸易沟通成本的正向影响，从而提高贸易效率。"数字鸿沟"叠加"马太效应"对发展中国家数字经济的不利影响也提醒我们，要及时开发、更新、掌握、交流新技术，提高技术的商用转化率。依赖国内大数据生产和获取优势，强化智能自主学习，建立和完善中文同各通用语的双边服务贸易范式语言库，提倡行业语言信息共享，打造多语言智能互译一步转化平台。

二是培养人工智能复合专业型人才。高知识密集型数字经济的发展，需要跨学科专业人才的投入和推动，国务院在 2017 年《新一代人工智能发展规划》中提出要加快培养"人工智能 +"横向复合型人才。一方面，通过定期职业技能培训提高现有服务贸易从业者人机交互使用效率；另一方面，鼓励一流翻译学科高校和一流人工智能学科高校的联合人才培养，基于语言学、符号学和翻译人文素养的学科积累，提高自然语言处理技术对跨语言文本语义分析和理解的准确度，充分激发二者对人机交互语言处理的创造性潜能。

三是依托人工智能技术继续增进双边文化交流。短期内人工智能和机器翻译技术的发展无法快速缩减国家间的文化差异，以中外文化年、孔子学院、互派留学生等形式开展的双边文化交流活动对增进两国文化理解虽有成效但时间成本较高。如何通过 AI 技术提高双边文化友好交流效率，进一步增强两国文化理解互信，从而提高中国数字服务在国际市场的消费者偏好将是值得思考的方向。

参考文献

1. 蔡基刚：《高校翻译专业范式转移：从翻译专业（1.0）到语言服务专业（2.0）》，载于《上海翻译》2019 年第 4 期。

2. 陈彦斌、林晨、陈小亮：《人工智能、老龄化与经济增长》，载于《经济研究》2019 年第 7 期。

3. 范鑫：《数字经济发展、国际贸易效率与贸易不确定性》，载于《财贸经济》2020 年第 8 期。

4. 郭明阳、张晓玲、唐会玲、孟庆端、任龙波：《人工智能在机器翻译中的应用研究》，载于《河南科技大学学报（自然科学版）》2021 年第 3 期。

5. 郭周明、裘莹：《数字经济时代全球价值链的重构：典型事实、理论机制与中国策略》，载于《改革》2020 年第 10 期。

6. 江小涓：《对外开放：争议问题再讨论与未来展望》，载于《经济研究参考》2020 年第 2 期。

7. 江小涓：《高度联通社会中的资源重组与服务业增长》，载于《经济研究》2017 年第 3 期。

8. 江兴：《基于战略性贸易政策的人工智能产业发展研究》，载于《经济体制改革》2018 年第 6 期。

9. 李磊、徐大策：《机器人能否提升企业劳动生产率？——机制与事实》，载于《产业经济研究》2020 年第 3 期。

10. 刘斌、潘彤：《人工智能对制造业价值链分工的影响效应研究》，载于《数量经济技术经济研究》2020 年第 10 期。

11. 刘振中：《“十四五”时期我国产业发展环境的五大趋势性变化》，载于《经济纵横》2020 年第 8 期。

12. 吕越、谷玮、包群：《人工智能与中国企业参与全球价值链分工》，载于《中国工业经济》2020 年第 5 期。

13. 孟夏、孙禄、王浩：《数字服务贸易壁垒、监管政策异质性对数字交付服务贸易的影响》，载于《亚太经济》2020 年第 6 期。

14. 欧春尧、刘贻新、戴海闻、张光宇：《人工智能企业颠覆性创新的影响因素及其作用路径研究》，载于《软科学》2021 年第 4 期。

15. 裴长洪、刘斌：《中国开放型经济学：构建阐释中国开放成就的经济理论》，载于《中国社会科学》2020 年第 2 期。

16. 彭羽、杨碧舟、沈玉良：《RTA 数字贸易规则如何影响数字服务出口——基于协定条款异质性视角》，载于《国际贸易问题》2021 年第 4 期。

17. 谭泓、张丽华：《人工智能促进人力资本流动与提升》，载于《科学学研究》2021 年第 5 期。

18. 田云华、周燕萍、邹浩、王凌峰：《人工智能技术变革对国际贸易的影响》，载于《国际贸易》2020 年第 2 期。

19. 温湖炜、舒斯哲、郑淑芳：《全球数字服务贸易格局及中国的贸易地位分析》，载于《产业经济评论》2021 年第 1 期。

20. 许钧：《文化多样性与翻译的使命》，载于《中国翻译》2005 年第 1 期。

21. 闫雪凌、李雯欣、高然：《人工智能技术对我国劳动力市场的冲击和影响》，载于《产业经济评论》2021 年第 2 期。

22. 张淳、田欣：《语言文化交流是实施“一带一路”倡议的“助推器”》，载于《湖北社会科学》2017 年第 10 期。

23. 张慧敏、刘洪钟：《政治距离、文化差异与中国的对外贸易》，载于《国际经贸探索》2020 年第 1 期。

24. 张卫国、孙涛：《通用语的贸易效应：基于中国与 OECD 国家贸易数据的实证研究》，载于《世界经济研究》2018 年第 4 期。

25. 赵永亮、葛振宇：《汉语文化传播与“中国制造”的海外影响力》，载于《南开经济研究》2019 年第 3 期。

26. 钟晓君、丁绒：《服务业对外直接投资与服务贸易出口：替代抑或创造?》，载于《产经评论》2020 年第 6 期。

27. 周念利、陈寰琦：《RTAs 框架下美式数字贸易规则的数字贸易效应研究》，载于《世界经济》2020 年第 10 期。

28. Brownlee, T., Sommerfeld, J., & Hansen, K., 2020, “How AI is Changing Operations: From Settlement Optimisation to Automating Risk Monitoring”, *Journal of Securities Operations & Custody*, Vol. 12 No. 2, pp. 102 – 115.

29. Brynjolfsson, E., Hui, X., & Liu, M., 2019, “Does Machine Translation Affect International Trade? Evidence From A Large Digital Platform”, *Management Science*, Vol. 65 No. 12, September, pp. 5449 – 5460.

30. Garcia – Murillo, M., MacInnes, I., & Bauer, J. M., 2018, “Techno-unemployment: A Framework for Assessing the Effects of Information and Communication Technologies on Work”, *Telematics and Informatics*, Vol. 35 No. 7, October, pp. 1863 – 1876.

31. Goldfarb, A., & Trefler, D., 2017, “AI and Trade”, Economics of AI, pp. 1 – 10.

32. Huang, M. H., & Rust, R. T., 2018, “Artificial Intelligence in Service”, *Journal of Service Research*, Vol. 21 No. 2, February, pp. 155 – 172.

33. Jessica, M., 2019, "Artificial Intelligence and Trade Secrets", *Landslide*, *Vol.* 11 No. 3, pp. 1 – 11.

34. Lloyd, C., & Payne, J., 2019, "Rethinking Country Effects: Robotics, AI and Work Futures in Norway and the UK", New Technology, *Work and Employment*, Vol. 34 No. 3, September, pp. 208 – 225.

35. Lohmann, J., 2011, "Do Language Barriers Affect Trade?", *Economics Letters*, Vol. 110 No. 2, February, pp. 159 – 162.

36. Lu, Y. Y., & Zhou, Y. X., 2019, "A Short Review on the Economics of Artificial Intelligence", CAMA Working Papers 2019 – 54, Centre for Applied Macroeconomic Analysis, Crawford School of Public Policy, The Australian National University.

37. Lu, Y., & Zhou, Y., 2021, "A Review on the Economics of Artificial Intelligence", *Journal of Economic Surveys*, Vol. 35 No. 4, April, pp. 1045 – 1072.

38. Martens, B., & Tolan, S., 2018, "Will This Time Be Different? A Review of the Literature on the Impact of Artificial Intelligence on Employment, Incomes and Growth", SSRN Electronic Journal, December, Elsevier BV.

39. Melitz, J., & Toubal, F., 2014, "Native Language, Spoken Language, Translation and Trade", *Journal of International Economics*, Vol. 93 No. 2, July, pp. 351 – 363.

40. Micco, A., 2020, "New Technologies, Automation, and Labor Markets", *SSRN Electronic Journal*, October, Elsevier BV.

41. Milgrom, P. R., & Tadelis, S. (2018). How Artificial Intelligence and Machine Learning Can Impact Market Design. NBER Working Papers 24282, National Bureau of Economic Research, Inc.

42. Smirnov, E. N., & Lukyanov, S. A., 2019, "Development of the Global Market of Artificial Intelligence Systems", *Economy of Region*, Vol. 15 No. 1, pp. 57 – 69.

43. Tay, C., 2021, "The Impact of Artificial Intelligence on International Trade", *Journal of Technological Advancements*, Vol. 1 No. 1, pp. 1 – 20.

44. Trujillo, A., 1999, "Translation Engines: Techniques for Machine Translation", *Springer*, pp. 303.

45. Wang, Z., De Graaff, T., & Nijkamp, P., 2016, "Cultural Diversity and Cultural Distance as Choice Determinants of Migration Destination", *Spatial Economic Analysis*, Vol. 11 No. 2, November, pp. 176 – 200.

46. Zhuo, Z., Larbi, F. O., & Addo, E. O., 2021, "Benefits and Risks of Introducing Artificial Intelligence Into Trade and Commerce: The Case of Manufacturing Companies in West Africa", *Amfiteatru Economic*, Vol. 23 No. 56, December, pp. 174 – 194.

An Empirical Analysis of Decreasing Positive Effect of Common Language on Digital Services Trade

BAI Shuqiang XIAO Wen

(School of International Trade and Economics, University of International Business and Economics, 100029)

[**Abstract**] On the foundation of deep learning and big data, artificial intelligence has promoted the digitalized transformation of global industry. Especially in digital trade, the appearance and spread of neural machine translation has improved multi-lingual conversion efficiency. Based on trade cost theory and stochastic frontier gravity model, it is found that the positive trade effect of common language has been decreasing since 2009, which implies that the development of AI technology has instantly alleviated functional negative trade effect of language. However, there is some time delay in the alleviation of cultural negative trade effect of language by AI. "Digital divide" between developed and developing countries will exacerbate the imbalance of access to neural machine translation as well as gap of international market share. In order to improve competitiveness and quality of China's digital services trade, we propose three practical ways which include timely promotion large-scale industrial application of AI technology, accelerating cultivation of inter-disciplinary talents of mastering AI and translation, and exploring effective combination of AI and current bilateral cultural exchange platform.

[**Key Words**] Artificial Intelligence Digital Trade Machine Translation Services Trade

JEL Classifications: F14

网络语言生产要素与网络语言产业发展*

谢晓明　程润峰**

【摘　要】文章从语言的经济属性出发，探讨网络语言作为生产要素的表现和网络空间中语言产业的发展。网络语言中的流行词汇、表达风格、语篇文案、言语变体等都可以成为人们进行社会生产经营活动时所需的资源和条件。网络空间中的语言产品可以被概括为9种形态：语言文字符号和相关记写符号（本体产品）、网络语言技术产品、网络语言艺术产品、网络语言知识产品、网络语言人才、在线语言服务、语言数据、聊天记录和新媒体言语行为。网络语言产业既包括传统语言产业的网络版，也包括一些新兴语言产业，这些新兴语言产业孕育出相应的语言职业。网络语言产业具有在线性、媒介依赖性、交融性、创新性、集群化与个体化并存等特征。文章还就目前网络语言经济发展存在的问题提出了相关建议。

【关键词】**语言产业　语言产品　语言职业　网络语言　生产要素　语言经济学**

中图分类号：**F49　H08**　文献标识码：**A**

---

* 本文系国家社会科学基金项目“现代汉语语气词的句法语用互动研究”（17BYY027）、中央高校基本科研业务费资助（HUST：2021XXJS068）、华中科技大学中央高校基本科研业务费资助（人文社会科学自主创新重大交叉项目）“新媒体语言的创新、应用与治理研究”（2022WKZDJC004）、华中师范大学中央高校基本科研业务费资助（创新资助项目）“语言治理视域下的新媒体话语研究”（30106220463）的阶段性研究成果。文章初稿曾在第七届“中国语言产业论坛”（2021年10月23～24日，广西民族大学）上宣读。

** 谢晓明，华中科技大学人文学院教授、博士生导师；地址：（430074）湖北省武汉市洪山区珞喻路1037号华中科技大学人文学院/新媒体语言文化传播研究中心；E－mail：13554183399@163.com。程润峰，华中师范大学语言与语言教育研究中心硕士生；地址：（430079）湖北省武汉市洪山区珞喻路152号华中师范大学语言研究所；E－mail：572520060@qq.com。

一、语言的经济属性

语言具有经济属性。这一命题至少包括三层含义：

第一，语言表达本质上是符号的交换（即使是对信息和情感的单向传递，也蕴含着对符号交换价值的期待），所以语言天然地具有价值、效用、成本和收益等经济属性（Marschak，1965；曹进和侯晓蕾，2021）。语言学中的经济原则（也称省力原则），其最初是用来解释语音变化的原因，后来泛指人们进行言语活动时力求简便或交际效益最大化的普遍倾向（赵玉英，2003），这是一种对语言经济属性的隐喻性的朴素认识，像一些语言学者也把词汇比作货币，认为对其的滥用会导致语言的通货膨胀。

第二，语言自身就可以作为生产要素。人们借助语言符号去参与和实践各种经济行为或社会生产活动，从而获得直接或间接的收益。语言作为生产要素的经济贡献度正随着移动互联时代的发展和信息科学技术的进步而日益凸显（褚鑫，2020）。首先，语言数据是最重要的数据要素。2019 年 10 月，党的十九届四中全会首次明确将数据列为生产要素之一，并让其按贡献参与分配（《人民日报》，2019）。一方面，语言数据无论是从量上还是从质上来看，都是最重要的数据，所以它也是重要的生产要素之一（李宇明，2020a）；另一方面，数据胜于其他生产要素的主要优势就在于数据重复使用的边际成本为零。对于同一个（组）数据，不论增加多少个额外的使用者，现存数据对之前使用者的既有效用都不会减少（Veldkamp and Chung，2019）。而语言数据凭其横跨社会、信息、物理三大空间的超级联通作用，能够在最大程度上把这种零边际成本的非竞争性、非排他性转化为规模报酬递增的经济效益。换句话说，所创制的语言数据越丰富，传播和使用的规模越大、速率越高，其产生的信息和语言产品就越多，就越容易带来可观的经济效益（Jones and Tonetti，2020）。其次，语言还具体表现为劳动力的重要构成（李宇明，2012）、可供开发的社会资源（白新杰，2020），以及人力资本、公共产品和社会制度（交际效率制度和文化表征制度）等生产资料形式（张卫国，2008；刘国辉和张卫国，2021）。

第三，个体、社群、机构等不同主体都存在语言需求（包括交际、思维、文化传承、国家安全等方面），这些语言需求是通过一系列语言产品及服务来满足的。这种制造、加工语言产品，提供、完善语言服务的经济行为或活动就是语言产业。语言产业的发展一方面催生出语言职业和语言职员，另一方面又形成了范围广泛、体量庞大、体系复杂、渗透和内嵌进各行各业的语言产业市场。李宇明（2021：15）指出，“随着社会进步，人们语言需求的品味在不断提升，语言需求的范围在不断延展，语言消费水平在不断提高，语言产业在国民经济体系中的地位也更加重要，逐渐成为国家的支柱性产业”。同时，由于语言需求会涉及社会生活的方方面面，所以据此产生的语言产业也体现出经济效益和社会效益的双元平衡和有机统一。其发展不仅可以优化产业结构、健全经济体系，还可以促进区域语言保护、塑造区域文化形象，进而助力国家语言文化的整体建设。

本文主要从语言经济属性中的第二和第三层面出发，探讨网络语言的生产要素表现和网络空间中语言产业的产品形态、产业业态，以及当前我国网络语言产业发展的体系现状和主要问题，在此基础上提出一些发展建议。

二、作为生产要素的网络语言

“网络语言是在互联网上产生，并主要由网民在网络交际中使用的语言变体和相关符号系统”。（徐默凡，2015：54）这一界定从语言的物质要素——媒介出发，规定网络语言产生、传播和使用的主要媒介都应该是网络。这就将网络语言与日常语言、描述网络及计算机的术语和技术用语等区别开来。

网络语言是当代经济活动的重要生产要素。“人们对生产要素构成的认识会随着社会分工和生产专业化的不断发展而逐渐深化”（张晓敏，2017），会依据不同行业生产经营的特点而确定适用于该行业的生产要素理论和方法进行分析。比如传统的农牧业，往往只需要土地、劳动力、资本三种生产要素。而其他很多产业，则需要同时具备人力、物力、财力、运力、自然力和时间力六种生产要素（徐寿波，2006）。毋庸置疑，网络语言在当前一些社会生产经营活动中扮演着生产要素的重要角色，是人们进行社会生产经营活动时所需的资源和条件。

现阶段，网络语言作为生产要素主要表现在以下几个方面。

（一）流行词汇作为生产要素

流行词汇能够迅速地聚焦人们的关注度和访问量，即迅速地积攒起庞大的流量。流量经济已经成为当前互联网经济的主要形态，其主要表现形式为流量变现（朱巍，2021）。网络流行词汇的流量变现途径主要有四种：第一种是作为语言艺术产品的符号元素而服务于语言创意产业的生产经营，比如许多服饰、文具、玩具、食品包装及各类生活用品上都印有流行词汇。第二种是作为生产经营者展示商品信息或者消费者搜索商品信息的核心词、关键词。这类流行词汇一般具备其他日常词汇很难替代的语义特征。比如“佛系”一词，在电子商务平台经常被用来描述那种能够表征相对消极的生活态度（代宗艳，2018）的商品，又如“ins”多用来形容那些色调饱和度较低的商品，如果消费者正好需要购买这类产品，他们往往需要输入这些关键词才能得到他们预期的信息。第三种是形成语言知识产品以服务于学术生产和知识产业。流行词汇所参构的知识产品，既包括相关的调研报告、论文论著，也包括各大机构评选出来的年度流行语榜单（国家语言资源监测与研究中心评选的“汉语盘点”十大网络用语、《咬文嚼字》杂志社评选的十大流行语、《语言文字周报》编辑部评选的十大网络流行语等），这些榜单和相应的评选活动也能激发出巨大的流量。第四种是蕴涵在一系列语言服务、聊天记录和各种新媒体言语行为等产品形态中，网民利用流行词汇来塑造身份（或时尚前卫，或单纯可爱……）、构建关系（或亲近，或强势……），进而在此基础上开展各种生产经营活动。以上四种途径，流量变现的直接程度依此递减。

（二）表达风格作为生产要素

表达风格是指人们运用语言表情达意时，综合表现出来的气氛和格调（黎运汉，2002）。网络中的表达风格一般都有一些相对固定的程式化表达，其在名称上表现为“XX 体”“XX 语言”“XX 文学”等。网络语言表达风格也可以作为生产要素而促进生产经营活动的开展。

比如具有友好、简洁、口语化等特点的“淘宝体”就是一种女性化的语言策略和营销手段（Yang and Huang，2015），它存在于销售前的互动、售后服务和商品评价的维护管理等多个阶段，它可以利用女性的心理特点和人们对女性的普遍认知，促进商品交易的实现、树立良好的卖方形象、减少交易前后的纠纷等。又如“直播带货”时那种浮夸的语言风格会营造出一种人声鼎沸、争先抢购的场景氛围（彭兰，2020），从而激起人们的购买欲望，有时商家也会在这类气氛的影响下加大生产，或推出更大的优惠力度。

（三）语篇文案作为生产要素

网络语言组成的语篇文案也能吸引流量、产生经济效益，比如“饭圈小作文”能够有效促动粉丝经济的消费，又如一些电子语篇（如微信公众号文案）也往往附带着广告等收费服务。

（四）言语变体作为生产要素

流行于亚文化社群的言语变体像“淋语”“郭语”等同样也贡献了不少

的流量经济，并促成了一定规模的社群经济的形成。还有移动音频、视频中糅合了各地方言腔调的网络表达，也能把观众/听众对乡音的认同转换为对该博主的认可，从而让观众/听众愿意为其消费，或支持其的各种收费业务。

三、网络语言产业发展体系与现状

网络语言产业指的是网络空间中的语言产业。语言产业在中国是一个新的论题和研究领域（李宇明，2019）。这有其现实根源——语言产业概念是我国语言文字应用适应新时代、新经济的产物。在中国特色社会主义新时代的背景下，以新一轮的产业革命和供给侧结构性改革为新动能的新经济形态得以形成（师博和张冰瑶，2018）。新一轮的产业革命着眼于各行各业的信息化、智能化，供给侧结构性改革则着眼于各种生产要素配置的最优化，而当代语言产业（语言产业古已有之，但这一概念却是现在才有）既依托于信息科技、受人工智能所赋能，也主要以语言数据这类非传统的生产要素为资源来进行社会生产和分配，可以说，语言产业在两方面都契合了新经济的动能特征，是新经济的重要表征之一。

陈鹏（2012）、贺宏志等（2012）、贺宏志（2012）、黄少安等（2012）、陈柏福等（2013）、李艳（2012；2017；2020）等学者探讨了语言产业的概念内涵、指涉外延和构成要素。学界初步形成了一些共识：（1）语言产业是以语言文字为内容、材料，或以语言文字为加工处理对象，采取市场化的经营方式生产出各种语言产品以满足各种语言需求的产业形态。殷志平（2021：71）在知识经济的视角下，把语言产业界定为“从事语言知识的生产、分配、使用和消费，或者以语言知识为主要服务内容满足他人语言消费需要的产业”。（2）语言产业包括语言教育培训、语言翻译、语言出版、语言文字信息处理、语文能力测评、语言艺术、语言创意、语言康复、语言会展 9 大业态，以及语言传播推广、语言传承（后两者也被视为复合型业态或公共语言产业）等业态。（3）语言产业可以分为语言需求和语言供给两大构成，语言需求侧的基本要素有语言消费、语言投资、语言出口、使用及预期使用某种语言的人口等，语言供给侧的基本要素包括语言产品、语言服务、语言人才、语言职业、语言企业、语言技术、语言制度、语言观念等。

当前我国语言产业研究主要集中于概念辨析、理论定位、案例分析（某一区域或业态）、相关政策规划探讨以及语言经济价值考察等（彭爽，2020）。就案例分析而言，多数研究以语言培训、语言翻译等传统产业为主要对象，较少涉及虚拟空间中的语言产业尤其是网络新兴语言产业。虽然宜晶（1997）在 20 世纪末已经注意到网络之于语言经济的重要性，但只是简单地罗列了一些语言产品、语言企业和语言机构的网址，并没有深入探讨。直到近几年，相关研究才开始兴起，如张振达和杨涛（2018）描述了自媒体时代语言创意产业的类型、提供的服务、创造的语言红利，并针对其失范问题提出了建议；姜国权和李一飞（2021a）呼吁要大力发展数字时代的网络语言产业；刘昌华（2021）列举了一些在线语言业态和相应的语言职业。

综上所述，我们首先对网络语言产业的产品形态、产业业态和语言职业进行全面梳理，在此基础上再来探讨网络语言产业的主要特征。

（一）产品形态

1. 语言文字符号和相关记写符号（本体产品）

本体产品是语言产品中最主要、最常见、最基础的形态（李宇明，2019：13），所以现实空间中有的符号产品，网络空间中也基本都有。但网络空间中有的，现实空间中不一定都有。

语言文字符号包括国家通用语言文字及其各种地域变体和社会变体、少数民族语言文字和外来语言文字。需要指出的是，各地方言和一些流行于亚文化社群的言语变体在网络中很活跃，字母词和语码混用现象也很多见，还有一些古文字和冷僻字如“囧”“叒”“槑”“嫑”“烎”“奣”等也在网上“死而复生”。另外，网络语言还存在一些变异现象，词汇方面像各种变音形式如“鸭”（呀）“滴”（的）等，语法方面像“被”后跟施事类谓语如“自杀”“就业”“代表”等。而这些变异式的符号形态基本不流通于现实空间。

相关记写符号分为两类：一类是用来描写语言文字符号及其构件的拼音符号、国际音标、字根符号（笔画的一定组合，用于五笔字型输入法）等，其中由于汉字输入电子信息设备主要是通过拼音和五笔字型两种编码方式，所以拼音符号和字根符号在网络空间的应用比较广泛，不过目前的趋势是前者正在逐渐淘汰后者；另一类是用来辅助文字记录语言及其所指述事物的标点符号、数字、数学符号等（它们往往与书面语共现），其中以 emoji 为代表的表情符号是网络空间特有的符号形态。此外，现实空间中的手语、盲文，以及公共场所的各种指示符号，在网络空间中也较少见。

2. 网络语言技术产品

这类产品形态依托于移动互联网络、通信技术和计算机的各种运行配件，是“经济属性最强”（李宇明，2019：13）的现代语言产品，也是网络空间和信息空间区别于现实空间的特色语言产品。网络语言技术产品包括三类。第一类是语言处理技术，是对既有的语言文字材料进行识别（文字和语音识别等）、合成（文字和语音合成等）、转换（语种转换或字形、字体转换等）、标注（词性标注等）、提取（信息检索等）、过滤、储存、分类、聚类、分析

（语法、语义、情感、多模态等）、消歧、排版、评估、知识图谱构建、图神经网络（GNNs-for－NLP）应用等方面的处理技术。第二类是语言传输技术，包括语言的输入、输出和传播。其中语言输入除了输入法，最重要的便是文字编码，即把文字映射为二进制整数并写入内存。现有的标准编码格式和文字编码技术包括 ASCII、ANSI、GBK、GB2312、GB18030、UTF－8、Unicode、ISO/IEC 10646 等。第三类是语言生成技术，包括智能写作和智能对话问答等。微软“小冰”是当前全球流量规模最大的人工智能机器人。其不仅参与了高考语文作文的模拟测试（2016 年 6 月 7 日），还出版了世界上首部完全由人工智能创作的诗集《阳光失了玻璃窗》（2017 年 5 月 19 日）。2016 年 3 月 20 日，清华大学语音与语言技术中心宣布其作诗机器人“薇薇”通过了社科院唐诗研究专家的评定和“图灵测试”，“薇薇”所写的古诗词中超过 30% 被认为是人类创作的。新华社的“快笔小新”、《人民日报》的“小融”和腾讯的 Dreamwriter 等比较擅长新闻报道的智能写作。此外，市面上还流通着五花八门的智能写作软件像 WPS 的 AI 智能写作、GET 智能写作、智搜、弈写等。智能对话方面，较出名的聊天机器人和智能语音交互助手应该是苹果公司的 Siri 和小米旗下的“小爱同学”。

3. 网络语言艺术产品

语言文字艺术产品是一类有争议的产品形态。李宇明（2019）把诸多利用语言、文字及相关符号创作的艺术产品都算在其中。陈鹏（2012）则认为小说、杂文以及学术论文等都不是语言产品，因为它们并不直接指向语言需求，但他承认字体设计等是典型的语言艺术产品。可见，争议点主要在于文学产品。我们认为，语言产品是一个原型范畴，其边界是模糊的，传统文学中像诗歌这种主要用来满足各种语言需求的文学样式是典型成员，而一些主要用来批判社会、反映历史的小说则是边缘成员。不过可以肯定的是，网络文学比传统文学更像语言产品，一方面网络玄幻、仙侠、言情小说等是网络文学的主流，它们的审美价值和社会历史价值并不高，其夸张、催泪的内容，“打怪升级”式的表述模式，主要是为了满足读者的“语言快感”；另一方面网络文学凭借先进的移动互联技术，开展跨媒介、跨场域的运营、宣传，蕴含着 IP 开发与改编的巨大经济潜能。因此，我们把现实空间中的部分文学作品、相声和小品等语言表演艺术、歌词、对联、书法作品、艺术字等的电子版，以及网络空间中的原创文学（包括一些网络特有的文学样式，比如聊天群、论坛、贴吧等中的接龙文学）、在线字符设计、网剧、网络脱口秀等，都看作网络语言艺术产品。

4. 网络语言知识产品

语言知识产品指的是人们对语言文字符号和相关记写符号的主观认知成果。网络语言知识产品既包括纸质出版的辞书、语文教科书、语言学著作、语言学报刊等的电子版，也包括百度百科、搜狗百科上的流行语词条，以及百度知道、知乎文章等中关于网络语言的讨论，还有小鸡词典（https：//jikipedia.com）、流行语百科（https：//www.lxybaike.com）、Emojipedia（https：//emojipedia.org）等网页式在线词典。

5. 网络语言人才

网络流行语汇的创造者、网络主播、网络陪聊员、字幕组译员、自媒体文案/字符设计师等是网络空间特有的语言人才。现实空间中的语言人才如翻译员、语文教师、导购、客服等，如果在网络空间中发挥了他们的语言专长，也能算作网络语言人才。

6. 在线语言服务

既包括线上进行的与产品咨询、营销或培训等相关的各种服务，比如网络导购对商品的介绍等，还包括一些直接收费的语言服务，比如网上的聊愈服务等。

7. 语言数据、聊天记录和新媒体言语行为

计算机可以通过对语言数据的加工、学习获得知识和智能，从而创造各种经济效益与社会效益（李宇明，2020b）。所以语言数据理应成为网络空间、信息空间中的重要语言产品。广义的语言数据囊括信息时代的所有语言资源，包括自然语言数据和人工语言数据。狭义的语言数据则不同于纯自然的语言文字符号本身，它是面向人工智能、大数据等领域的语言素材。

聊天记录是网民运用语言文字符号及相关记写符号来进行交际的痕迹。它不仅可以吸引流量以创造收益，或者直接拿来贩卖、销售、抵押，还可以作为法律意义上的证据来使用。

新媒体言语行为即依赖于网络新兴媒介的言语行为，包括转发、收藏、通知/提到、点赞、拉踩、话题化/标签化、发表评论、插图、插入表情、插入超链接等。这些新媒体言语行为符合语言产品的定义："以语言文字为主导要素，以满足某种语言需求为核心目标的产品形态"（陈鹏，2012：19）。它们一般与文字序列共现，用以辅助语言的表达，并指向语言信息本身或对语言信息的态度、评价、补充、修正等。

（二）产业业态

1. 传统语言产业的网络版

语言翻译方面，主要表现为一些在线人工翻译的网站或软件，比如有道人工翻译。

语言教育培训方面，各大机构通过网页、App等形式，开设了在线课堂、在线辅导、资料发布、心理建设、报考/申校建议、线下课堂的网络报名与咨

询等一系列网络业务。根据艾媒咨询（iiMedia Research）发布的《2020年第三季度中国在线教育行业舆情监测报告》，2020年中国在线教育用户规模达到3.51亿人，市场规模达到4 858亿元。整个行业以K12、素质教育和语言培训为主要类型，其中语言培训占比20.5%，规模为996亿元（腾讯网，2020）①。此外，还有一些网民以个人名义开设直播或录播的语言课堂，或者把自己掌握的语言培训资料放在淘宝等电子商务平台、微信和微博等社交软件，以及一些语言学习交流社区中进行推销和售卖。

语言能力测试方面，首先是各种在线评估语言成绩的网站，比如很多学校都采用的批改网（http：//www.pigai.org）。借助移动端，老师可以更加便捷地查阅试卷，并把结果及时反馈给学生。其次是各种在线测试系统，比如“唐风汉语”的HSK模拟考试系统（http：//mock.tangce.cn/index.action）。另外，很多在线语言学习软件像百词斩、星火英语等都附有对近期学习成果的测评。

语言艺术方面，主要表现为在线的文学创作和书法创作等，以及移动视频、音频中的话剧、小品、相声等表演艺术。

语言创意方面，包括在线的商业命名和电子版的广告文案，以及各类语言景观的在线设计。

语言出版方面，主要是传统语言资源或既有语言知识成果的网络出版、在线服务、数字化呈现，包括在线词典辞书、在线语料库、语言数据库、语言知识库、关于语言翻译或教育的有声书、语言学及相关学科研究成果的电子版等。

2. 网络中的新兴语言产业

语言文字信息处理与语言智能是网络空间的特色业态和重要业态，它们的主要产品就是上面所述的技术产品。中国的企业中，科大讯飞在语音处理（合成/识别/评测）、文字扫描识别、方言识别等方面做得很不错。他们还开发了囊括门户网站、APP（幼学中文、知学中文、畅言普通话等）、云平台等的全球中文学习平台产品矩阵，尤其是面向国际中文教育的AI云平台，这在国内应是首创。2021年底，中国语音产业联盟发布《2020～2021中国语音产业发展白皮书》，指出我国智能语音市场规模持续扩张，预计2021年市场规模可达到285亿元，同比增速达到44%（新智元，2021）②。搜狗在输入法这方面做得也很好，占有70%以上的市场份额。

语言文字信息处理的业务很多，比较有代表性的是机器翻译。机器

---

① 腾讯网：《2020年第三季度中国在线教育行业舆情监测报告》，https：//new.qq.com/omn/20201222/20201222A02RSC00.html。

② 新智元：《中国智能语音行业白皮书》，https：//mp.weixin.qq.com/s/kJmTyRA9g1YwPs8tsMIekw。

翻译指的是运用计算机把源语言转换为目标语言。常用的翻译引擎有Google、DeepL、腾讯云、百度、有道、必应等。翻译软件则更多，比如谷歌翻译、腾讯翻译君、金山词霸、有道词典等。还有翻译插件，我们在浏览外文网页时，往往会弹出一个询问是否需要翻译的对话框，如果同意，则会把网页内容转换成目标语言。另外，便携式和穿戴式翻译设备也已出现，比如智能翻译 TWS 耳机、外研社和科大讯飞合作推出的"外研通扫描翻译笔"等。

还有一种被称为"网络字幕/汉化字幕"的翻译形态，虽然是人工翻译，但并不同于传统的线下语种翻译，而是移动互联时代的新生事物和网络空间特有的语言产业。字幕组成员自发给一些外语影视作品、游戏、动漫等配上汉语字幕，或者给汉语作品配上外语字幕，以线上的形式发布、流通。被翻译过的作品就是"熟肉"，没被翻译过的则被称为"生肉"。

网上的字符形体设计也是一类极具市场潜力的新兴语言产业。主要包括两种：一种是对字体的设计；另一种是对表情符号的设计、表情包的制作。全球范围内，日本的表情符号产业市场化程度最高。仅 Line 公司在 2017 年凭借付费表情包及关联业务（游戏、动漫等内容运营业务、零售业务、授权联名业务等）就有高达 30 多亿元人民币（约 500 多亿日元）的收入，占公司全年收益的 30%（搜狐网，2018）①。

数字时代下网络空间中语言产业的新兴业态还包括网络陪聊、网络配音和变音、面向大数据的语情监测，以及全方位、智能化的语言应急服务等。

（三）职业构成

网络空间中的语言产品形态构建了相应语言产业的业态边界与业务范围，而这些新兴产业又孕育了相应的语言职业。

网络语言职业包括但不限于：自然语言处理（NLP）算法工程师、语言类软件开发/测试工程师、语言类产品经理、高级网页和软件界面上语言景观的设计师、语言数据分析师、新媒体内容策划/运营师、字符形体设计师、字幕组/汉化组译员、网络写手、网络符号周边产品设计师、网络主播、网络主持、网络导购、网络导游、网络客服员、网络校对员、网络速录师、网络影视剧演员、网络相声小品演员，等等。

① 搜狐网：《日本版"微信"Line 仅靠表情包一年就赚了 30 亿，怎么做到的?》，https://www.sohu.com/a/276696748_115470。

四、网络语言产业发展的主要特征

通过对网络语言产业发展体系和现状的梳理，我们发现网络语言产业发展具有 5 个主要特征，其中在线性、媒介依赖性是就其存现条件而言，交融性和创新性是就其表现形态而言，而集群化与个体化并存则是就其生产模式而言。下面将具体论述。

（一）在线性（技术依赖性）

计算机或其他移动设备处在网络连接状态，是上述语言产品形态和产业业态能够存在或显现于网络空间中的前提。

（二）媒介依赖性

网络空间中的语言产品和语言产业依赖于数字化新媒体。新媒体强调终端之间的移动互联，所以依托于固定实地设施的语言康复业和语言会展业在网络中会发展受限（但并不是完全不能发展，比如可以建设一些线上的语言博物馆，开发一些语言能力恢复训练的网络软件等）。

（三）交融性

交融性体现在三个方面：首先是语言产品与语言产品的交融。由于语言文字符号及相关记写符号是其他产品形态的基础，所以这些非本体产品基本都表现为一定的复合形态。另外，由于技术是整个网络的基础，所以网络空间中的语言技术产品也是其他非本体语言产品的基础。也就是说，除了本体产品和技术产品，剩下的产品形态都至少交融了这两种产品形态。就像新媒体言语行为的实施需要借助一系列符号，比如转发的“曲线箭头”、超链接的“回形针”、话题化/标签化的“井”字、点赞的“心”或“大拇指”、评论的“方框”、插入表情的“笑脸”、收藏的“星号”等，而这些符号又需要借助计算机技术才能在屏幕上显示出来，并接受我们的“点击”而产生各种言语行为后的效果。其次是线上语言产业与线下语言产业的交融，大多传统语言产业都有网络版，而网络中的新兴语言产业也和线下的传统语言产业有着密切的联系。最后是网络空间中的语言产品、语言产业和其他领域（文化、教育、科技、出版、艺术、设计、服务）的产品、产业的交融。比如表情包业务就需要融入游戏、动漫、影视等领域的内容运营。

（四）创新性

网络空间中既有新兴的语言产品形态，也有新兴的语言产业业态。创新性还体现在语言产品的生产和经营路径、语言服务的提高路径、语言产业市场的评估路径、语言企业的组织形式、业界和学界对语言产业的调研形式等方面。

（五）集群化与个体化并存

利用互联网的优势，一些语言企业和机构根据自身业务特点，联合起来进行分工合作，实现语言产品的集群化生产，这尤其体现在语言文字信息处理和在线教育培训等领域。

同时，伴随着网络生活越来越开放，个体也越来越能相对自主地制造语言产品、提供语言服务，比如不少网民就利用抖音、b 站等移动视频来开设语言课堂、营销语言学习资料，或者自己设计字体、表情符号，表演语言类节目等，开展一系列显性或隐性的收费服务。

五、我国网络语言产业发展的主要问题及相关建议

（一）网络语言产业发展存在的主要问题

1. 国家层面缺乏指导性的顶层设计和规划纲要

当前国家经济主管部门尚未正式提出语言产业方面的政策与发展规划（高传智，2013）。网络空间中的语言产业作为语言产业体系中最新、发展变化最快、也最有可能引导产业发展变革的一个部分，不仅政府及授权性机构没有给予其应有的重视，而且学界和业界对它的认识也存在一定的滞后。张日培（2019）认为，就语言产业的发展需要而言，政府和市场的关系、集体语言需求和个体语言需求的关系、语言产业的公益性和营利性的关系亟待官方层面的定位（需要明确政府的职能职责与市场调控的范围、力度等）及相关规划布局（比如对产业结构层次的调整、对产业需求的引导、对产业供给的扶持等）。这是线上和线下的语言产业共同的问题。

2. 行业层面缺乏足够的意识、标准和规范

网络空间中的大多数语言产业，要么是对既有语言业务的线上拓展，要么是零散的个体式生产和经营，整个行业对自身的地位认知不明确，对网络语言产业蕴含着的巨大经济潜能认识不到位。

同时，目前仍缺乏一系列的行业标准和规范。包括：市场准入标准（网络语言产业的市场准入门槛很低，一些不合格的语言企业进行低水平重复生产，甚至会“劣币驱逐良币”，排挤掉一些优质品牌，从而制约行业整体的生产力和影响力的提升）、行业管理标准（网络语言产业管理混乱，行业整体的信誉度和影响力不足）、产品评价标准（劣质语言产品流通网络市场）、人才培养标准（职员水平和综合素养有待提升）、市场竞争规范（企业之间无序竞争、低价竞争，甚至垄断语言数据）、知识产权标准（网络空间中的语言数据究竟是属于谁的，非常难确定）、语言技术规范（比如各种在线语料库就缺乏统一的标注规范，又如文字编码方面也存在着众多不同的格式）（李宇明，2020a）、语言使用规范（选用不规范不文明的字符进行生产、恶意利用舆情进行生产经营、虚假营销）等。

3. 产业技术基础不够坚实

前面提到，网络语言产业对相关技术的依赖性很高，而目前网络空间中的诸多业态尤其是新兴业态的技术支撑基础还较薄弱，语言文字信息处理的技术理论体系、技术应用体系和语言资源的数字化建设体系都还不够完善。

4. 产业结构不够协调，产业布局不够均衡

比如网上的语言教育培训产业发展迅猛，开展了一系列在线业务，但目前线上的语文能力测评却不能与之相匹配。而在新兴网络语言产业中，似乎只有语言文字信息处理形成了较大的市场规模，其他产业形态像字符形体创意设计等还没有在产业结构中占到应有的比例。

5. 整体的产业化、市场化水平不够高

对于网络空间中的语言文字符号和相关记写符号，大多数网民只注重它的传播和使用，而不重视对其经济价值的挖掘，以及相关语言产业的培育，换言之，网络中语言资源的开发水平是较为落后的。

此外，网络语言产业人才储备不足（像应急服务人才、语言创意人才等都是比较匮乏的）、素养不高（网络语言人才需要较高的技术素养和媒介素养），以及生产经营周期短暂（像字幕组/汉化组翻译这类小规模语言产业非常容易因为生产/经营者的个体因素而中断其生产经营活动）等都是整体产业化、市场化水平不够高的体现。

（二）发展网络语言产业的相关建议

1. 加大国家层面的规划、引导和扶持

第一，尽快制定符合我国网络空间语言需求的语言产业国家战略（包括行业标准化战略、产业创新化战略、传播国际化战略等）和中长期发展规划纲要（特别是网络语言文字应用、中文信息处理、线上国际中文教育及国内语文教学这三个方面）。第二，制定和完善网络语言产业发展的相关政策和法律体系，明确、细化对“违法违规语言内容”的界定，明确对著作权、专利权和商标权等知识产权的保护力度，以及对侵权行为的惩罚力度，形成围绕于网络语言产业的系统的法律法规体系（张振达和杨涛，2018）。第三，健全和完善网络语言产业的机构体系。各级政府要加强扶持和引导，创造良好的生产经营环境，各级领导干部也要提高数字经济思维能力和新媒体技能素养，推动语言产业更好地服务和融入数字经济发展新格局。语言文字管理部门要加强依法行政，减少各类失范现象。设立一批专门的网络语言产业发展研究和管理机构，加强网络语言产业发展的风险识别、评估、防范和规避研究，探究产业发展、风险识别和评估的科学方式，研究防范和规避风险的路径，共同促进网络语言产业的可持续发展（陈柏福和黄少安，2013）。同时应建立相应的监管和治理体系，包括对相关语言企业的资质审定、对语言市场的监管、对语言产品的质量评估、对语言消费的引导、对网络生产/经营者的分级管理、对语言人才的教育培训等。

2. 加强网络语言经济和产业的调查与研究

调查方面，首先，应对网络空间中众多语言资源的开发利用情况进行评估；其次，应对网络语言产业的各类业态和各种产品形态展开摸底调查，确定产业基本规模；再次，对各语言企业和其他生产经营者的盈利模式、发展规模、职员情况（包括类型、素质、结构比例、收入情况等）等进行调查，并基于网络语言产业的相关统计指标建立数据库；最后，对网民的语言需求和语言消费情况进行调查，同时对目前语言产品及相关服务的供给情况进行调查，特别是对产品质量低下、生产缺少标准、经营有失规范等问题的发现，以此揭示网民日益增长的语言生活需要同不平衡不充分的网络语言经济发展之间的矛盾。

研究方面，一方面要注重借鉴国际经验，比如日本的表情符号产业、美国的语言智能产业、欧洲的在线语言教育业和在线语言服务业等；另一方面要注重跨学科的交叉研究。语言产业本身就是一个多学科共同贡献智慧的研究领域，理论经济学、应用经济学特别是产业经济学和语言经济学、应用管理学、法学尤其是经济法学、政治学尤其是面向国家治理的行政学等都对其助益较大。而网络语言产业的研究，不仅要参考上述学科成果，还需要吸收各类信息科技的成果，一方面是计算机及互联网技术、信息与通信工程技术，以及机器学习、自然语言处理、计算机视觉等自动化技术、人工智能技术；另一方面是网络相关的传播学、媒介学、新闻学、情报学等。学界对前一方面关注较多，对后一方面关注较少。把后者应用到网络语言产业研究，比如可以思考语言舆情与语言产业的互动模式、自媒体的传播者和语言经济的生产/经营者的关系等，特别是要运用网络传播理论来细化研究对象，近几年在移动短视频领域涌现出一批以学校生活或青年日常为主题进行语言表演的自媒体用户（抖音的“吕明星”“李宗恒”比较出名，他们分别从女生视角和男生视角来进行内容运营），他们不同于“直播带货”的商业性主播那样直接地推销产品，而是在网络相声或小品中隐晦地插入商业广告，如何讨论这类职业形态，需要从网络传播的视角来考虑。

3. 加快网络语言经济和产业的技术发展和人才培养

既要重视产业的技术支撑工作，加强中文信息处理等高新技术同语言产业的结合，特别是发展语言经济的物联网体系，通过植入“语言感应器”，将具有语言智能的“万物终端”同“人体终端”关联起来，从而为“新基建”赋予语言智能；也要重视产业的人才培养工作，加强网络语言人才的培养和储备，引导行业机构和企业等用人单位积极参与到人才发现、引进、教育、培训的各个环节中来，开展有针对性的人才咨询与申报服务。

4. 促进语言产业的融合发展，形成产业链和产业集聚

2021 年 10 月 18 日，习近平总书记在主持中央政治局第三十四次集体学习时强调，要“促进数字技术与实体经济深度融合，赋能传统产业转型升级，催生新产业新业态新模式”①。所以首先是线上和线下的融合发展，要促进传统语言产业和网络语言产业的合力生产与经营（姜国权、李一飞，2021a）。其次是国内和国外的融合发展和循环畅通，既要发展好国内网络语言经济，又要建立语言产品对外输出的网络通道，提升我国网络语言产品与产业的国际影响力。最后要培养产业链思维，促进产业之间的交融，实现集约化、规模化的生产与经营。不仅要发展好语言产业的主体业务，还要发展好语言经济方面的广告、营销，以及售前、售中、售后各阶段的服务，还要有专门的企业致力于网络语言产业的生产工艺、产业标准和核心技术等（李宇明，2019）。不仅要利用语言产业促进其他行业用语的规范和表达技能的提升，还要专门设计和培训语言产业自身的用语和表达能力。同时，也要发挥好标杆企业的示范作用，带动产业链的整体发展。

---

① 中国政府网：《习近平主持中央政治局第三十四次集体学习：把握数字经济发展趋势和规律推动我国数字经济健康发展》，http：//www. gov. cn/xinwen/2021 – 10/19/content_5643653. htm。

5. 正确认识移动互联时代语言生活的新态势

移动互联时代下，我们的语言生活呈现出一些新的发展态势（王晶和谢晓明，2019），网络空间中的语言经济活动必须考虑这些新态势。举个例子：当代网民越来越倾向于在社群内部进行各种言语活动，出现了社群化的明显趋势（程润峰和谢晓明，2022）。这正好和数字经济的发展相适应。社会信息化、数字化把网络空间的社会架构从现实空间的地缘、血缘社会变为趣缘社会，所以数字经济的发展必然会带来社群经济，形成平台经济体。社群化一方面，会助推语言经济的发展，彭兰（2017）指出，网络社群已经成为当代一种重要的生产力。而语言在社群生产力化的过程中起到了关键的作用，比如饭圈用语就在助推着惊人的粉丝经济的同时，还促进了其他领域的广告、文创等行业的生产。另一方面，社群化也可能会制约语言经济的发展。语言壁垒的形成，体现在语言产业层面就是数据要素的垄断。这种社群化所带来的碎片化也不利于信息空间同一市场的形成与整合（李宇明，2021）。另外，网络语言的社群化还加剧了数据产权的模糊化。由于网络语言自身的易复制性和易传播性，以及社群成员的游移性，不仅很难确定某一语言数据是原始数据，还是二次、多次加工的数据，而且也很难判定其在社群内外的产权。数据处理层次越多，数据的产权主体越复杂（于立和王建林，2020）。

6. 大力发展语言事业，促进网络语言文化整体建设

贺宏志（2014：108）正式确立了语言文化建设这一概念，认为“语言文化建设是社会文化建设的重要组成部分，包括繁荣语言事业和发展语言产业两个方面”。语言事业和语言产业是语言文化建设的“一体两翼”。网络语言事业的繁荣，也能推动网络语言产业的发展。一方面，应该保障网络空间语言文字应用在本体、交际和战略三个方面的安全，开展网络语言的规划、管理、治理三个维度的综合管治，开展线上语言生活的多边治理合作，形成政府、社会、媒体、公众的合力监督，全方位地发现、应对和解决网络空间中的语言问题，构建良好和谐的网络语言生态（丛琳和程润峰，2022）；另一方面，坚持运用网络信息科技助力语言传播推广与语言传承这两类语言事业，综合利用智能备课、智能助教/学伴、线上微课/录课/赛课、学校/教师/学生多终端交互、语言测评能力分级、阅读理解智能分级、汉语资源数字化建设、中华语言文化 VR 体验等多种手段推动国际中文教育和汉语国际传播，同时借助语言智能技术加强华语的保护传承，推动汉语的国际化、国际中文的标准化，提高汉语作为线上交际工具的效用、地位和声望，搭建“一带一路”语言互联互通服务平台（姜国权和李一飞，2021b），让汉语成为构建人类命运共同体、实现全球语言治理的重要媒介。在此过程中，网络语言经济既要以更加开放包容的姿态融入世界语言产业，促进世界经济和文化交流的发展，比如在国际商务、海关等领域积极地推行数字化智能语言产品及服务；

也要保持一定的中国特色，讲好中国故事，总结中国经验，阐释中国理念，贡献中国智慧，构建中国话语体系，为增强我国的文化软实力、提升我国的国际形象与地位、提高我国的国际传播能力提供语言支撑、抢占网络高地。

参考文献

1. 白新杰：《语言的经济属性和政治属性探究》，载于《北京科技大学学报》2020 年第 6 期。

2. 曹进、侯晓蕾：《语言符号的经济价值和社会价值》，载于《中国社会科学报》2021 年 9 月 7 日。

3. 丛琳、程润峰：《对比视角下语言治理的内涵与理论定位》，载于《语言学研究》2022 年第 1 期。

4. 陈柏福、黄少安：《语言产业、文化产业与我国语言产业战略》，载于《中国文化产业评论》2013 年第 2 期。

5. 陈鹏：《语言产业的基本概念及要素分析》，载于《语言文字应用》2012 年第 3 期。

6. 程润峰、谢晓明：《论网络语言的社群化》，载于《语言战略研究》2022 年第 3 期。

7. 褚鑫：《语言产业经济发展基础及发展建议》，载于《税务与经济》2020 年第 1 期。

8. 代宗艳：《当代网络新词“佛系”的功用与形成》，载于《语言文字应用》2018 年第 3 期。

9. 高传智：《当前我国语言产业的发展状况及相关思考》，载于《云南师范大学学报》2013 年第 5 期。

10. 贺宏志、陈鹏：《语言产业导论》，首都师范大学出版社 2012 年版。

11. 贺宏志：《发展语言产业，创造语言红利——语言产业研究与实践综述》，载于《语言文字应用》2012 年第 3 期。

12. 贺宏志：《语言文化建设的内涵、现状与对策》，载于《语言文字应用》2014 年第 3 期。

13. 黄少安、苏剑、张卫国：《语言产业的涵义与我国语言产业发展战略》，载于《经济纵横》2012 年第 5 期。

14. 姜国权、李一飞：《发展数字时代的语言产业》，载于《中国社会科学报》2021 年 9 月 14 日。

15. 姜国权、李一飞：《人工智能为“一带一路”搭建语言服务新平台》，载于《光明日报》2021 年 8 月 8 日。

16. 黎运汉：《1949 年以来语言风格定义研究述评》，载于《语言文字应用》2002 年第 1 期。

17. 李艳：《语言产业视野下的语言消费研究》，载于《语言文字应用》2012 年第 3 期。

18. 李艳：《语言消费：基本理论问题与亟待搭建的研究框架》，载于《语言文字应用》2017 年第 4 期。

19. 李艳：《语言产业经济学：学科构建与发展趋向》，载于《山东师范大学学报》2020 年第 5 期。

20. 李宇明：《认识语言的经济学属性》，载于《语言文字应用》2012 年第 3 期。

21. 李宇明：《语言产业研究的若干问题》，载于《江苏师范大学学报》2019 年第 2 期。

22. 李宇明：《数据时代与语言产业》，载于《山东师范大学学报》2020 年第 5 期。

23. 李宇明：《语言数据是信息时代的生产要素》，载于《光明日报》2020 年 7 月 4 日。

24. 李宇明：《认识语言的经济属性，支持区域经济和自贸区（港）发展》，载于《语言产业研究》2021 年第 1 期。

25. 刘昌华：《数字经济：网络空间的语言产业》，载于《黄河科技学院学报》2021 年第 6 期。

26. 刘国辉、张卫国：《语言经济学研究的方法及其实践路径》，载于《语言文字应用》2021 年第 3 期。

27. 彭兰：《重构的时空——移动互联网新趋向及其影响》，载于《汕头大学学报》2017 年第 3 期。

28. 彭兰：《移动视频：一种手段、多种表达》，载于《传媒观察》2020 年第 7 期。

29. 彭爽：《我国语言产业研究现状分析（1993—2019）——基于文献计量学视角》，载于《山东师范大学学报》2020 年第 4 期。

30. 师博、张冰瑶：《新时代、新动能、新经济——当前中国经济高质量发展解析》，载于《上海经济研究》2018 年第 5 期。

31. 王晶、谢晓明：《移动互联时代的语言生活问题》，载于《湖北大学学报》2019 年第 6 期。

32. 徐默凡：《网络语言无关谐音现象的构造原则和理解机制》，载于《当代修辞学》2015 年第 6 期。

33. 徐寿波：《生产要素六元理论》，载于《北京交通大学学报》2006 年第 3 期。

34. 宣晶：《语言产业与因特网》，载于《外语电化教学》1997 年第 3 期。

35. 殷志平：《知识经济视角下语言产业的内涵和外延》，载于《语言战略研究》2021 年第 1 期。

36. 于立、王建林：《生产要素理论新论——兼论数据要素的共性和特性》，载于《经济与管理研究》2020 年第 4 期。

37. 张日培、马春华、吴剑锋、方寅：《语言产业发展的方略与措施（笔谈）》，载于《河南师范大学学报》2019 年第 3 期。

38. 张卫国：《作为人力资本、公共产品和制度的语言：语言经济学的一个基本分析框架》，载于《经济研究》2008 年第 2 期。

39. 张晓敏：《中国家庭牧场生产要素组合研究》，中国农业大学博士论文 2017 年。

40. 张振达、杨涛：《自媒体时代语言创意产业失范问题及现状分析》，载于《聊城大学学报》2018 年第 4 期。

41. 赵玉英：《网络语言与语言的经济性》，载于《外语电化教学》2003 年第 6 期。

42. 《中共中央关于坚持和完善中国特色社会主义制度推进国家治理体系和治理能力现代化若干重大问题的决定》，载于《人民日报》2019 年 11 月 6 日。

43. 中国政府网：《习近平主持中央政治局第三十四次集体学习：把握数字经济发展趋势和规律推动我国数字经济健康发展》，http：//www. gov. cn/xinwen/2021 –10/19/content_5643653. htm。

44. 朱巍：《互联网流量经济背景下的自媒体治理》，载于《青年记者》2021 年第 7 期。

45. Jones，Charles I. & Tonetti，Christopher. 2020，Nonrivalry and the Economics of Data. *NBER Working Paper*，No. 26260.

46. Marschak，Jacob. 1965，Economics of Language. *Behavioral Science*，(2)：135 –140.

47. Veldkamp，Laura & Chung，Cindy. 2019，Data and the Aggregate Economy. *Annual Meeting Plenary*. Society for Economic Dynamics.

48. Yang，Y. & Huang，S. 2015，Study on the Language Strategies of Network Marketing to Women：Taking Taobao Style as an Example. *Asian Social Science*，(7)：43 –47.

Internet Language as Production Factors and Language Industry in Cyberspace

XIE Xiaoming

(School of Humanities, Huazhong University of Science and Technology, 430074)

CHENG Runfeng

(Research Center for Language and Language Education, Central China Normal University, 430079)

[**Abstract**] This paper discusses the performance of Internet language as production factors and the development of language industry in cyberspace from the perspective of the economic attributes of language. Internet language, including its vocabulary, style, text and speech variants, could become the resources and conditions that people need for social production and management activities. Language products in cyberspace could be summarized into 9 forms. Language industry in cyberspace has both online conventional forms and some new commercial activities. The new-emerging language industry has brought new language professions. Language industry in cyberspace has 5 characteristics. This article also analyzes the issues of language economy in cyberspace and puts forward several relevant suggestions.

[**Key Words**] Language Industry Language Products Language Profession Internet Language Production Factors Economics of Language

JEL Classifications: Z11

语言数据生产要素功能的实现路径刍议*

梁京涛**

【摘　要】随着人类向智能化时代迈进，数据生产要素的属性日益凸显。语言数据是语言文字形式记录的数据，包括语言结构数据和语言信息数据，是数据最为重要的组成部分。本文回归生产要素理论，聚焦生产环节来管窥语言数据生产要素功能的实现路径。根据参与形式和地位，语言数据可以通过直接性参与、间接性参与、不可分离性参与和混合性参与四种方式来参与生产环节。

【关键词】**语言数据　生产要素　生产环节**

中图分类号：**F062.5　F49**　文献标识码：**A**

一、引　言

人类进入数字时代后，为了让机器不断提升智能水平（语言智能），就需要对数据进行收集、清洗、标注、分析；围绕不同环节形成涂尔干（émile

---

* 本研究得到2019年度国家民委民族研究青年项目“中国共产党少数民族语言政策史研究（1921－2019）”（项目编号为：2019－GMC－054）、2020年国家语委全球中文学习联盟研究专项“民族地区国家通用语言文字应用和教学能力提升策略研究”（项目编号：ZDI135－143）、2021年度全国科技名词委项目“融媒体环境下汉语术语传播理论研究”（项目编号为：YB2021023）和2022年国际中文教育研究课题青年项目“世界主要国家语言国际传播政策法规研究”（项目编号为：22YH71D）的支持，深表感谢。本文在写作中受到北京语言大学李宇明教授、山东大学黄少安教授、北京师范大学王立军教授的悉心指导，成文中还得到教育部语言文字应用研究所陈丽湘老师、张振达老师和中国艺术研究院博士研究生张志平的帮助，在此一并表示感谢。

** 梁京涛，教育部语言文字应用研究所、北京师范大学博士后、助理研究员，地址：（100010）北京市东城区朝阳门街道朝阳门内南小街51号教育部语言文字应用研究所；Email：liangjtblcu@foxmail.com。

Durkheim，2013）所说的社会化分工，从实验室走向市场、走进人类社会生活，创造了巨大的经济红利，数据在经济实践中的生产要素作用开始显现，其加工技术也渐趋成熟。田溯宁在为迈尔－舍恩伯格和库克耶（Viktor Mayer－Schönberger，Kenneth Cukier）的著作撰写的推荐序言中提出：随着移动网络终端的迭代更新，智能手机、平板电脑、智能手表的出现，人类的行为、位置等数据同样可以用于分析、挖掘用户兴趣，与社会平台数据交叉分析、相互验证，实现精准推送，提高市场营销的精准率，利用数据来“反哺”经济的业态开始出现（迈尔－舍恩伯格和库克耶，2013）。欧洲语言资源联盟（European Language Resource Association，ELRA）在20世纪90年代成立之初认为①：海量语言资源，科学的标准、方法、操作工具会持续促进人类语言技术（Human Language Technology，HLT）的发展；经过标注的口语、书面语语料与高质量语言资源不仅给公私机构组织的研究、发展带来直接收益，还会催生丰硕的产研成果。

2017年12月，中共中央政治局就国家大数据战略实施进行第二次集体学习时，习近平总书记在讲话中提出“要构建以数据为关键要素的数字经济”②；随后国家发布多项政策，开始关注数据在数字经济中的作用，把数据提升至生产要素的高度。根据中国信息通信研究院2021年发布的《中国数字经济发展白皮书》③《全球数字治理白皮书》④：2020年中国数字经济规模从2.6万亿元（2002年）增至39.2万亿元，经过18年发展，数字经济规模增长逾14倍，同比增长9.5%，超出国内GDP同期增长率2倍多，是国民经济增长的重要支撑。数字经济稳步快速增长的基础在于数据，核心在于数据蕴含的信息和知识以及在对数据进行信息、知识挖掘中形成的技术工具。该表述较为含糊，未能清晰体现数据生产要素作用的实现途径。中国信息通信研究院在上述白皮书中将数据的业态分为“数字产业化、产业数字化、数字化治理和数据价值化”，并结合生产力三要素将数据价值化当作生产要素。由此来看，中国信息通信研究院认为数据生产要素的实现路径体现在数据价值化过程，也即：数据成为商品，进入市场流通，通过转让价值获得经济红利。这与国家宏观的公共政策和中观的产业规划一脉相承，都为数据生产要素作用的发挥指明了方向。

---

① 资料来源：欧洲语言资源联盟网站，http：//www.elra.info/en/，访问于2017年9月26日。

② 资料来源：中国政府网：《习近平主持中共中央政治局第二次集体学习并讲话》，http：//www.gov.cn/xinwen/2017－12/09/content_5245520.htm，访问于2022年5月5日。

③ 资料来源：中国信息通信研究院网站，http：//www.caict.ac.cn/kxyj/qwfb/bps/202104/t20210423_374626.htm，访问于2022年2月17日。

④ 资料来源：中国信息通信研究院网站，http：//www.caict.ac.cn/kxyj/qwfb/bps/202112/t20211223_394423.htm，访问于2022年2月17日。

二、作为生产要素的语言数据

李宇明（2020）认为“语言数据是最为重要的数据，也应当属于生产要素范畴”。计算机科学界在处理数据时，一般不太注重语言数据与非语言数据的区分，更多关注“挖出什么”和“用什么挖”，较少关注“从何种数据挖”，因而时常“得鱼忘渊”。语言科学界通过对言语进行研究来揭示语言结构规律，其中作为研究客体的言语被称为语料，本质上是语言数据；由于计算机在语料库建设和语料计算、分析中的作用，语料也从口语、书面语走向数字化，成为机读语言数据。邱质朴（1981）基于社会对语言承载的信息的大规模需求首次使用语言资源；瑞兹（Richard Ruíz，1984）、曹志耘（1999）则分别基于少数族群语言、汉语方言在文化领域的作用而主张将其看作资源；后经多人阐发，语言资源的概念也因之形成。随着语言资源概念进入国家语言规划理念，国家语言资源监测与研究政策的实施，从不同角度建设了数字化言语资源①来监测语言的发展变化和语言生活状况，为语言政策的制定、调整奠定数据基础（梁京涛 2020）。于是语言资源从观念层面的语言资源观进入存在层面的言语资源，言语资源本质上也是语言数据。语料、语言资源与语言数据这三组概念基本相同，因而语言数据概念提出后并未引起语言学界关注。

语言数据是以语言文字形式记录的数据，包括语言结构数据和语言信息数据；其中语言结构数据由语言结构单位、语言结构规则组成，语言信息数据包括文本语篇和会话，具体如图 1 所示。

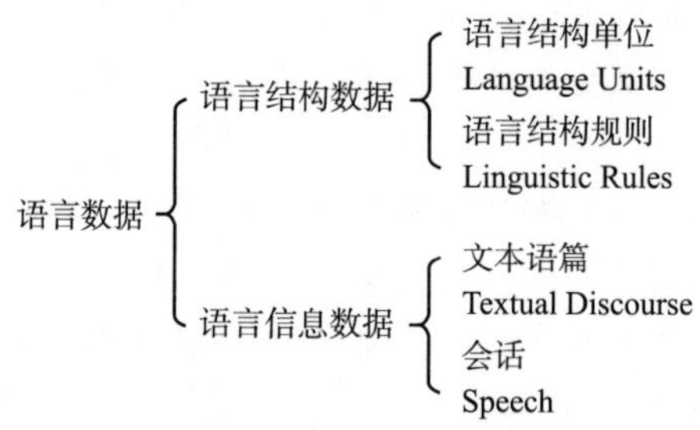

图 1　语言数据的外延

① 国内从邱质朴 1981 年提出语言资源概念，学界经过四十多年的探索，未形成普遍认同的定义。从研究对象来看，语言资源至少应该有认识和存在两个层面。从认识层面来看，语言资源的研究对象是语言资源观，是将语言看作资源的观念，此处的语言是抽象概念，主要指的是活力较弱的语言、方言，与活力强、通用度高的语言相对。从存在层面来看，语言资源的研究对象是言语资源，是以口语、书面语及数字化形式存在的、人类使用语言形成的言语；语言之所以可以成为资源在于其有用性契合社会需求，且可以围绕其形成产业。因此从该种意义上来看，借用孙毅（2021）对于数字经济的论述，我们认为语言资源是个产业概念。特此说明。

当前国家将数据纳入生产要素，语言学界有义务研究语言数据问题，积极将语言数据研究纳入数据研究，系统阐述语言数据生产要素作用发挥的路径。要将该问题论述清楚，就必须回归生产要素本身来看其作用的发挥。于仞刚和戴宏伟（1999）将生产要素圈定为“以土地为代表的自然资源、资本、劳动力、技术、管理和信息”，经济活动的生产等环节都离不开生产要素参与。生产要素通常包括“劳动、资本、土地、知识、技术、管理、数据”①。语言数据既可以充当生活要素，又可以充当生产要素。如果说过去人类主要关注语言数据在社会生活中的作用，那么当下的公共政策要求我们要重点关注其在社会生产中的作用。语言数据生产要素作用的发挥不是孤立的，是在与劳动、资本、土地、知识、技术、管理等其他生产要素的组合中起作用的。语言数据的全生命周期包含生成、采集、清洗、标注、存储、传输、分析、管理、应用、安全等环节②，而每一个环节都是生产要素组合产生的结果。语言是人类特有的“日用品”，在使用中语言结构数据形成语言信息数据，其生成本身就是人类劳动（智力劳动、体力劳动）的结果；一般而言，语言数据的生成依赖于技术工具，例如：纸张、胶片、录音设备等，这就与技术、资本等生产要素产生了联系。本文尝试从经济活动的生产环节来分析语言数据生产要素在其中的作用，以期为语言数据生产要素属性的激活提供学理支撑。

三、语言数据之于生产环节

语言数据参与生产环节是由语言信息数据是挖掘人类需求的重要来源决定的，但是并不是所有的语言数据都有均等的开发潜力。从社会生产发展而言，语言数据中行为、偏好部分有助于发掘人类需求（主要是社群需求而非个性需求），是目前最有可能产生经济效益的部分。语言数据的生产要素功能首先体现在作为劳动对象，进入生产环节，根据参与方式不同可以分为：直接性参与、间接性参与、不可分离性参与和混合性参与。语言数据直接参与生产环节以语言数据为劳动对象，生产数据产品、信息产品、知识产品、

① 具体见《中共中央关于坚持和完善中国特色社会主义制度推进国家治理体系和治理能力现代化若干重大问题的决定》，https：//www.12371.cn/2019/11/05/ARTI1572948516253457.shtml，访问于2022年2月17日。此处采用“知识”而不用于“信息”，首先因为在原书后文中，作者将“信息”称作“知识性生产要素”，信息是知识挖掘的基础，二者之间有着内在的联系；其次“信息”的认识有着时代的特征，体现着当时的认识，该《决定》中的认识更契合当下的时代背景。特此说明。

② 具体见《工业和信息化部关于印发“十四五”大数据产业发展规划的通知》，http：//www.gov.cn/zhengce/zhengceku/2021-11/30/5655089/files/d1db3abb2dff4c859ee49850b63b07e2.pdf，访问于2022年2月17日。

技术产品等语言数据衍生品，以赚取利润为生产目的。语言数据间接参与生产环节时，将语言数据衍生品等应用到语言数据之外的劳动对象加工中，旨在提高其他劳动对象的生产效率、为其他劳动对象增值赋能，从而降低成本、提高商品使用价值，从而更好地促进其价值实现，提高经济效益。不可分离性参与是指语言数据与其对应的劳动（语言行为）在生产环节中缺一不可，其相应的业态有翻译行业、新闻传媒行业等；其主导性生产要素是劳动（语言行为）和语言数据，二者缺一不可。混合性参与是语言数据以上述三种中的两种或多种形式参与生产环节，其对应的业态有：出版行业。直接性参与、间接性参与、不可分离性参与、混合性参与共同构成了语言数据参与生产环节的形式。

（一）直接性参与方式

直接性参与有着鲜明的时代背景，与信息化时代、智能化时代密切相关。人类对语言数据进行采集，经过清洗、标注、管理等环节①，再服务于机器的自然语言理解；在该处理环节形成的产品主要是结构化的语言数据产品和技术软件工具，它们因为加工处理而拓展使用价值，从而可以成为商品，通过在市场流通中让渡使用价值来获得价值，进而赚取利润。语言数据产品、技术软件的商品化加速了机器的语言数据理解进程。在此基础上，现实世界（自然世界、社会世界）的数字镜像——信息世界以语言数据为建筑材料得以构建。互联网搭建的“高速公路”更是打破了信息世界之间的隔阂，将世界联系在一起，地球也因而成为“地球村”。人类在现实世界中的部分生活、生产活动也从线下走上线上，人类开启了信息化新纪元。

在数字经济时代，语言数据是基础性、战略性资源。围绕语言数据的采集、清洗、标注②、管理、交易、存储、传输等环节形成的互补性分工。每个环节对从业者均有着知识和技能的不同要求，因而得以分化成专门的职业。分工可以让企业“利用规模经济”提高生产效率，实现泰勒（Timothy Taylor，2015）所说的“做自己最适合做的事，就有更好的生产力”。各职业均以语言数据为主要劳动对象，负责其中的某个环节，就像流水线作业，也因

① 该观点系2022年4月3日笔者向北京语言大学饶高琦老师请教自然语言处理问题时，由他告诉笔者，深表谢忱。

② 标注的目的是便于语义分析、句法分析和篇章分析，还在于借助前面三者辅助共指消解，从而提高信息检索速度，例如文本语篇对同一客体进行描述时，通常会使用不同的词（共指），如何快速识别影响着检索速度，而标记信息可以辅助检索系统消解共指，提高检索速度和检索质量（准确率和召回率），具体可参见俞士汶（2003）的相关介绍。此外，从发展趋势而言，智能化时代要以机器的高智能水平为前提，需要对海量的语言信息数据进行知识层面的标记，不断提升智能化技术水平。特此说明。

之形成语言数据产业；该种业态立足社会生产，将语言数据衍生品投放市场，或流通至生产领域再生产后流通至消费领域服务生活，或直接流通至消费领域服务生活。总之，语言数据产品最终要流入市场进入社会生活领域，更好地服务人类的生存发展（李泽厚2003）。

在直接性参与中，语言数据是主导性生产要素，而其他的生产要素居于从属地位，属于配套性要素。例如：语言数据（语言结构数据、语言信息数据）自身能发挥的功能有限，而功能的拓展依赖于技术处理。该过程也是语言数据衍生品的生产过程，需要人类在一定的场所，使用某种或某些工具，投入智力劳动、体力劳动实现的。其间需要调动的生产要素依次有——数据（语言数据）、土地、技术、知识、资本、劳动。为了提高语言数据的技术处理效率，则还需要调配管理这一生产要素。该过程需要调配的生产要素组合成系统，其中语言数据是主导性生产要素，土地等生产要素是配套性生产要素。当前人类正处于从信息化时代向智能化时代迈进的关键时期，人类需要在既有基础之上对语言数据进行知识层面的挖掘、表达和传播，让机器在神经网络学习中不断提升自然语言理解能力、知识水平和智能化水平，更加方便人类的生产、生活。此外，数字经济的发展依赖于直接性参与和间接性参与。直接性参与需要将数据产品，技术专利，信息、知识产品等语言数据衍生品投放市场进行流通，创造经济红利；而间接性参与则需要将基于语言数据生产的技术性、知识性产品用于指导其他生产要素的调配、开发、利用，从而提高生产效率，提高利润率，不断地满足人民群众的需求，不断提高人民群众的需求体验（见表1）。

表1　　直接性参与

<table>
<tr><th colspan="7">语言数据直接参与生产环节</th></tr>
<tr><th>劳动对象</th><th>生产要素地位</th><th>定向生产</th><th>活动类型</th><th>产品类型</th><th>产品性质</th><th>产品用途</th></tr>
<tr><td rowspan="4">语言数据</td><td rowspan="4">主导性生产要素</td><td>×</td><td>生产活动</td><td>数据产品</td><td>数据</td><td rowspan="4">生活
生产</td></tr>
<tr><td>×</td><td>生产活动</td><td>技术专利</td><td>技术</td></tr>
<tr><td>×</td><td>生产活动</td><td>咨询报告</td><td>知识</td></tr>
<tr><td>√</td><td>生产性服务活动</td><td>加工服务</td><td>服务</td></tr>
</table>

此外，语言数据及其衍生品商品化还存在市场流向的问题。一般而言，它们没有定向客户，需要进行专门的市场营销。如果客户是定向的，那就是订单式加工服务，即个体或企业掌握语言数据，是语言数据的实际控制方；囿于技术、成本等因素，委托专门的语言数据公司按照自身需求提供语言数据加工服务，定向生产上述产品；此时语言数据公司提供的是与上述衍生品

完全不同类型的商品——加工服务，属于生产性服务活动。非定向生产和定向生产于语言数据控制方而言在成本计算中分属不同的类别：语言数据及其衍生品在非定向生产中计作数据、技术、信息、知识性投入，而在定向生产中计作服务性投入。

京东电商平台提供商品、服务交易；交易完成后，用户基于购买体验、使用体验形成文字性评价，同时上传相关图片作为佐证；这些评价性语言信息数据是重要的资源，于商家而言是了解用户需求、改善服务质量、辅助生产和销售决策的基础素材，于用户而言是了解商品性能、辅助消费决策的基础数据。京东大数据研究院对文字性评价进行采集、清洗、分类、归纳、分析、建模，从而形成决策参考，服务于平台商家，并收取一定的费用。京东服务市场提供的“商智_商家版_京东官方数据分析平台”洞察版套餐费用为4104 元/年①。类似的服务还有京东零售云“消费者体验洞察平台”，商家可以填写订单获取产品及价格信息②。京东提供的上述服务本质是对评价性语言信息数据进行技术处理，形成知识性咨询报告（语言数据衍生品），并将其投入市场流通成为商品，转让给需要的商家。在该生产过程中，主导性生产要素是评价性语言信息数据，其他的劳动、技术等生产要素均围绕语言数据的分析来调配。

（二）间接性参与方式

语言数据间接参与生产环节将语言数据直接参与生产环节的产品应用到其他产业中，旨在提高生产效率、为产品增值赋能，追求剩余价值最大化。需要注意的是：在上述环节中参与社会生产的是数据产品、技术专利、信息产品、知识产品等语言数据衍生品。语言数据间接参与生产环节以直接参与生产环节为基础，本质上就是语言数据转化成技术性、知识性生产要素参与社会生产，也即上文提到的语言数据直接参与生产环节产出的商品进入市场流通后，参与社会再生产（见表2）。

① 具体见京东服务市场相关介绍，https：//fw. jd. com/main/detail/FW_GOODS - 549810？p = fw&t = pcsearch，访问于 2022 年 5 月 7 日。

② 具体见京东零售云相关介绍，https：//isite. baidu. com/site/wjzz6dyw/feaa8c7d - 3176 - 4206 - 8688 - 0e30e3c208be？fid = nHfznW6YPjfLnHfkrHTkPWm1PH9xnWcdg1n&ch = 4&ch = 4&bd _ bxst = EiaK7JbK0KygITg900nD0aUzqf7PI57K000000BSJUpozEvSLf00000000000aK7wHF7Pj6vPHn4PW6zrHR1P1R3wWn4Pb77wW63PRuaniKHy0VFwTSN0f000jxVIQcP0000bfztb7Y0000K0ZCKaQlGVJE2OUeI2olGVJE2OUeIQTUYsOxfkYP7Hi1Hse8M1rgwlUpY_8zl1UMTsrLAETzCcf00BvH0Rs&bd_vid = 10908896279717867109，访问于 2022 年 5 月 7 日。

表 2　　间接性参与

<table>
<tr><th colspan="5">语言数据间接参与生产环节</th></tr>
<tr><th>劳动对象</th><th>生产要素地位</th><th>语言数据参与形式</th><th>本质</th><th>产品用途</th></tr>
<tr><td rowspan="3">其他生产要素</td><td rowspan="3">配套性
生产要素</td><td>数据产品</td><td>数据</td><td rowspan="3">生活
生产</td></tr>
<tr><td>技术专利</td><td>技术</td></tr>
<tr><td>咨询报告</td><td>知识</td></tr>
</table>

京东零售云通过分析某取暖器用户文字性评价中的负面反馈，提出产品改进建议，为该商家退货率降低了22%①。该取暖器商家利用资本来建设（租用）厂房，购买设备、原材料、能源，雇佣劳动，以取暖器生产为目的。该商家将京东零售云分析形成的知识性咨询报告投入取暖器生产，以之为参考，制定生产决策，弥补既有产品不足，更好地满足用户需求；改善服务质量，更好地提升用户体验，从而降低了退货率，增加了成交额，提升了利润。在该产业中，以金属等原材料为加工对象，京东零售云的分析报告是知识性生产要素，是配套性生产要素，服务于取暖器加工。在满足市场需求的基础上，店家还需要对取暖器进行推销。在电商销售时，客户浏览后感兴趣的话还会留言咨询；如何通过巧妙回复留言让客户从感兴趣到下单、购买，是店家关心的问题。京东零售云开发了“创意话术”，取暖器电商将其应用到市场营销中，留住感兴趣的客户，促成交易，提升了下单率。

（三）不可分离性参与方式

不可分离性参与指的是语言数据与语言能力共同参与社会生产的形式，语言数据与语言能力缺一不可，相关的业态有新闻传媒、翻译。语言能力体现在参考既有的语言信息数据，对语言结构数据进行选择、加工，是劳动的体现形式之一。尽管在上述两种参与形式中，劳动也是必不可少的生产要素，但是劳动的具体类型不同：直接性参与中的劳动是对语言信息数据进行采集、清洗、分析、建模；间接性参与中的劳动是对数据之外的生产要素进行加工；而不可分离性参与中的劳动是理解语言信息数据，选取、组织语言结构数据形成新的语言信息数据的劳动；不可分离性参与和前两者的区别在于劳动所

① 具体见京东零售云相关介绍，https：//isite. baidu. com/site/wjzz6dyw/feaa8c7d－3176－4206－8688－0e30e3c208be? fid = nHfznW6YPjfLnHfkrHTkPWm1PH9xnWcdg1n&ch = 4&ch = 4&bd _ bxst = EiaK7JbK0KygITg900nD0aUzqf7PI57K000000BSJUpozEvSLf00000000000aK7wHF7Pj6vPHn4PW6zrHR1P1R3wWn4Pb77wW63PRuaniKHy0VFwTSN0f000jxVIQcP0000bfztb7Y0000K0ZCKaQlGVJE2OUeI2olGVJE2OUeIQTUYsOxfkYP7Hi1Hse8M1rgwlUpY_8zl1UMTsrLAETzCcf00BvH0Rs&bd_vid = 1090889627971786710 9，访问于2022年5月7日。

需的核心能力是否为语言能力（见表3）。

表3　　直接性参与、间接性参与和不可分离性参与

语言数据直接性参与、间接性参与和不可分离性参与				
类型	劳动对象	语言数据地位	核心劳动能力	产品
直接性参与	语言信息数据（他人）	主导性生产要素	非语言能力	语言数据衍生品
间接性参与	非数据生产要素	配套性生产要素	非语言能力	非语言数据产品
不可分离性参与	语言结构数据	主导性生产要素	语言能力	语言信息数据

翻译行业是典型的语言数据以不可分离形式在社会生产中发挥生产要素功能的体现。伴随着世界经济一体化进程的加速，商品、资本、技术、劳动等开始走出国门、走向世界，这就需要打破因语言不通造成的交际障碍、构建信息无障碍环境，这就需要翻译人才和翻译软件。以会议口译为例，在接到翻译任务后，译者根据客户提供的会议资料，了解会议内容、参会人员等，然后参考目标语相关翻译（既有语言信息数据），整理术语表、领域相关习惯表达等；同时还要检索参会人员相关发言视频，了解、熟悉口音，确保可以听懂其发言（语言信息数据）。开会时，口译译员根据参会人员发言（源语数据，Source Language Data）的理解，参考译前准备，以语言能力为基础，运用语言知识对语言结构数据进行选择、组合，形成目的语数据（Target Language），实现信息的跨语言传递。该种信息的跨语言传递既可以直接进入消费领域，作为生活资料满足人们的需求，例如：购物、旅游等；也可以作为信息或知识要素投入生产领域，作为决策参考，例如：将国外的标讯及相关信息翻译、整理成中文，报商务开发部门，为投标与否提供决策信息。翻译过程形成的产品是目的语数据（口语、书面语或数字形式的语言信息数据），是在提供服务过程中新生成的语言信息数据①。这些数据是翻译技术开发的重要原材料，在海量双语平行语言数据的驱动下，翻译软件处理的译文也会越来越准确，例如：谷歌投入与其他研究组相差上万倍的数据量开发的机器翻译软件，在第一次参加美国国家标准与技术研究所主持的测评时，就取得了51%的好成绩（吴军2016）。

① 该观点系2022年2月18日笔者向北京语言大学李宇明教授请教语言数据问题时，由他提出。深表谢忱。

（四）混合性参与方式

混合性参与指的是语言数据以多种形式混合参与生产环节。出版行业是典型的直接性参与和不可分离性参与的混合参与业态。出版行业并不是简单地出版、发行，而是编辑、出版、发行。在编辑阶段，掌握语言文字知识的劳动者对作者的书稿等现成的作品进行整理和加工，涉及内容的调整，具体体现在：语言信息数据的“裁剪”和完善；在该阶段，以语言能力为核心的劳动与语言数据共同发挥作用，劳动对象为语言信息数据，属于不可分离性参与。在定稿后，再对语言信息数据进行排版、印刷、发行、上市流通，该过程不涉及语言数据自身的调整；在该阶段，劳动对象虽然为语言信息数据，但是涉及的劳动所需的核心能力却不是语言能力，属于直接性参与。在社会生产中，语言数据常以两种或多种方式发挥生产要素的作用，类似的业态还有电商平台。它们在过去的运营中积累了海量的数据，其中包含大量的语言数据。它们一方面对语言数据进行加工、分析，指导商品生产、销售，甚至自己建设工厂，生产商品再投放店铺销售，例如：淘工厂、京东京造；另一方面为店铺、工厂提供语言数据加工服务，为店铺提供产品改善和营销建议，例如：京东爱售云。

综上可见，直接性参与和间接性参与在社会生产中都涉及其他生产要素的组合，但起主导作用的生产要素和劳动对象不同。在直接性参与中，在投入的生产要素系统中起主导作用的是语言数据，劳动对象同为语言数据。而在间接性参与中，起主导作用的是语言数据之外的其他生产要素，语言数据衍生品充当技术性、知识性生产要素，作为配套性要素投入；劳动对象也是其他生产要素。不可分离性参与和间接性参与的主导性生产要素不同，二者较好区分。与直接性参与相比，二者都以语言数据为主要劳动对象，但直接性参与是劳动者以他人的语言数据（语言信息数据）为劳动对象，以语言数据衍生品等为产品；不可分离性参与是劳动者在参考他人语言信息数据基础上，主要以语言结构数据为劳动对象，以语言信息数据为产品。回归本原，二者涉及的劳动有着质的不同：直接性参与中，劳动者对语言信息数据进行汇聚、清洗、分析；而不可分离性参与中，劳动者对语言结构数据进行选择、组织。

四、结　语

本文回归经济学生产要素理论，从生产环节探讨了语言数据生产要素的作用，并将语言数据参与生产环节分为直接性参与、间接性参与、不可分离性参与和混合性参与等类型。经济发展的根本目的是为了人类（更好地）生存、发展（李泽厚2003），因而市场主体的经营活动要围绕上述目标来展开，也要以社会需求为最终导向，不满足社会需求的商品注定无法变现，正如屠龙之技“无所用其巧”一样。满足人类需求成为经济活动开展的逻辑起点，同时也要注意把握经济发展的大趋势，也即：向智能化时代迈进。语言数据作为其中最为基础、最为重要的资源必将在参与生产环节中充分激活其生产要素属性，促进数字经济持续健康、高速发展，助力社会主义现代化经济强国建设。

参考文献

1. 埃米尔·涂尔干：《社会分工论》，北京生活·读书·新知三联书店2013年版。

2. 曹志耘：《生存还是消亡：汉语方言面临的抉择》，载于陈章太、戴昭铭等主编：《世纪之交的中国应用语言学研究》，华语教学出版社1999年版。

3. 李宇明：《数据时代与语言产业》，载于《山东师范大学学报（社会科学版）》2020年第5期。

4. 李泽厚：《历史本体论　己卯五说》，北京生活·读书·新知三联书店2003年版。

5. 梁京涛：《语言资源功能研究》，北京语言大学博士学位论文2020年。

6. 迈尔－舍恩伯格、肯尼思·库克耶：《大数据时代》，浙江人民出版社2013年版。

7. 邱质朴：《试论语言资源的开发——兼论汉语面向世界问题》，载于《语言教学与研究》1981年第3期。

8. 孙毅：《数字经济学》，机械工业出版社2021年版。

9. 泰勒：《斯坦福极简经济学》，湖南人民出版社2015年版。

10. 吴军：《智能时代：大数据与智能革命重新定义未来》，中信出版社2016年版。

11. 于例刚、戴宏伟：《生产要素论》，中国物价出版社1999年版。

12. 俞士汶：《计算语言学概论》，商务印书馆2003年版。

13. Richard Ruíz, 1984, "Orientations in Language Planning", *NABE Journal*, Vol. 8, No. 2, pp. 15 – 34.

On How Language Data Performs as Production Factor

LIANG Jingtao

(Ministry of Education Institute of Language Application, 100010;
School of Chinese Language and Culture, Beijing Normal University, 100875)

[**Abstract**] As Human Being is stepping into the intelligent era, data as production factor becomes more and more important. Language data is recorded by spoken and written language, can be divided into two parts: language structural data and language informative data, which are the two most important parts of data. This paper focuses on the way how language data performs as the production factor in social production by quoting the Production Factor Theory. According the way and the status of participation, language data can act in four ways: direct way, indirect way, inseparable way and mixed way.

[**Key Words**] Language Data Production Factor Social Production

JEL Classifications: K11 K23 M15

后　记

《制度经济学研究》为中国社会科学引文索引（CSSCI）来源集刊，已经加入中国知网全文数据库（www. cnki. net）、中国台湾·华艺数位股份有限公司中文电子期刊服务数据库（www. ceps. com. tw），成为中国人民大学书报资料中心、《中国社会科学文摘》等收录来源书刊。为进一步规范格式，要求所有来稿必须符合以下体例：

1. 除海外学者外，稿件一律使用中文。应将打印稿一式三份寄至：山东省济南市山大南路27 号山东大学经济研究院《制度经济学研究》编辑部，邮编：250100；或者通过电子邮件发送至：zdjjxyj@ 126. com 或者 casslzg@ 126. com。

2. 稿件第一页应包含以下信息：（1）文章标题；（2）作者姓名、单位以及通信地址、电话和电子邮箱；（3）感谢语（如果有的话）。

3. 稿件的第二页应提供以下信息：（1）文章标题；（2）200 字左右的文章摘要；（3）三个中文关键词；（4）中图分类号；（5）文献标识码；（6）文章的英文标题；（7）200 字左右的英文摘要；（8）三个 JEL（Journal of Economic Literature）分类号。（注："中图分类号""文献标识码""JEL 分类号"可以直接从 http：//www. cer. sdu. edu. cn 中"制度经济学"栏目中查询）。

4. 稿件一律用 Microsoft Word 软件编辑。文章正文的标题、表格、图、等式必须分别连续编号；注释一律采用脚注，不得采用尾注，并请采用自动格式，按页编号；大标题居中，用中文数字一、二、三等编号，字体为四号、加粗、宋体；小标题左对齐，用中文数字（一）、（二）、（三）等编号，字体为五号、加粗、宋体；正文字体采用五号、宋体；其他编号一律使用阿拉伯数字；正文行距为单倍行距，页边距采用自动格式（上下各为2. 54 厘米；左右各为3. 17 厘米）。

5. 正文中的外国人名、地名翻译成中文。在文章中第一次出现时，在中文译名后用括号标出外文，以后再出现时直接采用中文，参考文献除外。

6. 文章的参考文献必须一律放在结尾处，按照先中文文献、后英文文献根据作者姓名的汉语拼音（或英文字母）顺序排列。以下为参考体例：

［1］黄少安：《关于制度变迁的三个假说及其验证》，载于《中国社会科学》2000 年第4 期。

［2］张军：《"双轨制"经济学：中国的经济改革（1978 ~ 1992）》，上海三联书店、上海人民出版社 1997 年版。

[3] Alchian, Armen A., 1950, Uncertainty, Evolution, and Economic Theory, *Journal of Political Economy*, Vol. 58, No. 3, June, pp. 211-221.

[4] Tullock, Gordon, 1998, *On Voting: A Public Choice Approach*, Northampton, MA: Edward Elgar Publishing, Inc.

7. 译文须注明原文出处，是否取得原文作者授权（投稿时同时提供作者或原出版单位的授权许可）；译文可以不提供中英文摘要，参考文献不必译成中文。

8. 《制度经济学研究》不采用已经发表过的学术成果；稿件一经发表，未经允许不得转载或在其他地方再次发表。所有稿件自发出后三个月若无回音，请自行处理，恕不退稿；作者也可以在稿件发出两个月之后，通过 E-mail 或电话询问审稿信息，联系电话：0531-88364050。

山东大学经济研究院